1482345

Sehnsuchtsküche Alm

Simone Calcagnotto

Sehnsuchtsküche Alm

55 echte Hüttenrezepte aus den Alpen

CHRISTIAN

Inhalt

Vorwort..................6

Die Alpe Gund im Allgäu..................11

Die Innere Wiesalpe
im Kleinwalsertal..................23

Die Tannenhütte
in Garmisch-Partenkirchen..................35

Das Brünnsteinhaus
in den Bayerischen Voralpen..................45

Der Aar-Wirt
in Höchfügen im Zillertal..................55

Die Oberlandhütte
in den Kitzbüheler Alpen..................65

Die Wormser Hütte im Montafon..........75

Bernhards Gemstelalp
im Kleinwalsertal..................85

Die Dornbirner Hütte
im Bregenzer Wald..................97

Die Albert-Link-Hütte
am Spitzingsee..................105

Die Wochenbrunner Alm
am Wilden Kaiser..................115

Die Hündeleskopfhütte
im Ostallgäu..................125

Die Berggaststätte Hirschkaser
im Berchtesgadener Land..................137

Die Hamburger Skihütte
im Salzburger Land..................145

Die Geisleralm
im Villnösstal in Südtirol..................155

Die Edelweisshütte
in Alta Badia in Südtirol..................165

Die Almhütte Messnerjoch
im Rosengarten in Südtirol..................173

Das Taubensteinhaus
in den Bayerischen Voralpen..................183

Das Dr.-Hugo-Beck-Haus
am Königssee..................193

Der Berggasthof Gaisalpe
in den Allgäuer Alpen..................203

Bilderläuterungen..................216

Register..................219

Dank..................222

Impressum..................223

Vorwort

Liebe Leserinnen und Leser, liebe kulinarische Hüttenliebhaberinnen und Hüttenliebhaber!

Die Möglichkeit, für den Christian Verlag ein Buch über die besten Rezepte auf Hütten und Almen im Alpenland zu schreiben, ereilte mich so spontan wie passend zugleich. Im September 2018 war ich gerade von einem einmonatigen Aufenthalt auf einer Alpe im Kleinwalsertal zurückgekehrt, auf der ich die Hüttenwirtin auf 1298 Metern unterstützte und das Leben auf einer Hütte erfahren durfte. Dieser August sollte meinem Leben und meinen Vorstellungen von Beruf und Privatleben durch die Erfahrungen, die ich im Alltag auf der Alpe gesammelt hatte, eine neue Ausrichtung geben. Gesattelt und überzeugt davon, meiner noch jungen Selbstständigkeit als Content- und Marketingberaterin eine langfristige Chance zu geben, war ich selbstverständlich sofort bereit, dieses Kochbuch zu verwirklichen. So freute ich mich sehr über die Anfrage meiner ehemaligen lieben Kollegin Sonya Mayer aus dem Verlagshaus GeraNova Bruckmann, in dem ich die ersten sieben Jahre meines Berufslebens gerne gearbeitet hatte. Besonders danke ich ihr für ihr Vertrauen, das sie mir von Anfang an entgegenbrachte, und für die wie seit jeher entspannte, professionelle Zusammenarbeit.

Die wahren Helden in den Alpen – Das Leben hinter den Küchenfenstern

Von Beginn meiner Recherchen an war mir klar, dass dieses Kochbuch nur gut werden kann, wenn ich jede Hütte und Alm oder Alpe persönlich besuche, mit den Hüttenwirten und -köchen spreche und sie ein wenig kennenlerne. Meine Fahrten durch das Alpenland, durch das Allgäu, das Kleinwalsertal, Bayern, Tirol, ins Salzburger Land bis nach Südtirol haben mir eine Menge Spaß gemacht und mir viele neue Welten eröffnet. Denn hinter jedem Küchenfenster oder jeder Tür verbirgt sich eine eigene Geschichte. Jede Hüttenwirtin, jeder Wirt, jeder Koch in diesem Buch hat etwas Besonderes zu erzählen. Ob Familienbetrieb seit Generationen, eine Alpe mit angeschlossener Landwirtschaft, ein Hüttenpaar, das im mittleren Alter noch einmal den Neustart als Pächter wagt, oder ein junger Gastronomiefachangestellter, der sich mit dem Hüttenbetrieb einen Traum erfüllt – in diesem Buch werden Sie als Leser nicht nur die typischen Hüttenrezepte zum Nachkochen finden, sondern darüber hinaus auch die Geschichten von Menschen, die sich aus den unterschiedlichsten Lebenssituationen heraus

für ein Leben in der Natur entschieden haben und damit glücklich sind. Schon deshalb lohnt sich ein Besuch jeder einzelnen Hütte, Alm oder Alpe. Und so haben wir in diesem Buch auch alle Informationen zu Anreise, Öffnungszeiten und Kontaktdaten aufgeführt.

Regionale Rezepte – selbst gemacht und aus dem Kopf

Wie meine Porträts zu den Hütten sind auch die Rezepte entstanden: ganz klassisch mit Notizbuch, Füller und Kamera in der Hand direkt neben den Köchinnen und Köchen. Bei der ersten Hütte noch mit Laptop unterwegs, habe ich schnell gemerkt, dass meine ansonsten digitale Arbeitsweise nicht zu diesem Buch und dieser Aufgabe passt. Ein MacBook passt einfach nicht in die Hüttenatmosphäre und vor allem nicht in die Küche.

Auf den Besuchen habe ich viele Rezepte einfach direkt aus dem Kopf der Hüttenköche mitgeschrieben, beobachtet, wie sie zubereitet werden, und dann meist auch getestet. Oftmals waren die Originalrezepte für sehr viele Portionen gedacht, die wir dann auf etwa vier Personen herunterrechneten. Über Ihr Feedback und Ihre Anregungen beim Nachkochen der typischen Gerichte freue ich mich. Und selbstverständlich freuen sich die Hüttenwirtinnen und Hüttenwirte ebenso – am besten direkt vor Ort bei Ihrem Besuch.

Nun wünsche ich Ihnen eine unterhaltsame Lektüre und ein erfolgreiches Nachkochen aller Rezepte, auf die jeder einzelne Hüttenwirt, jede Köchin, jeder Koch, jede Pächterin und jeder Pächter stolz sein kann.

Mit herzlichen und natürlichen Grüßen,
Ihre

Simone Calcagnotto

E-Mail: scalcagnotto@mo2mo.de
Facebook: simonemomocalcagnotto
Instagram: simonemomocalcagnotto

Die Alpe Gund im Allgäu

ADRESSE
Alpe Gund, 87509 Immenstadt im Allgäu, Deutschland
TELEFON
+49 8323 4921
WEBSEITE
www.alpe-gund-huette-immenstadt-allgaeu.de
DAV-HÜTTE
nein
ÖFFNUNGSZEITEN
Mitte/Ende Mai bis Mitte/Ende Oktober
ÜBERNACHTUNGSMÖGLICHKEIT
ja
HÖHENMETER
etwa 1500 m
HÜTTENWIRTE
Bernhard und Katrin Hage
SPEZIALITÄTEN
selbst gemachter Sirup aus Kräutern von der Alm

So kommt man auf die Alpe Gund
Der schönste Weg geht über die Mittagbahn von Immenstadt aus. Man startet am Mittaggipfel und genießt ein herrliches Panorama. Vorbei am Bärenköpfle gelangt man auf den Steineberg. Weiter am Grat entlang geht es Richtung Stuiben. Vor dem Aufstieg zum Stuiben gibt es einen Wegweiser auf einen Pfad, über den man zur Alpe gelangt. Zurück geht es über das Steigbachtal zum Wanderparkplatz am Friedhof, der zu Fuß vom Bahnhof etwa fünf Minuten entfernt liegt. Aufstieg: 2½ Stunden; Abstieg: 1½ Stunden.
Alternativ geht es vom Parkplatz am Friedhof über das Steigbachtal zur Alpe hinauf – allerdings sollte man früh starten, denn der Parkplatz ist schnell belegt. Bei dieser Variante geht es auf teils steilem Forstweg auf die Alpe hinauf. Aufstieg: 2½ Stunden.

Eine junge Familie gibt alles
Dieses Hüttenpaar hat Power. Gemeinsam mit ihren Kindern, Franz und Mina, geben Katrin und Bernhard Hage im Sommer alles. Katrin hat die Hütte im Griff und beschert den Gästen einen schönen Aufenthalt. Unterstützt wird sie von zwei bis drei Helferinnen in der Küche. Im Selbstbedienungsstil geben sie an der Luke Getränke raus und rufen in die Runde, wenn ein Essen fertig ist.
Bernhard, genannt Bene, kümmert sich gemeinsam mit seinen Kleinhirten um etwa 200 Rinder. Das Jungvieh nimmt er von unterschiedlichen Bauern im Tal mit auf die Alpe und im Herbst wieder mit hinunter. Das sogenannte Pensionsvieh ist für ihn sozusagen eine »Leihgabe«, die natürlich großes Vertrauen unter den Landwirten voraussetzt. Die Kleinhirten sind zwischen 12 und 15 Jahren alt und bekommen als Schülerpraktikanten ganz offiziell acht anstatt sechs Wochen Sommerferien, wenn sie in der Zeit auf der Alpe mit anpacken. Eine schöne Tradition, bei der sich jeder gegenseitig hilft.

Bene und der Viehscheid

Bernhard ist kein Mann großer Worte, doch als ich ihn auf den Viehscheid anspreche, fangen seine Augen an zu leuchten, und er beginnt zu erzählen. Für ihn ist der Tag des Almabtriebs zwischen September und Oktober wichtiger als Weihnachten. Die schönste Kuh bekommt einen Kranz um den Hals, und der Abtrieb kann beginnen. Am Abend treffen sich alle im Bierzelt und feiern die erfolgreiche Saison. Für ihn sind das die schönsten Momente des Jahres.

Gleichzeitig hält er sich an eine weitere Tradition: Während des Sommers gilt Rasierverbot, daher haben die meisten Männer lange Bärte über den Sommer. Das war früher schon so, denn damals kamen die Hirten in den Sommermonaten auch nicht ins Tal, um zum Barbier zu gehen.

Katrins Glücksschmaus

Selbst erfunden, bereitet Katrin den Glücksschmaus für jeden Gast frisch zu.

ZUTATEN FÜR 1 PFANNE • ZUBEREITUNGSZEIT: 15 MINUTEN

3 Eier
Salz
frisch gemahlener schwarzer Pfeffer
1 große Tomate, gewürfelt
100 g Bergkäse, gewürfelt
1 EL Butterschmalz
¼ Zwiebel, abgezogen und in
    Ringe geschnitten
Schnittlauchröllchen zum Garnieren
1 Scheibe Brot zum Servieren

Die Eier mit etwas Salz und Pfeffer in einer Schüssel verquirlen. Tomaten und Käse unterrühren.

In einer kleinen Pfanne das Schmalz erhitzen und die Zwiebelringe darin goldbraun anbraten. Die Eiermischung dazugeben und stocken lassen. Vorsichtig umrühren, bis die gesamte Masse gar ist.

Die Pfanne mit Schnittlauchröllchen garnieren und mit Brot servieren.

Schafgarbensirup

Von der eigenen Wiese direkt ins Glas

ZUTATEN FÜR ETWA 5 LITER • ZUBEREITUNGSZEIT: 30 MINUTEN PLUS 3 TAGE ZIEHEN

2 Handvoll Schafgarbenblüten (frisch oder getrocknet)
3 unbehandelte Zitronen, in Scheiben geschnitten
2½ kg Zucker
50 g Zitronensäure

Die Schafgarbenblüten mit 3 l Wasser und den Zitronenscheiben in einem großen Topf ansetzen und drei Tage stehen lassen. Zwischendurch immer wieder umrühren.

Anschließend alles kurz aufkochen lassen. Dann die Zitronen und die Schafgarbenblüten abschöpfen und die Flüssigkeit durch ein Baumwolltuch abseihen. Zucker und Zitronensäure hinzugeben. Erneut aufkochen und heiß in saubere Flaschen abfüllen.

Für eine Limonade 5 cl Sirup mit 500 ml Quellwasser oder Mineralwasser verdünnen und kalt oder warm servieren.

TIPPS VON KATRIN

- Die Blüten sollten am besten in der Mittagszeit gepflückt werden, weil sie da schön geöffnet sind und am meisten Geschmack abgeben.
- Die Schafgarbe blüht von Mai bis Oktober.
- Sollten Sie keine Möglichkeit haben, die Schafgarbe selbst anzupflanzen und zu ernten, gibt es im Internet viele Anbieter, bei denen man getrocknete Schafgarbenblüten kaufen kann.

Johannisbeer-Heidelbeer-Schmandkuchen

Das Originalrezept von Benes Tante von der Alpe Oberberg

ZUTATEN FÜR EINE SPRINGFORM (Ø 28 CM)
ZUBEREITUNGSZEIT: 20 MINUTEN PLUS 50 MINUTEN BACKEN

Für den Mürbeteig
125 g Butter, plus mehr für die Form
65 g Zucker
1 Ei
250 g Weizenmehl (Type 405)

Für die Früchte
100 g Heidelbeeren (frisch oder TK)
100 g Johannisbeeren (frisch oder TK)

Für die Füllung
600 g Schmand
800 ml Milch
2 Pck. Vanillepuddingpulver
180 g Zucker

Für den Mürbeteig alle Zutaten zu einem glatten Teig verkneten. Die Springform einfetten und den Teig darin ausrollen, dabei einen Rand formen. Den Backofen auf 170 °C Ober- und Unterhitze vorheizen. Frische Heidel- und Johannisbeeren waschen, trocken tupfen und darauf verteilen. Tiefkühlware direkt auf dem Teig verteilen.

Für die Füllung alle Zutaten in einer Schüssel verquirlen und diese Creme auf die Beeren geben. Im vorgeheizten Backofen auf mittlerer Schiene etwa 50 Minuten backen.

SCHÖN ZU WISSEN

Dieser Kuchen hat Tradition: Katrin lernte das Rezept schon als Schülerin kennen, als sie auf der Alpe Oberberg von Benes Onkel und Tante aushalf. Heute verwendet sie das Rezept auf ihrer eigenen Alpe und pflegt so die Familientradition. Gerne gibt sie es auch an ihre eigenen Aushilfen weiter.

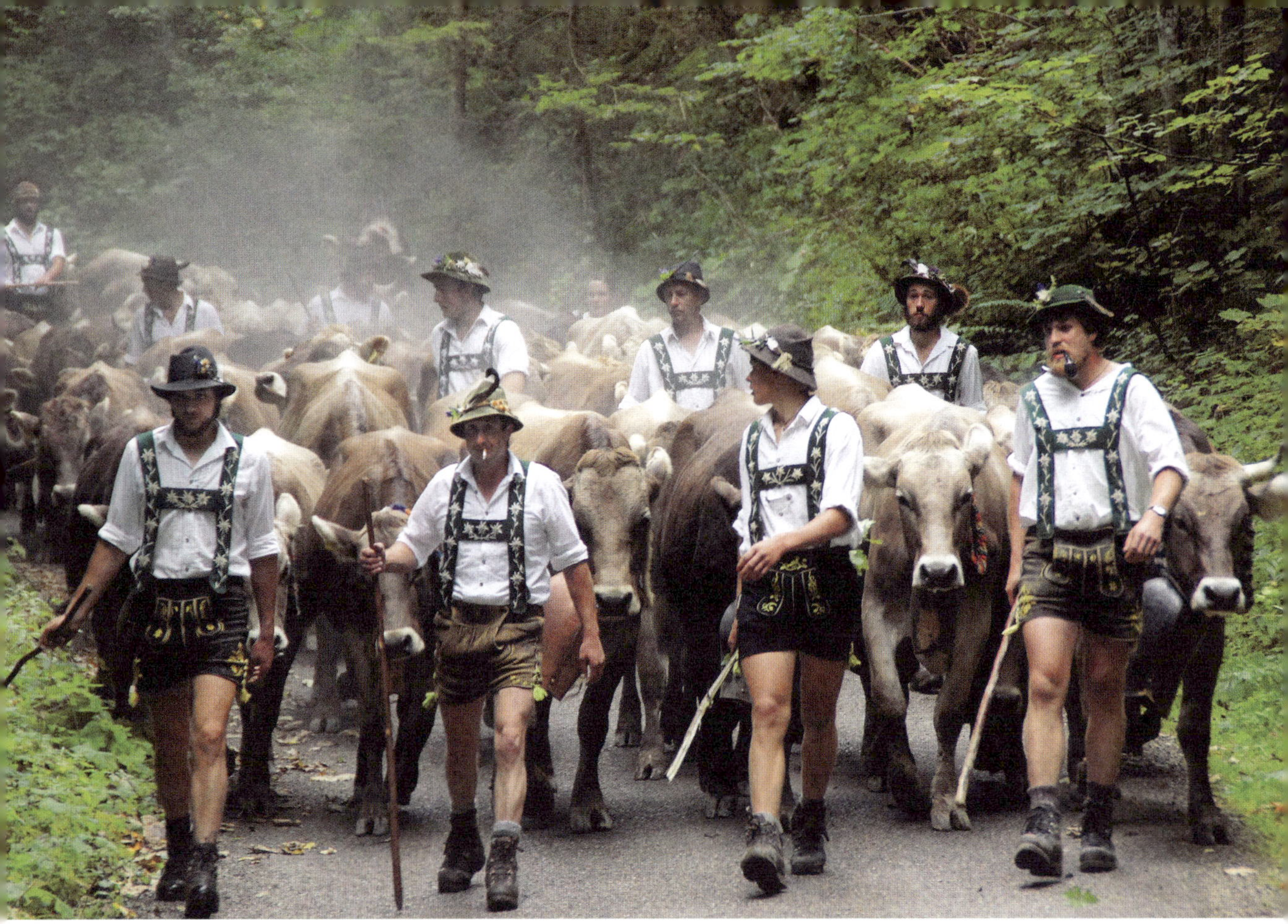

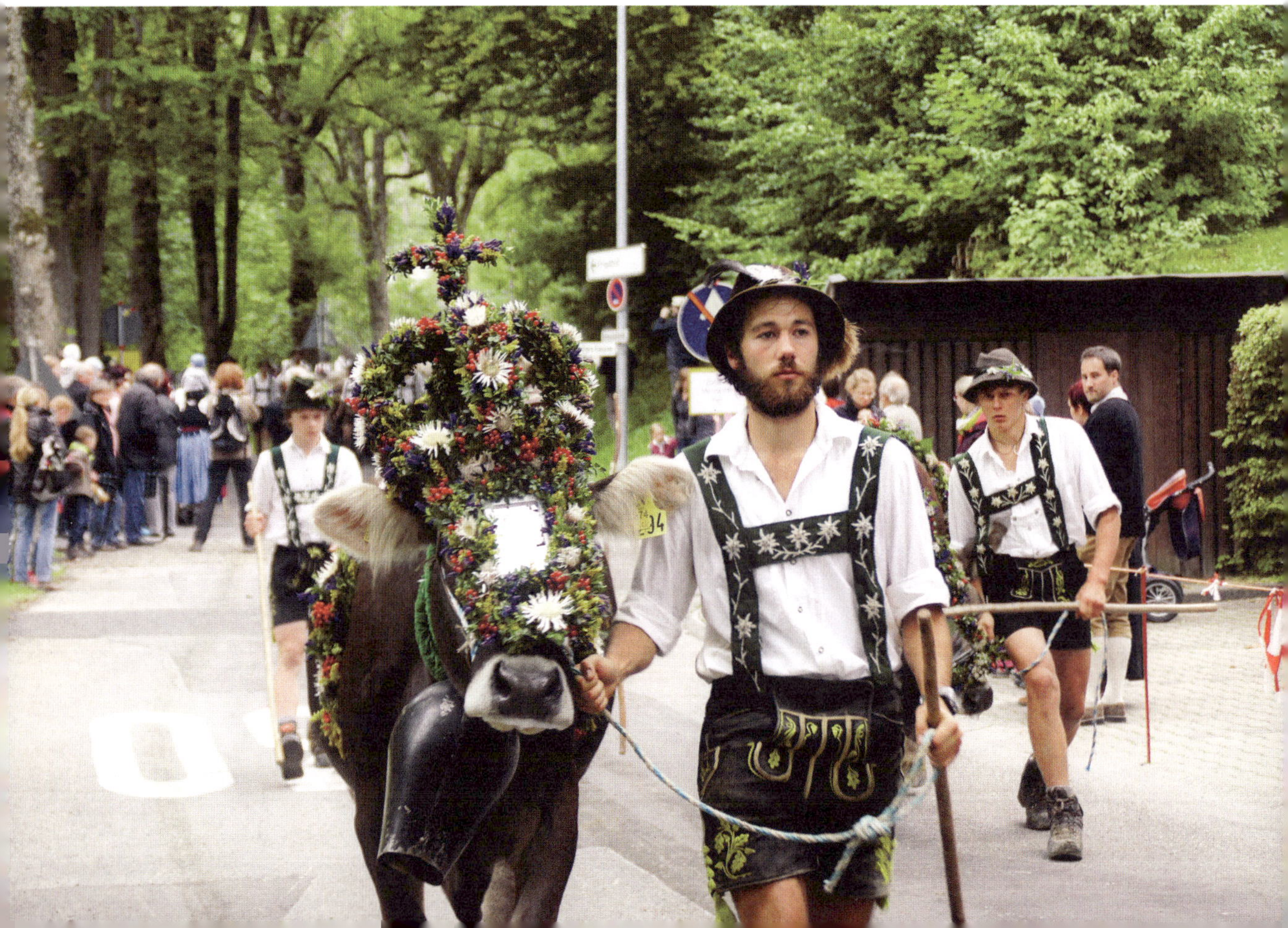

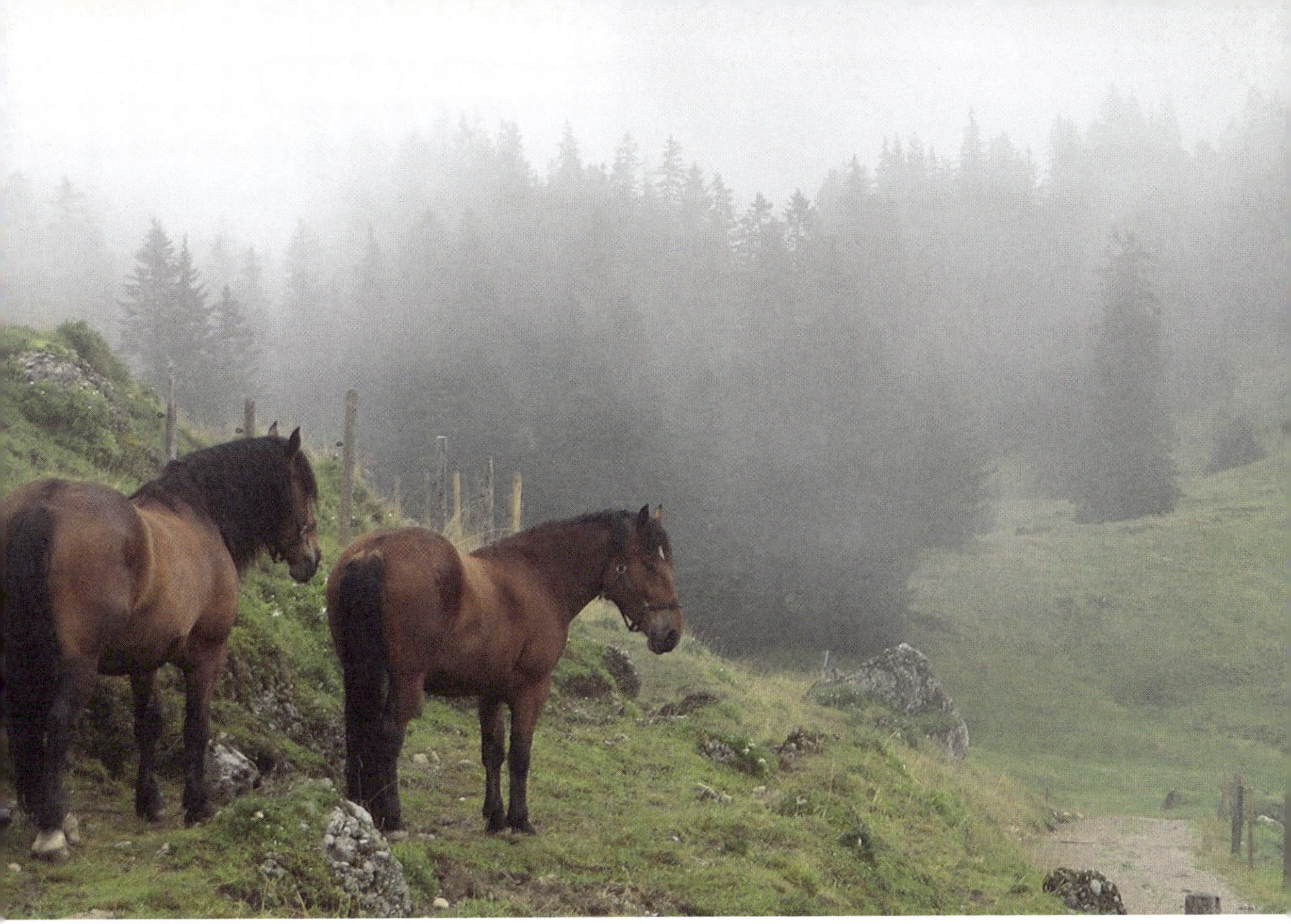
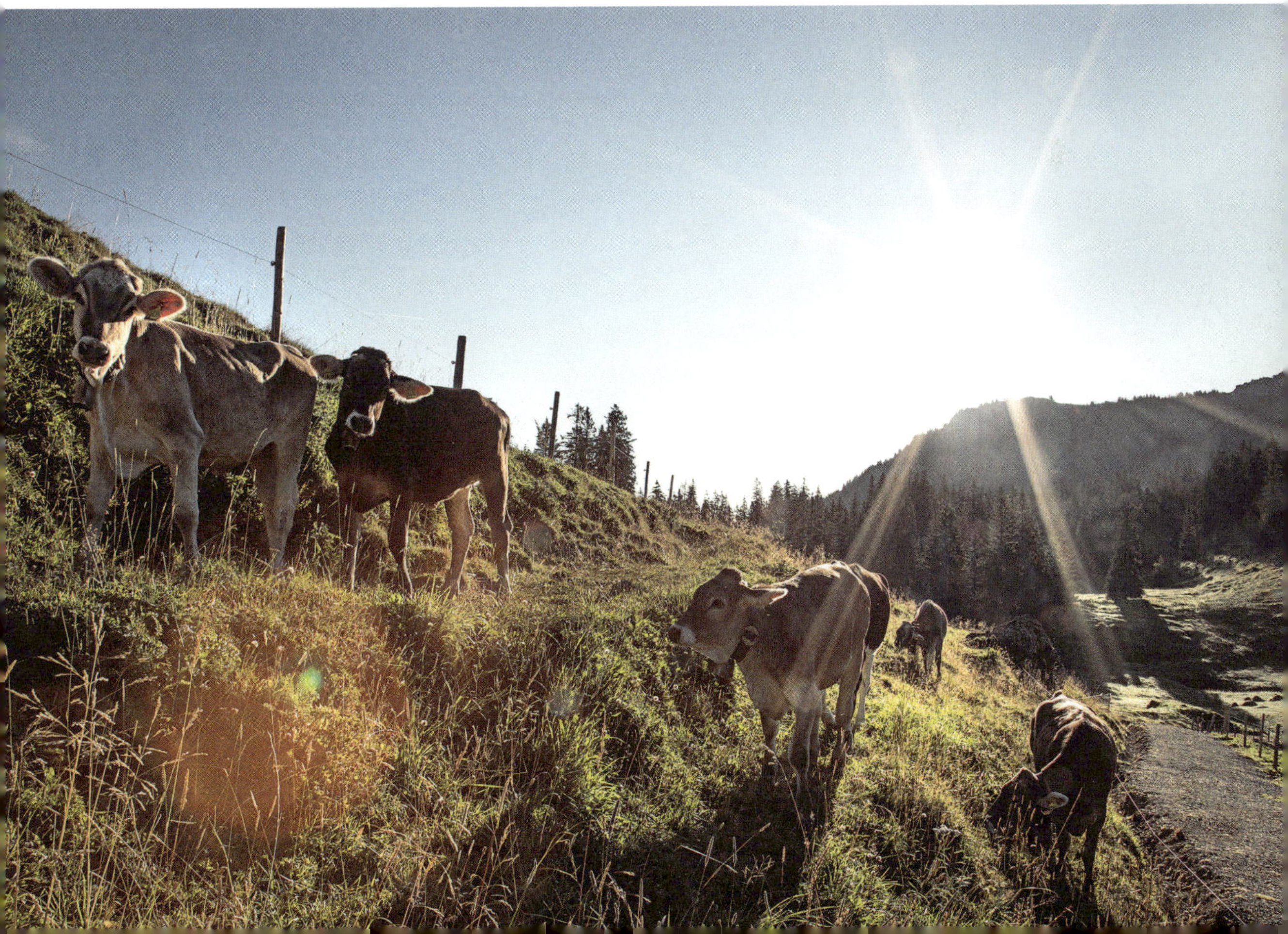

Die Innere Wiesalpe im Kleinwalsertal

ADRESSE
Wildental Kleinwalsertal,
6993/87569 Mittelberg, Österreich
TELEFON
+43 664 9208836
E-MAIL
info@wiesalpe.de; shop@wiesalpe.de
WEBSEITE
www.wiesalpe.de
DAV-HÜTTE
nein
ÖFFNUNGSZEITEN
Sommersaison: Dienstag bis Sonntag, 10:30–17:00; Wintersaison: Dienstag bis Sonntag, 10:30–16:00
ÜBERNACHTUNGSMÖGLICHKEIT
nein
HÖHENMETER
1298 m
HÜTTENWIRTE
Monika und Burkhard Köll
SPEZIALITÄTEN
Käse, Wurst und Schinken aus eigener Herstellung vor Ort oder im Onlineshop zu kaufen

So kommt man auf die Innere Wiesalpe
Die Innere Wiesalpe ist ein schöner Ausgangspunkt für Wanderungen auf Fiderepass, Kuhgehrenspitze oder die Mindelheimer Hütte. Die »Wies'« erreicht man über mehrere Aufstiege. Der typischste Weg schlängelt sich auf einer Kiesstraße von Mittelberg über den Gasthof Bergheim Moser hinauf, hier ist der letzte Wanderparkplatz. Etwa 200 Meter unterhalb der Inneren Wiesalpe kommt man an der Unteren Wiesalpe vorbei, wo der Bruder des Wirts Ziegenkäse-Spezialitäten anbietet. Aufstieg: ¾ Stunde; Abstieg: ½ Stunde. Alternativ gelangt man aus dem Feriendorf Höfle auf die Wies'. Der Anstieg ist etwas weniger steil. Eine Attraktion auf dem Weg hinauf ist der Ort der Kraft, wo erdmagnetische Strahlungen heilend und anregend auf die Wanderer wirken sollen. Aufstieg: ½ Stunde.

Drei Menschen im Einklang mit ihren Kühen, der Natur und Gott
Auf die Wies' zu kommen, hat einen besonderen Charme. Die Aussicht von hier ist traumhaft – auf Mittelberg auf der einen, auf die umliegenden Gipfel auf der anderen Seite. Die Hütte hat eine lange Tradition, schon der Urgroßvater von Burkhard Köll war leidenschaftlicher Landwirt. Mit dieser Faszination und Überzeugung für nachhaltige Landwirtschaft und traditionsreiche Hüttenkultur führt er dessen Weg weiter fort. Und er schafft es, Traditionen mit der Moderne zu verbinden. Nicht nur mit dem kleinen Onlineshop und seiner persönlichen Leidenschaft fürs Smartphone. Gemeinsam mit seiner Frau Monika bringt er immer neue Ideen in die Hütte. In seiner Sennerei neben dem Stall stellt er Käse, Butter und Quark selbst her. Im Käsekeller reifen ein milder und ein würziger Bergkäse sowie ein Romadur.

Die modern ausgestattete Küche bietet Gerichte, deren Zutaten vor allem von den Kühen und Schweinen kommen. Je nachdem, was in der Sennerei gerade an der Tagesordnung steht, gibt es Buttermilch, Sahne, Molke oder Butter. Zugekauft wird nichts, was man hier herstellen kann. Den Joghurt macht Moni in der Küche direkt aus der Milch – selbstverständlich ganz klassisch im Kochtopf, mit minutiösen Gartemperaturen und meist am Abend, wenn es ruhiger geworden ist. Milch gibt es immer, das ist klar. Dass aber die anderen Leckereien nicht immer auf den Tisch kommen, verstehen die Gäste. Hier wird eben nachhaltig gelebt und gearbeitet. Mit Monikas selbstloser, herzlicher Art findet sie immer Wege, ihre Gäste glücklich zu machen.

Währenddessen kümmert sich Burkhard in den Sommermonaten um die Kühe. Und mit welcher Hingabe! Momentan sind es zehn Kühe und sechs Kälber. Die Kälber tragen einen Namen, der mit dem Anfangsbuchstaben ihrer Mutter beginnt. Jeder Namensfindung geht ein Prozess der Suche voraus, das kann schon ein paar Abendstunden in Anspruch nehmen. In der Sommersaison holt Burkhard mit seinem Bruder die Kühe zweimal am Tag in den Stall. Danach richtet sich der Zeitplan von allen auf der Alpe. Die Kühe bekommen frisches Heu und entspannen dann etwa eine Stunde, bevor sie gemolken werden. In dieser Zeit stärken sich die Männer beim Frühstück oder Abendessen. Das heißt natürlich auch, dass das Essen dann fertig sein muss. Auch wenn viel Betrieb ist. So ist es nicht immer stressfrei. Doch das Schöne ist, dass die Essenszeiten trotzdem heilig sind. Das sind die zwei Stunden am Tag, an denen man zum Reden, zum Austausch und zum miteinander Lachen kommt.

Der dritte im Bunde ist Burkhards Bruder, Reinhard. Er hat es nicht immer leicht gehabt im Leben. Doch wenn es einen Menschen gibt, der mit anpackt, dann ist es Reinhard. Und: Er liebt seinen Käse, den er nach Burkhards Produktion weiter betreut. Ja, so muss man es wirklich nennen. Er trägt die Käselaibe einzeln von der Sennerei in den Käsekeller hinunter; das ist sein Reich. Jeden Tag dreht er die etwa 20 kg schweren Laibe von Hand um und salzt sie, wenn es nötig ist. Das ist körperlich harte Arbeit, daher ist der Mann, der isst wie ein Mähdrescher, auch sehr schlank. Die Arbeit mit dem Käse macht ihn stolz, das merkt man ihm an.

Die Bergmesse
Einmal im Jahr, wenn die Hütte die Sommersaison abschließt, verbindet Familie Köll den besonderen Tag mit einer Bergmesse. In diesem Jahr ist es eine ganz besondere, denn Mittelberg hat einen neuen Pfarrer – und alle sind gespannt, wie er die Messe gestalten wird. Burkhard möchte sich bei Gott für eine gute Saison bedanken und gleichzeitig Menschen helfen, denen es nicht so gut geht. Moni und ihre Helferinnen bereiten Kaffee und Kuchen vor. Jeder Gast gibt so viel, wie er spenden möchte. Besonders schön sind dabei die Fürbitten. Die beste davon möchten wir hier vorstellen:
»Allmächtiger Gott, deine ganze Schöpfung bezeugt deine Größe und Güte.
Du hast sie in die Hand des Menschen gegeben, damit er sie gebrauche und dir dafür danke.
Schütze unsere Wildtiere im Wald und unsere Nutztiere im Stall vor Krankheit und Gefahr.
Halte alle schädlichen Einflüsse von ihnen fern.
So können sie uns Menschen helfen und eine Freude für uns sein.«

Das wanderbare Wildental
Wandern in seiner reinen Form, das gibt es hier im Wildental. Burkhard und viele Hüttenbesitzer schätzen die Natur, leben mit ihr, brauchen sie für ihr Vieh. Das Mountainbiken ist vielen Hüttenwirten im Wildental ein Dorn im Auge. Ein paar Gründe:
- Das Vieh kommt auf den Wiesen nicht zur Ruhe, weil die Geräusche von Mountainbikes und E-Bikes sie stören.
- Wanderer und Radfahrer kommen sich immer mehr in die Quere – auf den schmalen Pfaden oberhalb der Inneren Wiesalpe kann das gefährlich werden.
- Immer öfter kommt es zu offenen Gattern, was dazu führt, dass die Kühe von ihren Weiden abkommen und den Weg zum Stall viel zu früh suchen.

Burkhard macht sich daher gemeinsam mit allen Hüttenwirten im Wildental stark für ein Wandergebiet ohne Mountainbiker. Für Mountainbiker gibt es in der Region explizite Touren und Routen, die mindestens genauso attraktiv sind.

Der Wiesalpe-Apfelkuchen

Der Klassiker von Mutter Christel – so schmeckt wahre Tradition

ZUTATEN FÜR EINE SPRINGFORM (Ø 28 CM)
ZUBEREITUNGSZEIT: 1 STUNDE PLUS 1 STUNDE BACKEN

Für den Mürbeteig
80 g Butter, plus mehr für die Form
80 g Zucker
200 g Weizenmehl (Type 405)
1 Ei
1 TL Backpulver
100 g gemahlene Haselnusskerne

Für die Füllung
1 kg Äpfel
etwas gemahlener Zimt
100 g Butter
200 g Zucker
1 EL Vanillezucker
3 EL Weizenmehl (Type 405)
6 EL süße Sahne
70 g gehobelte Mandeln

Für den Überzug
125 g Butter
125 g Honig
3 EL süße Sahne
200 g gehobelte Mandeln

Alle Zutaten für den Mürbeteig bis auf die Nüsse zu einem glatten Teig verkneten (mit den Knethaken des Handrührgeräts, im Thermomix oder per Hand). Den Teig halbieren. Die Springform einfetten und eine Hälfte des Teigs darin ausrollen. Aus der anderen Hälfte einen hohen Rand bilden. Den Boden mit den Haselnüssen bestreuen.

Für die Füllung die Äpfel schälen, entkernen und fein hobeln. In eine Schüssel geben, etwas Zimt darüberstreuen und gut vermischen. Die Äpfel in die mit dem Mürbeteig ausgekleidete Form geben. Die Butter in einem kleinen Topf bei geringer Temperatur schmelzen und Zucker, Vanillezucker, Mehl sowie Sahne unterrühren. Zuletzt die Mandeln hinzugeben. Die Masse auf den Äpfeln verteilen.

Den Backofen auf 180 °C Ober- und Unterhitze vorheizen.

Für den Überzug Butter, Honig und Sahne in einem kleinen Topf miteinander aufkochen, die gehobelten Mandeln zugeben und einige Minuten karamellisieren lassen. Die Masse etwas abkühlen lassen und über den Kuchen geben.

Den Kuchen im vorgeheizten Backofen in etwa 1 Stunde goldbraun backen.

SCHÖN ZU WISSEN

In der Wintersaison gibt es den Kuchen bei Monika fast jeden Tag. In der Sommersaison kann man ihn gern vorbestellen.

Leberknödelsuppe

Besonderer Kraftbringer nach einer Wanderung

ZUTATEN FÜR 4 PERSONEN • ZUBEREITUNGSZEIT: 1 STUNDE PLUS 30 MINUTEN RUHEN

120 g Rinderfett (alternativ Butter oder Rindermark)
4 Semmeln
½ Zwiebel
etwas Öl zum Braten
250 g Rinderleber (nach Belieben mit etwas Schweineleber gemischt), fein durch den Fleischwolf gedreht (den Metzger fragen!)
1–2 Eier
100 g Knödelbrot
etwas Abrieb von 1 unbehandelten Zitrone
jeweils etwas Petersilie und Majoran, fein gehackt
Salz
frisch gemahlener schwarzer Pfeffer
1 l heiße Rinderbrühe
Schnittlauchröllchen zum Garnieren

Das Fett in einer Fettwanne im Backofen bei etwa 180 °C Ober- und Unterhitze vorsichtig schmelzen.

Die Semmeln in etwas Wasser einweichen und ausdrücken. Die Zwiebel abziehen und fein würfeln. Die Zwiebelwürfel in einer kleinen Pfanne in etwas Öl glasig anschwitzen. Sämtliche Zutaten bis auf die Rinderbrühe in einer Schüssel miteinander vermengen und 30 Minuten ruhen lassen, damit das Knödelbrot die Zutaten gut aufnehmen kann.

In einem großen Topf 3–4 l Wasser mit reichlich Salz zum Kochen bringen. Aus der Masse acht gleich große Knödel formen und im kochenden Wasser 20 Minuten garen. Zur Probe zunächst einen Knödel hineingeben, schwimmt er an der Oberfläche, alle weiteren Knödel zugeben.

Die Knödel in heißer Rinderbrühe mit Schnittlauchröllchen bestreut servieren.

SCHÖN ZU WISSEN

Bei den Mengen packt jeder mit an: Wenn auf der Wiesalpe die Leberknödel ausgehen, macht jeder mit bei der Vorbereitung der nächsten Charge. Etwa 160 Leberknödel werden dann geformt, da können einem beim Zwiebelanschwitzen schon einmal die Tränen kommen.

Alternativ kann man die Leber auch selbst durch den Fleischwolf drehen, neuere Thermomix-Modelle haben die Funktion bereits.

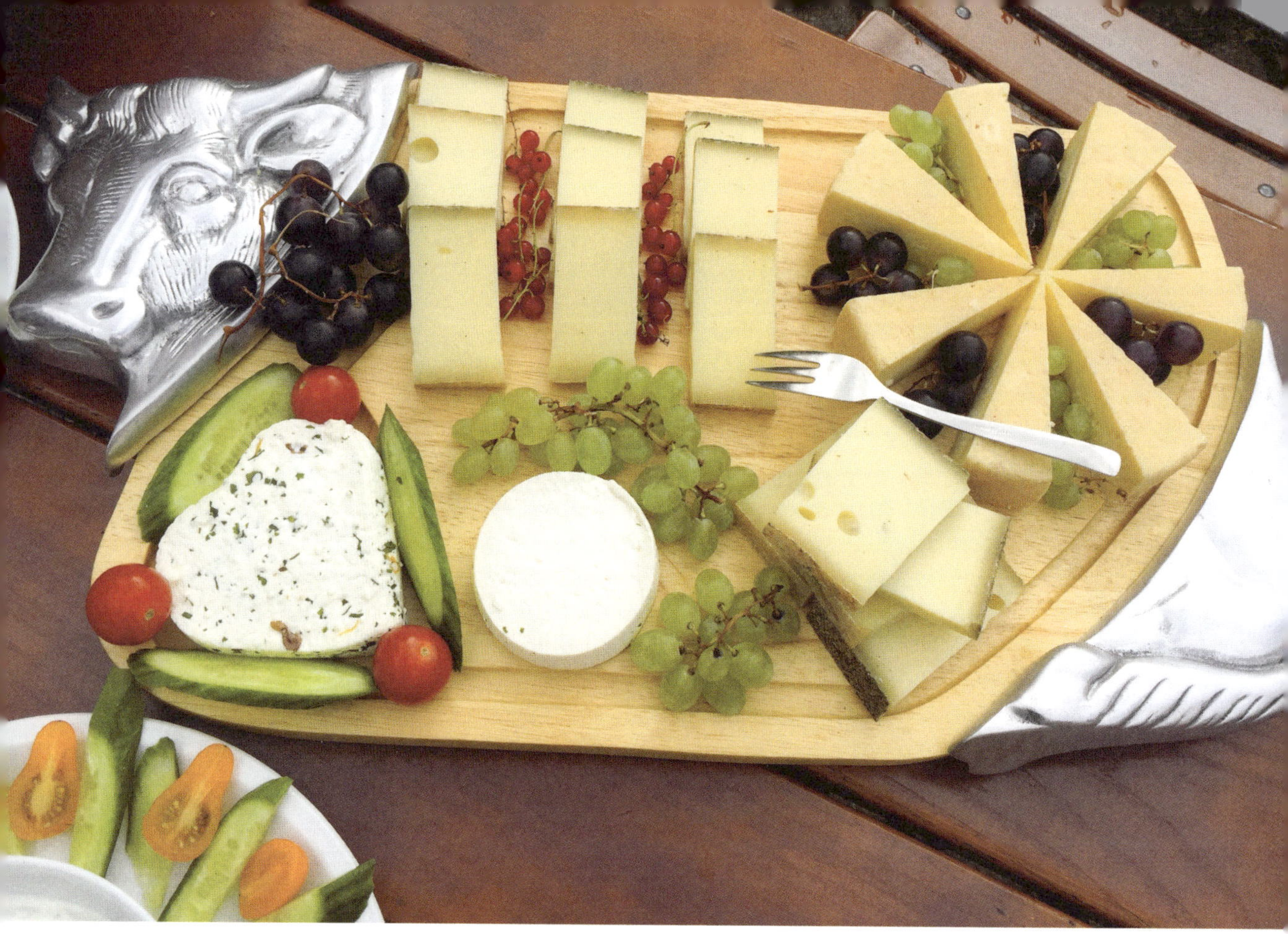

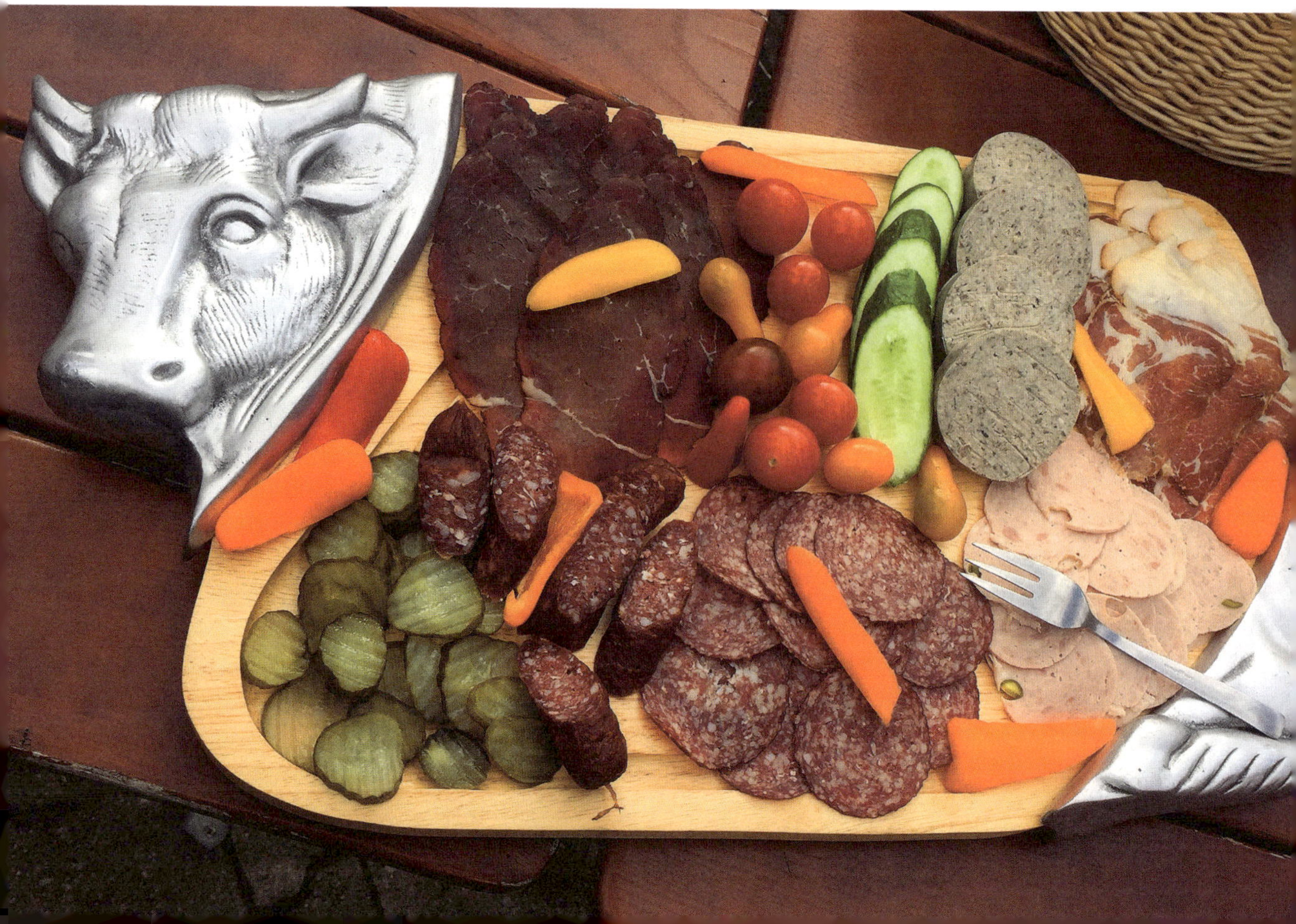

Der Wiesalpe-Teller

Ois selber g'macht – Potpourri von glücklichen Tieren

ZUTATEN FÜR 6 PERSONEN • ZUBEREITUNGSZEIT: 15 MINUTEN

150 g milder Bergkäse
150 würziger Bergkäse
150 g Romadur
150 g Frischkäse
150 g Ziegenkäse
50 g Rinderschinken
100 g Leberwurst vom Schwein
50 g Schweineschinken
20 g Kaminwurz
100 g Rindersalami
50 g Bierschinken
20 g Butter
Essiggurken, Salatgurken, Paprika, Trauben und Tomaten zum Garnieren
gutes Bauernbrot zum Servieren

Alle Zutaten auf Burkhards Innerer Wiesalpe oder im Onlineshop einkaufen. Käse und Wurst separat auf zwei Brotzeitbrettern anrichten. Mit Gemüse und Trauben garnieren, gutes Brot dazu reichen und genießen.

SCHÖN ZU WISSEN

Alle Produkte von der Inneren Wiesalpe kann man auch online bestellen. Soweit vorrätig, versenden Monika und Burkhard alle Produkte innerhalb weniger Werktage. Bestellen Sie unter www.wiesalpe.de.

Die Tannenhütte in Garmisch-Partenkirchen

ADRESSE
Gamshütte 1,
82467 Garmisch-Partenkirchen,
Deutschland
TELEFON
+49 171 6232455
WEBSEITE
www.tannenhütte.de
DAV-HÜTTE
nein
ÖFFNUNGSZEITEN
Dienstag bis Sonntag, 10:00–18:00
ÜBERNACHTUNGSMÖGLICHKEIT
nein
HÖHENMETER
1000 m
HÜTTENWIRTE
Anna und Andreas Hertle
SPEZIALITÄTEN
Wildfleisch aus den Bayerischen Staatsforsten

So kommt man auf die Tannenhütte
Von der Gamshütte in Garmisch-Partenkirchen geht es in 30 Minuten auf dem Forstweg gemütlich bergan. Gerade für Kinder ist der letzte Abschnitt über die Hackerbrücke spektakulär. Die Hängebrücke hat ihren Namen wie auch die Brücke in München von ihrem Sponsor Hacker-Pschorr. Die Hütte ist ein perfekter Ausgangspunkt für die Besteigung des Wanks.

Die Tannenhütte auf dem Wank – Tradition und Zukunft im Einklang mit der Natur
Die Tannenhütte ist die jüngste Hütte in diesem Buch. 2018 öffnete der Hüttenwirt Andreas Hertle die Türen für Gäste nach mehrjähriger Bauzeit. Die Hütte der Bayerischen Staatsforsten bietet Einheimischen wie Touristen eine spektakuläre Einkehr auf dem Wank.

Die neue Tannenhütte in moderner Tradition
Die Bayerischen Staatsforsten haben insgesamt 2,1 Millionen Euro investiert, um die Hütte aufzubauen. Nachdem die ehemalige Gamshütte 2015 vollständig abgebrannt war, dachten die Verantwortlichen lange über ein neues Konzept nach. Nach langjährigem Streit mit dem ehemaligen Pächter wollten sie nun etwas Neues und Modernes. So entwickelte sich die Idee, eine Hütte mit modernster Ausstattung zu errichten. Die Entscheidung, für den Bau ausschließlich Tannenholz aus den heimischen Wäldern zu verwenden, war schnell getroffen. Die Tanne liefert das robusteste Holz überhaupt. Die Bayerischen Staatsforsten setzen die Tanne im Holzanbau auch wieder vermehrt ein, da sie den sich ändernden Klimaveränderungen am besten gewachsen ist. So stellt die Tannenhütte eine Verbindung zwischen Tradition, Zukunft und dem Umgang mit der Natur her.
Das überzeugt auch die Einheimischen, die schon sehnsüchtig auf die Wiedereröffnung der Hütte gewartet hatten. Denn für sie ist dieser Ort seit

jeher ein Teil ihrer Identität. Viele Garmischer kommen am Wochenende auf die Hütte, um ihr Mittagessen zu genießen, oder einfach auf einen Kaffee mit leckerem Kuchen.

Der Hüttenwirt mit einem neuen Konzept
Andreas Hertle ist in der Gastronomie groß geworden – und im Garmischer Land. Als Geschäftsführer vom Kletterwald und Flying Fox Garmisch-Partenkirchen suchte er mit seiner Frau Anna eine neue Herausforderung, denn die brauchte der Extremsportler schon immer. So entwickelte er ein besonderes Konzept für die Tannenhütte und stellte sich damit insgesamt 80 Mitbewerbern. Seine Idee war inhaltlicher Natur: Er setzt vor allem auf die Verwendung regionaler Produkte. Dank seines großen Netzwerks in der Region kann er sich auf die besten Lieferanten verlassen. Das Wildfleisch der Bayerischen Staatsforsten bezieht er direkt vom Werdenfelser Hofladen. Und weil dort der Lagerraum knapp ist, reift die Salami in seinem Kühlhaus noch eine Weile nach.

15 bis 20 Mitarbeiter beschäftigt Andreas auf der Hütte. Kurz nach dem Start verkaufte er an einem Sonntag bei gutem Wetter 400 bis 500 Portionen. Dass das Personal dabei immer gute Laune behält, ist ihm wichtig. Für ihn zählen Teamgeist und Leidenschaft. Sein Netzwerk nutzt er auch zur Personalsuche. Am besten klappt es doch, wenn man sich persönlich kennt.

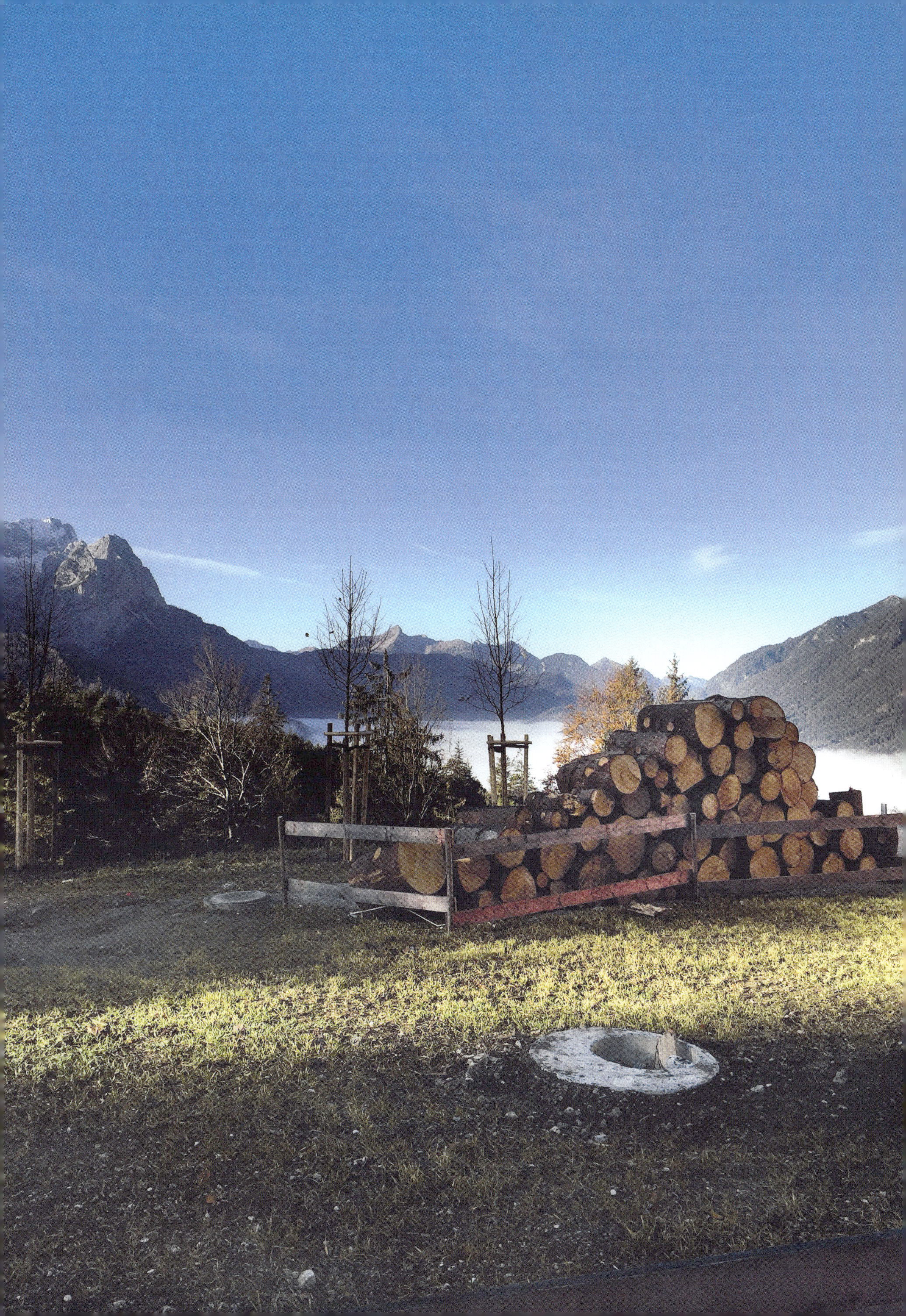

Rehragout mit Tannenhonig glasiert auf gebratenen Serviettenknödeln

Aus den Bayerischen Staatsforsten

ZUTATEN FÜR 4 PERSONEN • ZUBEREITUNGSZEIT: ETWA 1½ STUNDEN PLUS 1 STUNDE RUHEN

Für das Rehragout
800 g Rehfleisch von der Schulter
2 Zwiebeln
125 g Champignons
3 Tomaten
50 g Butterschmalz
10 g Tannenhonig
Salz
frisch gemahlener schwarzer Pfeffer
2 EL Weizenmehl (Type 405)
500 ml Gemüsebrühe
200 ml Rotwein
etwas Paprikapulver
200 g Sauerrahm

Für die Serviettenknödel
2 Eier
300 ml Milch
Salz
etwas frisch geriebene Muskatnuss
1 Zwiebel
70 g Butter
250 g alte Semmeln, in Würfel geschnitten
etwas Petersilie, gehackt
etwas Butterschmalz

Außerdem
Preiselbeeren (Glas)

Das Fleisch unter kaltem Wasser abspülen und mit einem sauberen Küchentuch trocken tupfen, in mundgerechte Stücke schneiden. Die Zwiebeln abziehen und würfeln. Die Champignons putzen und in Scheiben schneiden. In einem Topf Wasser zum Kochen bringen und die Tomaten kurz hineingeben, herausheben, häuten und fein würfeln.

Das Butterschmalz in einem großen Topf erhitzen, das Fleisch darin in etwa 10 Minuten rundum anbraten. Den Honig dazugeben und kurz karamellisieren lassen. Zwiebeln dazugeben, bis sie etwas braun werden, dann die Champignons zufügen und kurz anbraten. Die Tomaten dazugeben. Alles salzen und pfeffern und mit dem Mehl bestauben. Mit der Gemüsebrühe und dem Rotwein ablöschen und gut umrühren. Das Ganze zugedeckt bei mittlerer Temperatur 60 Minuten schmoren lassen, bis das Fleisch zart ist. Zuletzt Paprikapulver und Sauerrahm unterrühren und mit Salz und Pfeffer abschmecken.

In der Zwischenzeit für die Knödel die Eier mit Milch, einer guten Prise Salz und etwas Muskatnuss vermischen. Die Zwiebel abziehen und ganz fein hacken. Die Butter in einer Pfanne erhitzen und die Zwiebel darin glasig anschwitzen. Die Semmeln in einer Schüssel mit der Eiermischung, den Zwiebeln und der Petersilie gut vermengen. Die Masse 1 Stunde ruhen lassen.

In einem großen Topf 4–5 l Wasser aufkochen. Aus der Knödelmasse Rollen formen, diese fest in ein sauberes Küchentuch oder hitzebeständige Frischhaltefolie einschlagen und im leicht köchelnden Wasser etwa 30 Minuten ziehen lassen. Die Rollen herausheben, entpacken und in Scheiben schneiden. In einer Pfanne das Butterschmalz erhitzen und die Knödel darin von jeder Seite etwa 3 Minuten anbraten.

Die Knödel mit dem Ragout und Preiselbeeren anrichten.

Herzhaftes Kalbsbeuschel mit Semmelknödel

Innereien nach Alpenart

ZUTATEN FÜR 4 PERSONEN
ZUBEREITUNGSZEIT: ETWA 1 STUNDE PLUS 2 STUNDEN 15 MINUTEN KOCHEN

Für das Beuschel
900 g Kalbsbeuschel (Lunge; alternativ Zunge)
1 Kalbsherz
150 g Suppengrün (Karotte, Lauch, Sellerie)
2 Zwiebeln
3 Nelken
1 Lorbeerblatt
1 TL schwarze Pfefferkörner
1 EL Salz
etwas Petersilie
etwas Thymian

Für die Sauce
2 Essiggurken
1 Zwiebel, abgezogen
20 g Kapern
30 g Weizenmehl (Type 405)
4 EL Butter
10 g Sardellenpaste
4 EL Öl
1 Schuss Apfelessig
1 TL Tomatenmark
1 TL scharfer Senf
2 EL Sauerrahm
1 große Essiggurke
1 TL getrockneter Majoran
25 ml frisch gepresster Zitronensaft
etwas Abrieb von 1 unbehandelten Zitrone
Salz
frisch gemahlener schwarzer Pfeffer

Das Beuschel oder die Zunge und das Herz unter kaltem Wasser abspülen. Die Lunge mehrmals mit der Messerspitze einstechen, damit der Sud später gut aufgenommen wird. Das Gemüse putzen, waschen und in grobe Stücke schneiden. Die Zwiebeln abziehen, halbieren und mit den Nelken spicken.

Die Innereien mit gut 2 l Wasser, Suppengemüse, einer halben Zwiebel, den Gewürzen und Kräutern in einen Topf geben. Zum Kochen bringen und zugedeckt 1½ Stunden garen. Dabei sollte das Fleisch die ganze Zeit mit Wasser bedeckt sein. Die Lunge aus dem Sud heben und in kaltem Wasser abkühlen. Das Herz weitere 30 Minuten kochen, herausnehmen und ebenfalls in kaltem Wasser abschrecken. Die Lunge und das Herz mit einem Teller oder schweren Gegenstand pressen, dabei den Sud abfangen. Diesen zusammen mit dem Sud aus dem Topf durch ein Sieb passieren und in einem kleinen Topf 10 Minuten einkochen.

Für die Sauce eine Essiggurke, die Zwiebel und Kapern fein hacken. Das Mehl in der Butter in einem Topf braun anrösten, die gehackten Zutaten hinzufügen und kurz mitbraten. Mit 750 ml Sud ablöschen und 30 Minuten bei geringer Temperatur einkochen.

Die Lunge und das Herz zuerst in dünne Scheiben, dann in feine Streifen schneiden und in die Sauce geben. Die übrige Essiggurke in feine Streifen schneiden. Zusammen mit den restlichen Zutaten hinzufügen und alles gut umrühren. Das Ganze etwa 20 Minuten ziehen lassen.

Außerdem
Semmelknödel (siehe Rezept Seite 38)

In der Zwischenzeit die Semmelknödel wie im Rezept auf Seite 38 beschrieben zubereiten und zu den Innereien servieren.

Somlauer Nockerl

Eine etwas aufwendigere süße Verführung – ursprünglich aus Ungarn

ZUTATEN FÜR 4 PERSONEN • ZUBEREITUNGSZEIT: 2 STUNDEN PLUS 6 STUNDEN KÜHLEN

Für die Rosinen
40 g Rosinen
40 ml Marillenschnaps

Für den Biskuitteig
4 Eier
90 g Zucker, plus mehr zum Arbeiten
1 Pck. Vanillezucker
90 g Weizenmehl (Type 405)
1 TL Kakaopulver
1 EL gemahlene Walnüsse
1 Prise Salz
Abrieb von ½ unbehandelten Zitrone

Für die Vanillecreme
500 ml Milch
2 Eigelb
1 Pck. Vanillepuddingpulver
50 g Zucker
125 g süße Sahne

Für den Sirup
100 g Zucker
50 ml Marillenschnaps

Für die Schokoladensauce
100 g Zartbitterschokolade
125 g süße Sahne

Außerdem
Mandelblättchen (nach Belieben)
etwas süße Sahne, steif geschlagen

Die Rosinen im Schnaps einlegen. Den Backofen auf 180 °C Ober- und Unterhitze vorheizen.

Für den Teig Eier, Zucker und Vanillezucker in einer Schüssel schaumig schlagen. Das Mehl portionsweise zufügen. Den Teig in drei Teile teilen. Ein Drittel auf ein mit Backpapier belegtes Blech streichen und im vorgeheizten Backofen 10 Minuten backen. Das zweite Drittel mit dem Kakaopulver vermischen und auf ein weiteres Backblech mit Backpapier geben. Ebenso 10 Minuten backen. Den übrigen Teig mit den Walnüssen vermengen und auf einem Backblech mit Backpapier 10 Minuten backen. Die drei Biskuitböden je auf ein mit Zucker bestreutes Backpapier stürzen und darauf abkühlen lassen.

Für die Creme 200 ml Milch mit dem Eigelb und dem Puddingpulver in einer Schüssel verquirlen. Die übrige Milch mit dem Zucker in einem kleinen Topf aufkochen, die Eiermischung dazugeben und alles unter kräftigem Rühren etwa 5 Minuten kochen lassen. Dann unter Rühren erkalten lassen. Die Sahne steif schlagen und unter die Vanillecreme heben und kalt stellen.

Für den Sirup den Zucker in einer Pfanne karamellisieren lassen und mit 100 ml Wasser ablöschen. Kurz aufkochen, dann den Marillenschnaps zugeben. Abkühlen lassen.
Den abgekühlten Biskuit in Stücke schneiden. Den hellen Biskuit in eine Form geben und die Stücke mit etwas Sirup beträufeln. Etwas Vanillecreme daraufstreichen und Rosinen darauf verteilen. Den Kakaoteig darüberschichten, mit Sirup beträufeln, mit Vanillecreme bestreichen und mit Rosinen belegen. Zuletzt den Nussteig darauflegen, wieder

mit Sirup beträufeln, mit Rosinen belegen und mit Vanillecreme bestreichen. Nach Belieben mit Mandelblättchen garnieren. Die Nockerl 6 Stunden kalt stellen.

Vor dem Servieren für die Sauce die Schokolade in kleine Stücke brechen, die Sahne in einem kleinen Topf erhitzen und die Schokolade zugeben. Einmal aufkochen lassen und die Sauce über die Somlauer Nockerl geben. Mit Schlagsahne garniert servieren.

SCHÖN ZU WISSEN
Die Somlauer Nockerl kann man auch gut mit Kuchenresten zubereiten. Marmorkuchen, Sandkuchen oder andere trockene Kuchen eignen sich ebenso gut und ersetzen damit die aufwendige Biskuit-Zubereitung.

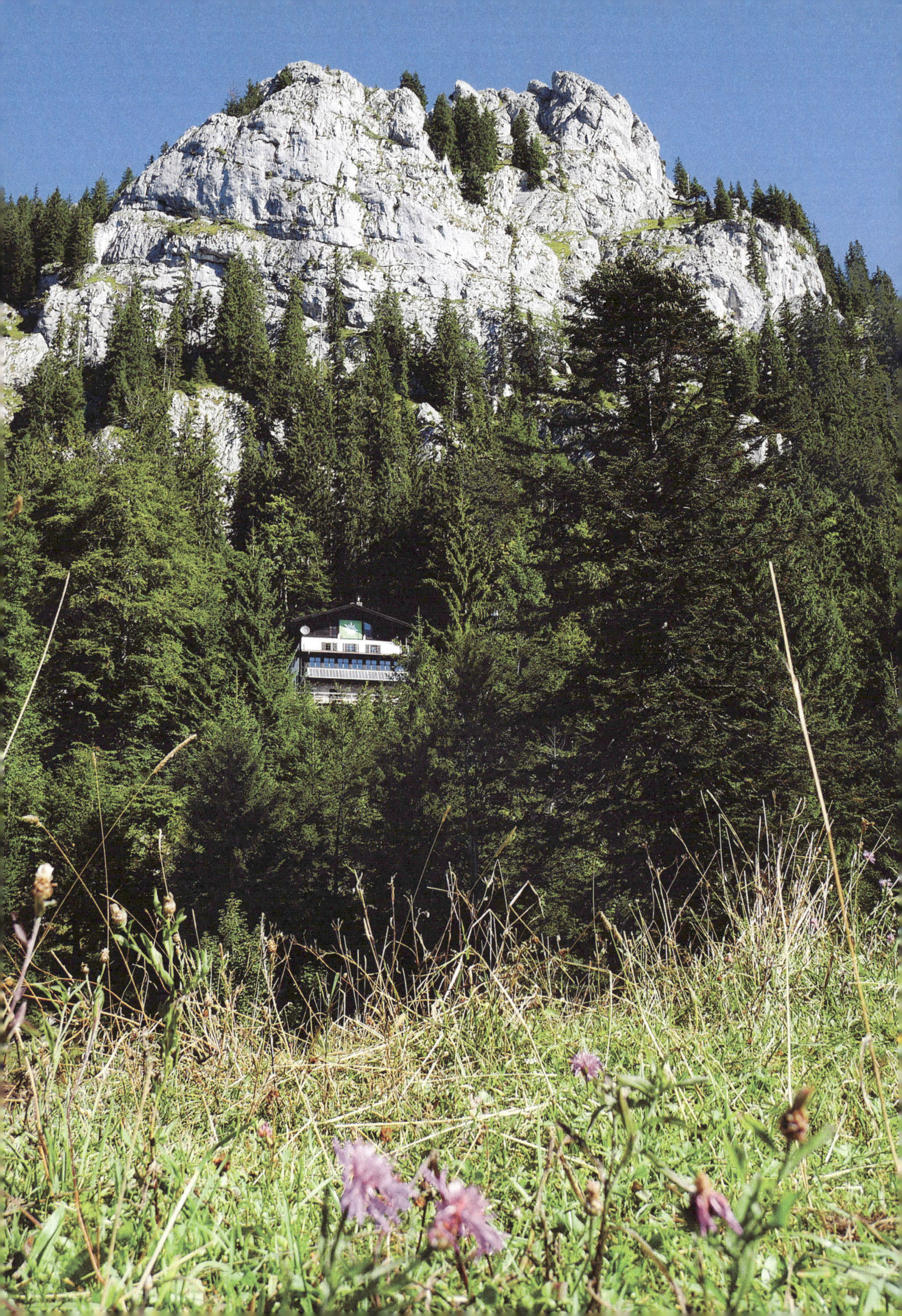

Das Brünnsteinhaus in den Bayerischen Voralpen

ADRESSE
Brünnsteinhaus 1, 83080 Oberaudorf, Deutschland
TELEFON
+49 8033 1431
E-MAIL
info@bruennsteinhaus.de
WEBSEITE
www.bruennsteinhaus.de
DAV-Hütte ja
ÖFFNUNGSZEITEN
ganzjährig: 1. Mai bis Anfang November tägl.; November bis Mitte Dezember nur am Wochenende; über die Weihnachtstage geschl.; 26. Dezember bis Mitte März tägl.; Karfreitag bis Ostermontag geöffnet
ÜBERNACHTUNGSMÖGLICHKEIT
ja
HÖHENMETER
1360 m
HÜTTENWIRTE
Yvonne und Sepp Tremml
SPEZIALITÄTEN
in der Wintersaison immer mittwochs langer Rodelabend mit Kaiserschmarrn bis 21:00; nur bei entsprechender Schneelage

So kommt man zum Brünnsteinhaus

Es gibt zahlreiche Zustiegsmöglichkeiten zum Brünnsteinhaus, die alle gut ausgeschildert sind:

- Von der Rosengasse: Dieser Aufstieg ist der kürzeste und mit 428 Höhenmetern in gut zwei Stunden zu bewältigen. Er beginnt am Wanderparkplatz Rosengasse unterhalb des gleichnamigen Berggasthofs.
- Vom Parkplatz Mühlau: Auf dem klassischen Weg geht es in 2½ Stunden zum Brünnsteinhaus hinauf. Der Weg, auf dem man 731 Höhenmeter zurücklegt, ist im Winter eine anspruchsvolle Naturrodelbahn.
- Ab Buchau übers Brünntal: Hinter dem Berggasthof Buchau beginnt der Alpenvereins-Wanderweg links, auf dem man in 2½ Stunden zum Brünnsteinhaus gelangt. Da der Weg durch das Brünntal meist schattig ist, empfiehlt sich der Weg besonders an heißen Sommertagen.
- Von der Hinteren Gießenbachklamm: Vom Parkplatz geht es zunächst auf einer Forststraße und dann über das Naturfreundehaus gut beschildert in raschen Serpentinen hinauf zum Brünnsteinhaus. Auch auf diesem Weg benötigt man etwa 2½ Stunden und legt 630 Höhenmeter zurück.
- Vom Wanderparkplatz Tatzelwurm: Über die Schoißeralm und die Großalm erreicht man auf diesem Weg das Brünnsteinhaus in etwa 2½ Stunden und über 564 Höhenmeter.
- Ab Buchau über die Längau-Alm und die Großalm: Dieser Weg beginnt wieder am Wanderparkplatz vor dem Berggasthof Buchau. Bei der Längau-Alm links halten. Nach einer kurzen seilgesicherten Stelle erreicht man über diesen Weg nach etwa 3½ Stunden Gehzeit das Brünnsteinhaus.

- Auf der Via Alpina von Oberaudorf aus: Von der Talstation der Bergbahn Hocheck startet die Tour hinauf zum Hocheck. Von dort aus ist der Weg zum Brünnsteinhaus beschildert. Die Tour dauert etwa 4 Stunden, man kann sie aber abkürzen, wenn man mit der Bergbahn den ersten Teil zurücklegt.

Herrliche Ausblicke auf den Wilden Kaiser, den Großvenediger und den Großglockner

Im August 2019 feiert die Alpenvereinshütte der Sektion Rosenheim ihr 125-jähriges Jubiläum mit einer Bergmesse und einem großen Tag der offenen Tür. Dazu gibt es eine umfangreiche Broschüre, in der die Geschichte der legendären Hütte vorgestellt wird. Vieles liegt hinter dem Brünnsteinhaus, das heute von den Hüttenwirten Yvonne und Sepp Tremml in alter Tradition modern weitergeführt wird. Klassische Hüttenküche, herzliche Bewirtung, neue Ideen, um den Gästen einen unvergesslichen Aufenthalt zu ermöglichen – das sind die Grundsätze der beiden. Und diese leben sie mit Motivation und viel Leidenschaft.

Ein Blick in die Geschichte

1894 öffnete die Hütte ihre Türen – nach nur einjähriger Bauzeit war es ein ambitioniertes Projekt. 25 Jahre nach der Gründung des damals Deutschen und Österreichischen Alpenvereins (DuÖAV) war das Brünnsteinhaus eine der ersten Hütten, die errichtet wurden. Verantwortlich ist bis heute die Sektion Rosenheim, der wichtigste Mann in der Entwicklungsphase war der Vorsitzende der Sektion, der königliche Bezirksarzt Dr. Julius Friedrich Mayr. Er ist bis heute der »Vater des Brünnsteinhauses«. Für ihn gab es von Anfang an nur einen Berg, der für die Repräsentation der Sektion in Frage kam. 1893 legte er dem Vorstand seine Argumente vor, die Anklang fanden:

»Hoch über dem Innthale aufragend und dieses beherrschend, bietet der Brünnstein eine weite Schau, vom Thale bis zu den eisigen Gletscherhöhen am Horizonte. Er liegt inmitten vieler Gipfel, die von dem geplanten Unterkunftshause bequem erstiegen werden können; wozu sich der Vorteil gesellt, daß der Thalort Oberaudorf eine Bahnstation besitzt, und ferner die Anlage einer Rodelbahn möglich ist, welche auch im Winter den Besuch des Hauses zu einem überaus lohnenden Unternehmen macht.«

Dieses Zitat hat bis heute seine Gültigkeit. Gut beschilderte Wanderwege machen das Brünnsteinhaus im Sommer zu einem beliebten Wanderziel. Und im Winter genießen vor allem Familien die herrliche Abfahrt über die Naturrodelbahn.

Hüttenwirte aus Leidenschaft

Yvonne und Sepp Tremml sind zwar noch nicht lange dabei, dennoch hat sich mit der Pachtübernahme für sie beide ein Traum erfüllt. Sepp ist seit langer Zeit bei der Bergwacht tätig und kennt das Brünnsteinhaus seit 40 Jahren. Kochen ist seine Leidenschaft und so kümmert er sich tagein, tagaus um das leibliche Wohl seiner Gäste. Yvonne übernimmt das Backen – und ist in allen weiteren Dingen für die Wanderer da: So kümmert sie sich neben dem Service in der Gaststätte darum, dass die 21 Betten und 42 Lager für die Übernachtungsgäste immer ordentlich und gepflegt sind. Sie liebt es, die Zimmer nett herzurichten. Mit ihrer Dekoration wird das Haus zu einem gemütlichen, heimeligen Ort.

Das Brünnsteinlied

Wo der Firn aus weiter Runde
leuchtet auf die Alpe hin,
und der dichte Forst gibt Kunde
von der Heimat Kraft und Blüh'n,
steht ein Berg mit Felsenkrone,
ragt hinaus in weite Fern',
und es glänzet in der Sonne
die Kapelle wie ein Stern.

Dort, weit von der Welt geschieden,
unterm Ahorn, unterm Tann,
liegt ein Haus im Alpenfrieden,
und den Wandrer zieht es an.
Mag als Fremdling er hereilen,
sei's ein oft gesehner Gast –
gerne wird er hier verweilen
in des Hauses trauter Rast.

Bergespracht, der Seele Staunen,
bietet ringsum reich sich dar,
und die nahen Wälder raunen:
Heute ist's, wie's immer war.
Unvergänglich sind die Berge,
unvergänglich Alpenruh',
bleib' dem Wandrer unvergänglich,
liebes Brünnsteinhaus, auch Du.

Julius Friedrich Mayr (1902)

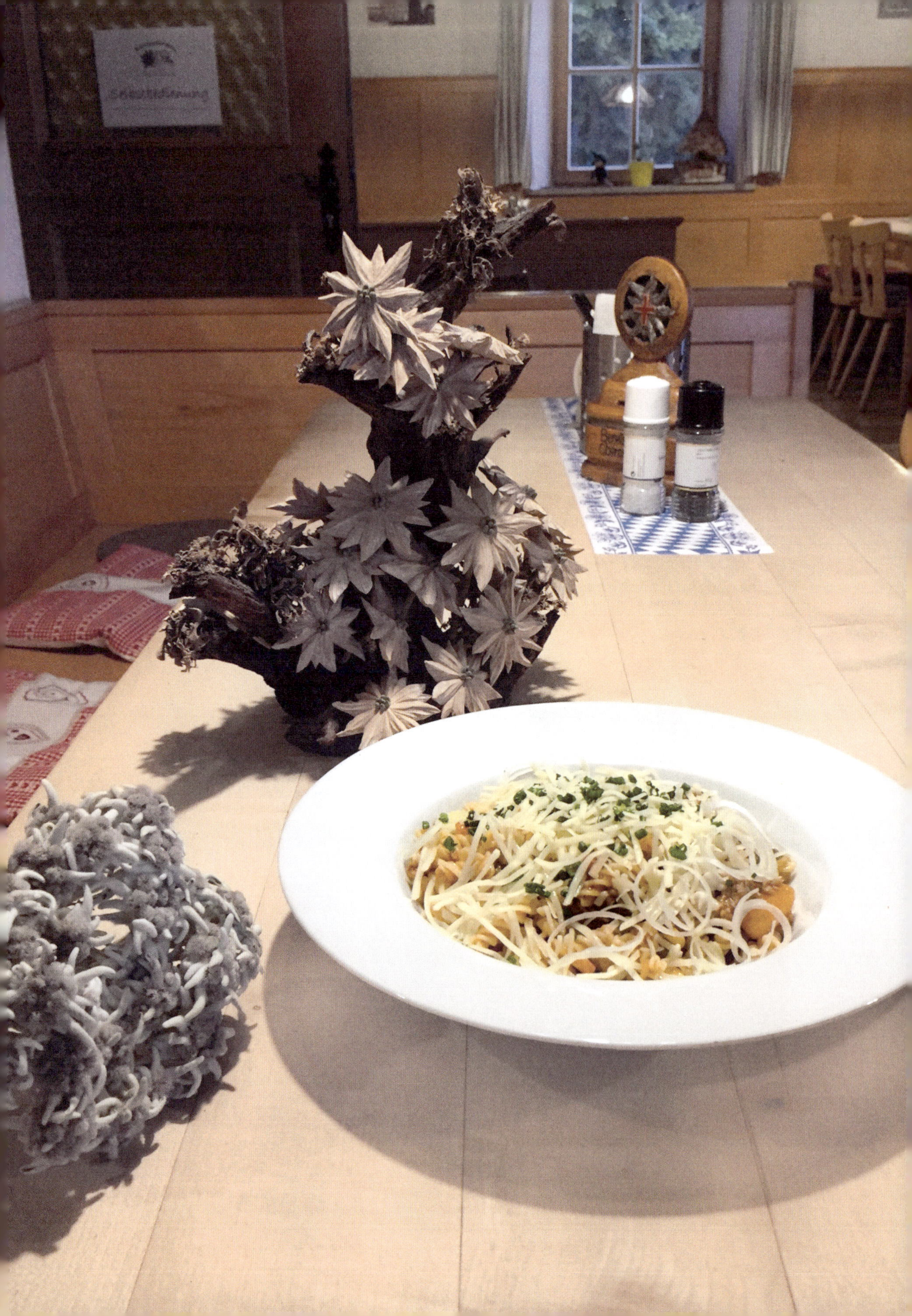

Hüttennudeln

Das klassische Bergsteigeressen von Sepp

ZUTATEN FÜR 4 PERSONEN
ZUBEREITUNGSZEIT: ETWA 25 MINUTEN PLUS ETWA 8 MINUTEN KOCHEN

1 Karotte
1 rote Paprika
100 g Schinkenspeck
100 g Lauch
etwas Öl zum Braten
300 g gemischtes Hackfleisch
1 Zwiebel
2 Knoblauchzehen
3 EL Tomatenmark
etwa 150 ml Fleisch- oder
    Gemüsebrühe
100 g Erbsen (frisch oder TK),
    frische gepalt
100 g Mais (Dose)
Salz
frisch gemahlener schwarzer Pfeffer
300 g Nudeln (Fusilli)
etwas geriebener Käse
Schnittlauchröllchen zum Garnieren

Die Karotte schälen und fein schneiden. Die Paprika waschen und klein würfeln. Den Schinkenspeck ebenfalls klein würfeln. Den Lauch putzen, waschen und in feine Ringe schneiden. Karotte und Paprika in einem kleinen Topf in etwas Wasser kurz aufkochen und anschließend 5 Minuten ziehen lassen.

In der Zwischenzeit etwas Öl in eine Pfanne geben und das Hackfleisch darin krümelig anbraten. Zwiebel und Knoblauch abziehen, fein hacken und in einer separaten Pfanne in etwas Öl glasig anschwitzen. Dann den Speck dazugeben. Alles in die Pfanne mit dem Hackfleisch geben und gut vermischen. Mit Tomatenmark und Brühe ablöschen. Zuletzt Karotte, Paprika, Lauch, Erbsen und Mais hinzufügen und das Ganze mit Salz und Pfeffer abschmecken.

In einem großen Topf reichlich Salzwasser zum Kochen bringen und darin die Nudeln nach Packungsangabe bissfest garen. Abgießen, abtropfen lassen und mit der Sauce kurz in der Pfanne schwenken.

Die Hüttennudeln mit geriebenem Käse und frischem Schnittlauch bestreut servieren.

SCHÖN ZU WISSEN

Im Frühjahr 2019 hat der Bayerische Rundfunk in der Reihe »Landgasthäuser« über das Brünnsteinhaus und seine Rezepte ausführlich berichtet. Darüber freut sich der Hüttenwirt Sepp besonders.

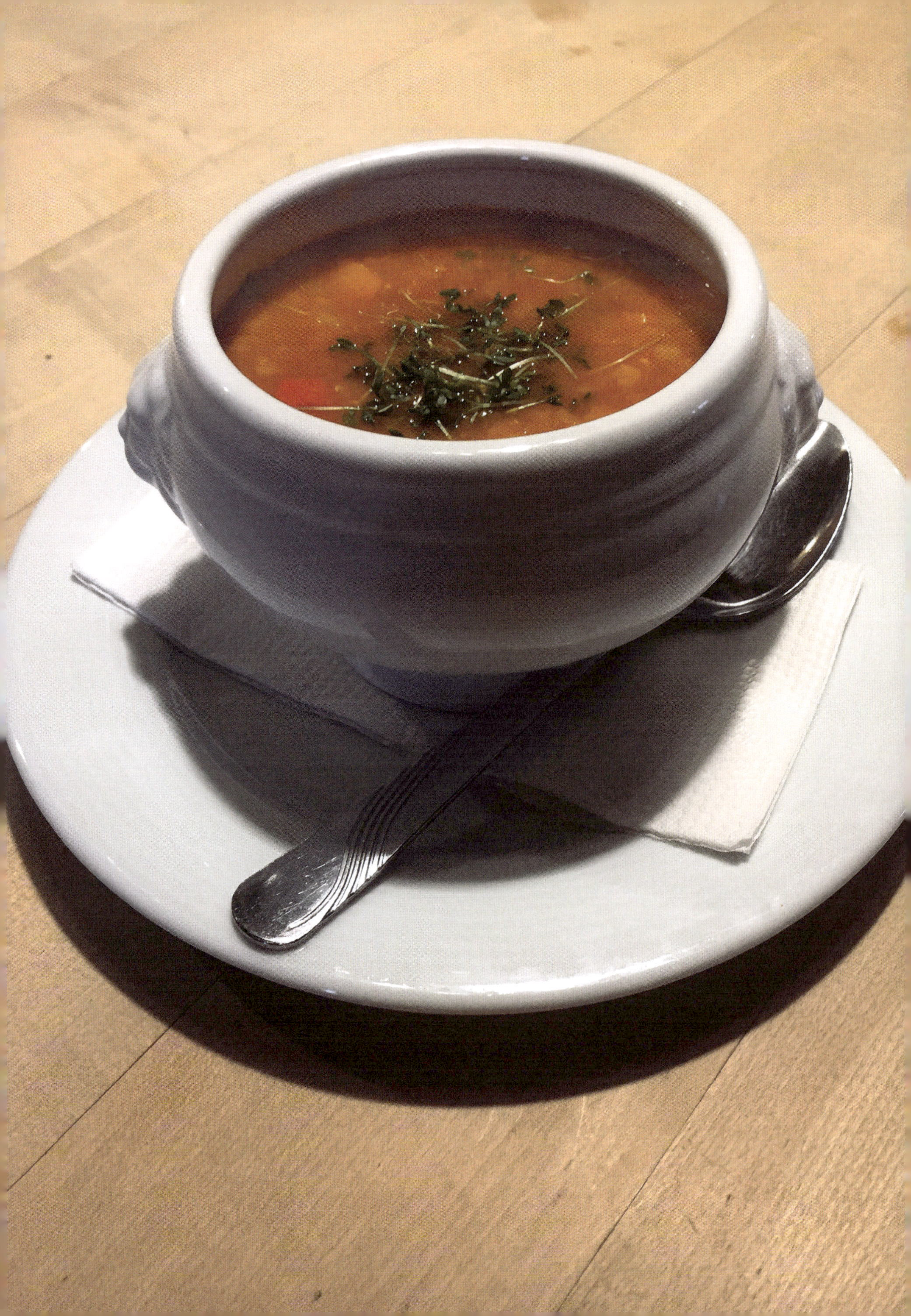

Rote Linsensuppe

Die vegetarische Alternative zum Aufwärmen

ZUTATEN FÜR 4 PERSONEN • ZUBEREITUNGSZEIT: 10 MINUTEN PLUS 45 MINUTEN KOCHEN

1 große rote Zwiebel
etwas Öl zum Braten
3 TL gemahlener Kümmel
1 EL Tomatenmark
1 l Gemüsebrühe
200 g rote Linsen
1 Karotte
1 rote Paprika
Salz
frisch gemahlener schwarzer Pfeffer

Die Zwiebel abziehen, klein würfeln und in etwas Öl glasig anschwitzen. Den Kümmel und das Tomatenmark dazugeben und kurz mitbraten. Mit der Gemüsebrühe aufgießen und aufkochen. Die roten Linsen unter kaltem Wasser waschen, abgießen und in der Brühe 35 Minuten köcheln lassen.

In der Zwischenzeit Karotte schälen und würfeln. Die Paprika waschen und ebenfalls klein würfeln. Beides nach Ende der Garzeit zu den Linsen geben und alles weitere 10 Minuten köcheln lassen. Nach Belieben mit Salz und Pfeffer abschmecken.

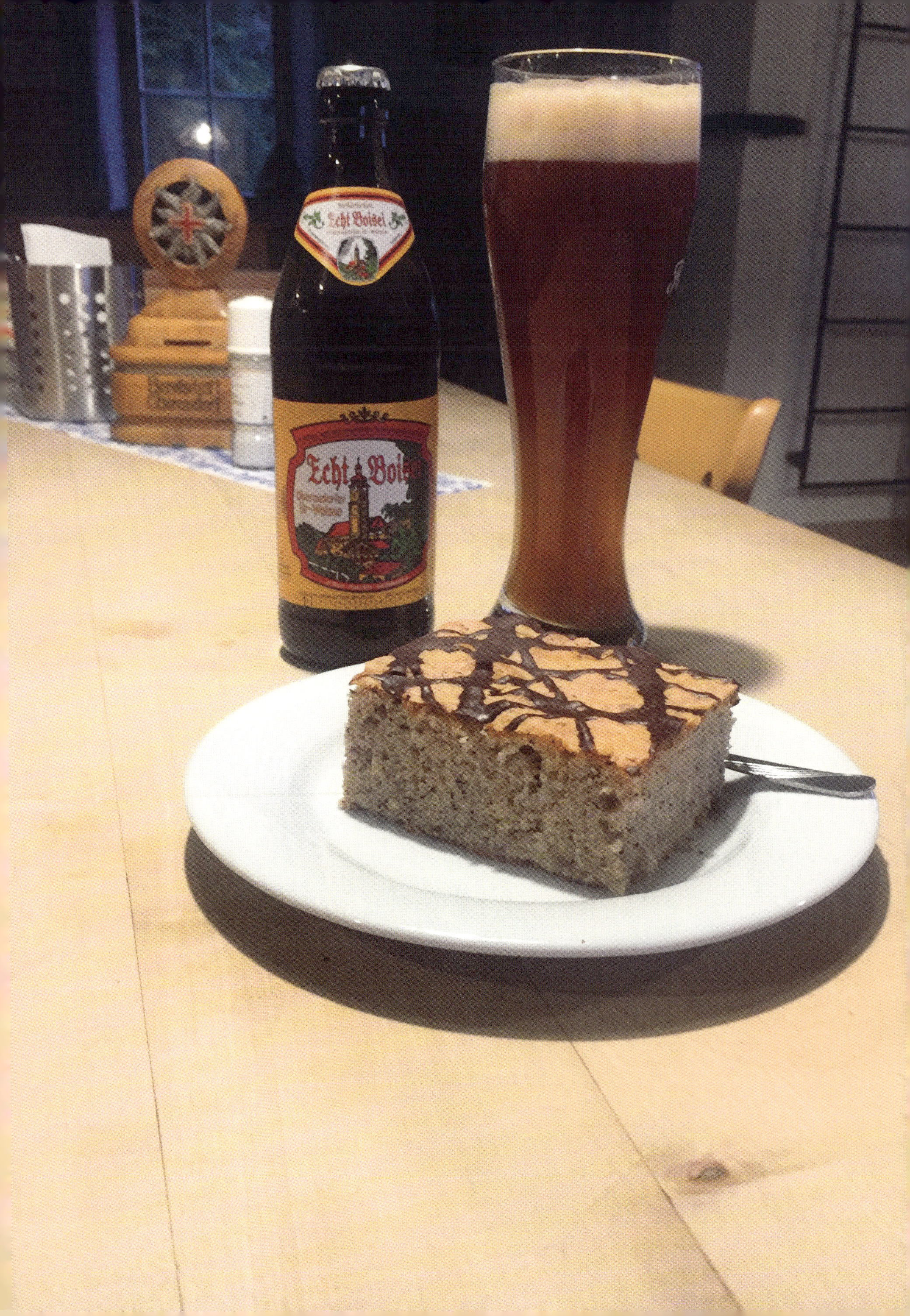
Echt Boisel

Boisei-Nuss-Kuchen

Zutaten für ein Backblech (24 × 38 cm)

ZUTATEN FÜR EIN BACKBLECH (24 × 38 CM)
ZUBEREITUNGSZEIT: 20 MINUTEN PLUS 40 MINUTEN BACKEN

5 Eier
300 g Zucker
1½ Pck. Vanillezucker
300 g Weizenmehl (Type 405)
1½ Pck. Backpulver
250 ml Weißbier (Echt Boisei;
　Oberaudorfer Ur-Weisse)
200 ml neutrales Speiseöl
200 g gemahlene Haselnüsse
etwas dunkle Kuvertüre zum Garnieren

Den Backofen auf 175 °C Ober- und Unterhitze vorheizen.

Die Eier trennen. Zucker, Vanillezucker, Mehl, Backpulver, Eigelb, Bier, Öl und Haselnüsse in eine Schüssel geben und vorsichtig miteinander vermengen. Dann in der Küchenmaschine oder mit den Schneebesen des Handrührgeräts zu einem Teig verrühren. In einer separaten Schüssel das Eiweiß zu Eischnee schlagen und vorsichtig unter den Teig heben.

Den fertigen Teig auf ein mit Backpapier ausgelegtes Backblech streichen und im vorgeheizten Backofen 40 Minuten backen, herausnehmen und abkühlen lassen.

Die Kuvertüre über einem Wasserbad schmelzen und in einen Spritzbeutel geben. Den abgekühlten Kuchen mit aufgespritzten Kuvertürestreifen verzieren und in Stücke schneiden.

SCHÖN ZU WISSEN
Die Oberaudorfer Ur-Weisse ist ein sehr vollmundiges Weißbier. Es wurde ehemals in der kleinsten Brauerei der Welt in Oberaudorf gebraut. Heute wird es von der Brauerei Dachsbräu in Weilheim vertrieben.

Aar Wirt

Der Adler symbolisiert die Freiheit, die Schönheit der Natur
unser Haus inmitten dieser Natur erstrahlt, spiegelt diesen Charakter wider
Nicht zufällig haben wir die gehobene Bezeichnung des Adlers gewählt:
Der Aar.

46

Der Aar-Wirt
Hochfügen im Zillertal

ADRESSE
Hochfügen 46, 6264 Hochfügen, Österreich
TELEFON
+43 680 2145697
E-MAIL
info@aar-wirt.at
WEBSEITE
www.aar-wirt.at
DAV-HÜTTE
nein
ÖFFNUNGSZEITEN
Wintersaison: Ende November bis Mitte April tägl.; Sommersaison: Anfang Juli bis Ende September Donnerstag bis Sonntag; abends nur mit Reservierung
ÜBERNACHTUNGSMÖGLICHKEIT
nein
HÖHENMETER
1550 m
HÜTTENWIRTIN
Martina Niederkofler
SPEZIALITÄTEN
Zillertaler Knödel-Variationen

So kommt man zum Aar-Wirt Hochfügen
Der Aar-Wirt ist im Winter sowohl zu Fuß als auch mit den Skiern zu erreichen. Wandernd geht es vom großen Parkplatz an der Talstation in Hochfügen in knapp 10 Minuten zum Aar-Wirt hinauf. Die Hütte liegt an der roten Piste Nr. 3.

Zwei Schwestern rocken die Hütte
Urig und selbst gemacht – so erlebt man den Aar-Wirt Hochfügen im Winter. Martina Niederkofler hat die Hütte seit vier Jahren gepachtet. Gemeinsam mit ihrer Schwester Andrea hat sie die Hütte voll im Griff. In dem gemütlichen Rundholzhaus betreuen die beiden ihre Gäste persönlich und individuell. Andrea kocht zusammen mit dem jungen Vorarlberger Koch Diedo. In der geräumigen Küche, die auch eine Show-Küche enthält, herrscht immer gute Laune. Selbst wenn es stressig wird, bleibt doch immer Zeit für ein kleines Späßchen.

Das Leben auf der Hütte
Martina Niederkofler liebt es jedes Jahr, wenn die Wintersaison startet. Anfang Dezember herrscht in der Hütte energiegeladenes Treiben. Die Speisen sind vorbereitet, die Vorratsräume voll, die Mitarbeiter motiviert. Da ist an erster Stelle ihre Schwester Andrea, die überall hilft, wo Not am Mann ist. Ohne ihre Allrounderin würde es bei Weitem nicht so reibungslos funktionieren. In den Familienbetrieb ist auch ihre Mutter eingespannt. Sie kümmert sich um die täglich frische Kuchenauswahl, die zwei bis drei unterschiedliche Sorten umfasst. Und Diedo führt gut gelaunt und mit ruhiger Hand die Küche. Weitere sechs Mitarbeiterinnen sind im Service beschäftigt. In den über zwei Stockwerke verteilten Gaststuben gibt es viel zu tun, wenn die Saison erst anläuft.

Martina hat sich voll auf ihre Gäste eingestellt. Die zahlreichen Skifahrer kommen längst nicht mehr nur aus Österreich oder Deutschland. Daher liegt auch eine Speisekarte auf Englisch bereit. Ihre Gastfreundschaft kommt aber nicht nur den Gästen der Hütte zugute: Martina betreibt zusätzlich vier Ferienwohnungen, die Kaiser Franz-Josef Hütten. Sie sind wie auch der Aar-Wirt komplett aus Tiroler Naturholz gebaut und bieten Platz für je acht Personen. Die Gäste können in der Wintersaison den Brötchenservice des Aar-Wirts nutzen und natürlich auch jederzeit einen Tisch für mittags oder abends reservieren. Eine perfekte Kombination, die die Wirtin mit ihrem Team gemeinsam gut stemmen kann.

Aussichtsturm

Im nahe gelegenen Aussichtsturm können sich die Gäste über die Natur und Tierwelt der Umgebung informieren. Hier erfährt der Besucher, welche Pilze im Wald giftig sind, wie lange der Winterschlaf eines Igels dauert und welcher Nadelbaum im Winter seine Nadeln verliert. Durch das Fernglas kann man die grandiose Aussicht der Umgebung genießen.

Traditionelles Hut-Essen

Das Hut-Essen ist wohl eins der bekanntesten traditionellen kulinarischen Erlebnisse in Österreich. Auf dem Tisch wird in der Mitte ein Hut aus Eisen platziert, der stark erhitzt wird. Die tiefe »Hutkrempe« enthält eine kräftige Rinderbrühe und Gemüse, auf dem Hut selbst brutzelt man Fleischstreifen. Dazu gibt es Ofenkartoffeln und verschiedene Saucen. Na, da sollte man sich schnell einen besonderen Anlass überlegen, um dieses Spektakel einmal selbst zu erleben!

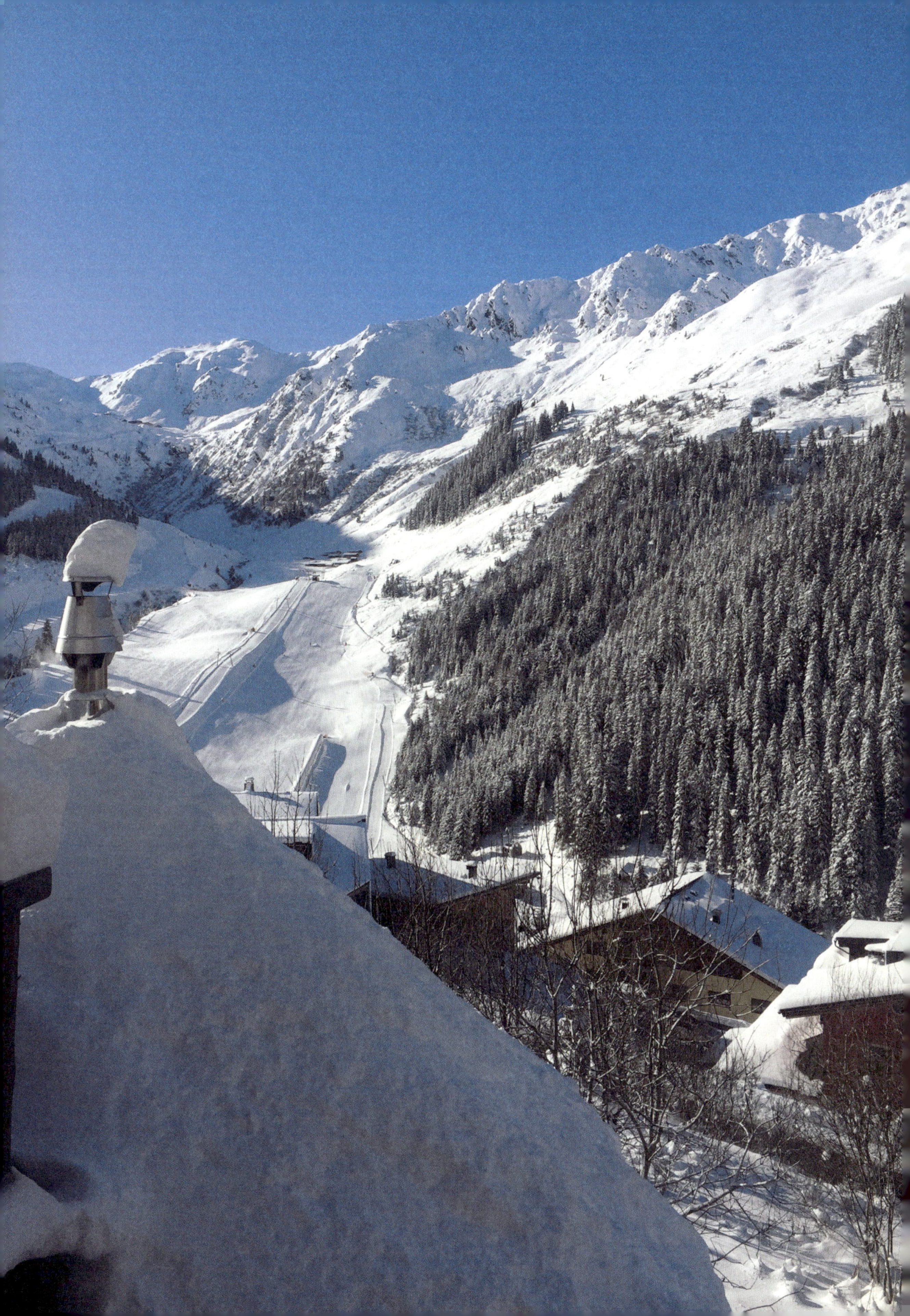

Kasspatzn

Das Original aus dem Zillertal

ZUTATEN FÜR 4 PERSONEN • ZUBEREITUNGSZEIT: 30 MINUTEN

Für die Spätzle
500 g doppelgriffiges Mehl (Type 405)
4 Eier
1 TL Salz, plus mehr für das Kochwasser
250 ml Milch

Außerdem
1 Zwiebel
etwas Butter zum Braten
250 g süße Sahne
150 g geriebener Käse (gemischt)
ein paar Schnittlauchröllchen
Salz
frisch gemahlener schwarzer Pfeffer
Röstzwiebeln zum Garnieren
    (siehe Tipp)
etwas Rucola zum Garnieren

Alle Zutaten für die Spätzle mit 250 ml Wasser in einer Schüssel mithilfe eines Teigschabers zu einem klebrigen Teig verrühren. In einem großen Topf 3–4 l Wasser mit reichlich Salz zum Kochen bringen. Mit dem Spätzlehobel den Teig ins kochende Wasser pressen, den Herd ausschalten und die Spätzle etwa 5 Minuten im Wasser ziehen lassen. Dann durch ein Sieb abseihen, das Wasser dabei auffangen.

Die Zwiebel abziehen und fein würfeln. Die Butter in einer Pfanne erhitzen und die Zwiebel darin glasig anschwitzen. Die Sahne zugeben und 2–3 Minuten köcheln lassen. Den Käse portionsweise hinzufügen.

Anschließend die Spätzle unterrühren, nach Bedarf ein wenig Spätzlewasser untermischen, dann den Schnittlauch unterheben und mit Salz und Pfeffer abschmecken.

Die Kasspatzn auf einem Teller oder in einem Pfännchen mit den Röstzwiebeln bestreut anrichten. Mit Rucola garniert servieren.

TIPPS
- Doppelgriffiges Mehl eignet sich für die Spätzle besonders gut, da es die Flüssigkeit langsamer aufnimmt und die Spätzle so nicht aufweichen.
- Röstzwiebeln selbst gemacht: Zwiebeln abziehen, halbieren und in Scheiben schneiden, dann in Mehl wenden und in etwas Öl anbraten. In einer gut verschließbaren Dose sind sie bis zu 2 Wochen haltbar.

SCHÖN ZU WISSEN

Wenn Sie große Mengen vorbereiten möchten, empfiehlt es sich, die Spätzle mit kaltem Wasser abzuschrecken und dann im Kühlschrank aufzubewahren. Sie können jederzeit in der Pfanne mit dem Käse erwärmt werden.

Kaspressknödel an Salat mit Sauerrahmsauce

Echte Zillertaler Zergl

ZUTATEN FÜR 4 PERSONEN • ZUBEREITUNGSZEIT: 1 STUNDE PLUS VORBEREITEN DER KARTOFFELN UND 30 MINUTEN RUHEN

Für die Kaspressknödel
7 große festkochende Kartoffeln
250 g Quark (Bröseltopfen)
150 g Graukäse, gerieben und mit Zieger (Molkenkäse) gemischt
2 Prisen Salz
reichlich Schnittlauchröllchen
etwas Weizenmehl für die Bindung
etwas Butterschmalz zum Braten
etwas Öl

Für die Sauerrahmsauce
200 g Sauerrahm
Salz
frisch gemahlener schwarzer Pfeffer
ein paar Schnittlauchröllchen

Außerdem
grüner Salat mit leichtem Dressing

Die Kartoffeln am besten schon am Vortag waschen und mit Schale gar kochen.

Die erkalteten Kartoffeln schälen und in eine Schüssel reiben. Den Quark hinzufügen und mit den Händen verkneten. Käse, Salz und Schnittlauchröllchen dazugeben, den Teig mit etwas Mehl binden. Dann 30 Minuten ruhen lassen.

Die Hände anfeuchten und aus der Masse gleich große Küchlein formen. Das Butterschmalz in einer Pfanne stark erhitzen und etwas Öl hinzufügen, damit es nicht spritzt. Die Kaspressknödel portionsweise von beiden Seiten anbraten, bis sie sich leicht von der Pfanne lösen. Das dauert etwa 4 Minuten pro Seite. Die fertigen Kaspressknödel bis zum Servieren im Backofen warm halten.

Für die Sauerrahmsauce alle Zutaten in einer kleinen Schüssel verquirlen und in kleinen Schalen zu den Kaspressknödeln reichen.

Die Kaspressknödel zusammen mit der Sauce und einem grünen Salat auf Tellern anrichten. Dazu passt ein trockener, leichter Weißwein.

TIPP
Kartoffeln sollte man immer mit Schale kochen, also als Pellkartoffeln, da sie sonst Stärke verlieren.

Eine köstliche Alternative – Kaspressknödelsuppe
Die Kaspressknödel schmecken auch als Suppeneinlage fantastisch: Dazu setzt man eine Rinderbrühe aus Rinderknochen auf und gart darin für einige Minuten Suppengrün aus Karotten und Sellerie. Kaspressknödel damit übergießen und alles mit Schnittlauchröllchen garnieren.

SCHÖN ZU WISSEN
- Zieger ist gereifter Quark, der mit der Reifung grau wird. Er hat 0 % Fett.
- Alternativ zum Graukäse kann man auch Bergkäse verwenden. Typisch für das Zillertal sind jedoch Graukäse und Zieger.
- Zum Start der Saison werden beim Aar-Wirt die Kaspressknödel vorgebraten und kühl aufbewahrt. Wenn es auf der Hütte so richtig zugeht, werden täglich zwischen 70 und 100 Knödel frisch zubereitet und serviert.

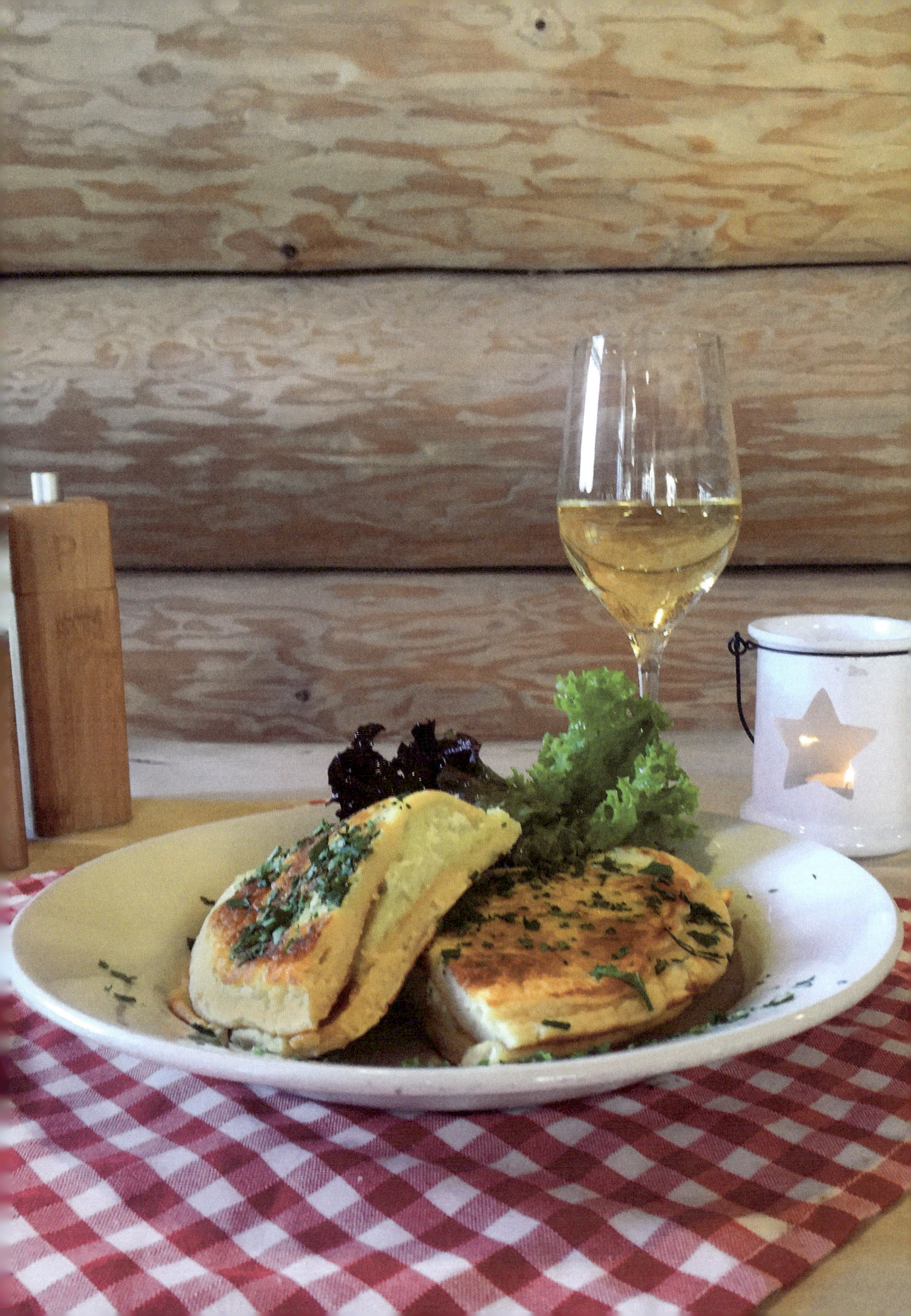

Holzknechtkrapfen

Der deftige Palatschinken-Genuss

ZUTATEN FÜR 4 PERSONEN
ZUBEREITUNGSZEIT: 1 STUNDE PLUS VORBEREITUNG DER KARTOFFELN

Für die Füllung
7 große festkochende Kartoffeln
250 g Quark (Bröseltopfen)
150 g Graukäse, gerieben und mit Zieger (Molkenkäse) gemischt
2 Prisen Salz
reichlich Schnittlauchröllchen
etwas Weizenmehl für die Bindung
etwas Milch

Für die Palatschinken
200–300 g Weizenmehl (Type 405)
100 ml Milch
3 Eier
1 Prise Salz
etwas Butterschmalz zum Braten
etwas Öl
ein paar Schnittlauchröllchen

Außerdem
grüner Salat mit leichtem Dressing

Für die Füllung die Kartoffeln am besten schon am Vortag waschen und mit Schale gar kochen.

Die erkalteten Kartoffeln schälen und in eine Schüssel reiben. Den Quark hinzufügen und mit den Händen verkneten. Käse, Salz und Schnittlauchröllchen dazugeben, den Teig mit etwas Mehl binden und noch etwas Milch unterrühren.

Für die Palatschinken alle Zutaten bis auf Schmalz und Öl in einer Schüssel mit den Schneebesen des Handrührgeräts verrühren.

Das Butterschmalz in einer Pfanne stark erhitzen, Öl hinzufügen und etwas Teig hineingeben. Diesen durch Schwenken der Pfanne verteilen, bis die gesamte Pfannenfläche bedeckt ist. Etwas Schnittlauch darüberstreuen und den Palatschinken anbraten, bis der Teig oben fest ist. Anschließend wenden und etwas Füllung draufgeben. Nach etwa 3 Minuten zusammenklappen. Etwas Schmalz darübergeben und ein paar Minuten bei geringer Temperatur ziehen lassen. Im Backofen warm halten, während die restlichen Palatschinken auf dieselbe Weise zubereitet werden.

Die Holzknechtkrapfen auf Tellern mit Salat anrichten und mit Schnittlauch garniert servieren.

SCHÖN ZU WISSEN

Die Holzknechtkrapfen waren früher eine schnelle, günstige Mahlzeit für die hart arbeitenden Holzknechte und Förster. Nahrhaft und sättigend hielt dieses Essen einige Zeit vor, in der die Männer Schwerstarbeit verrichteten.

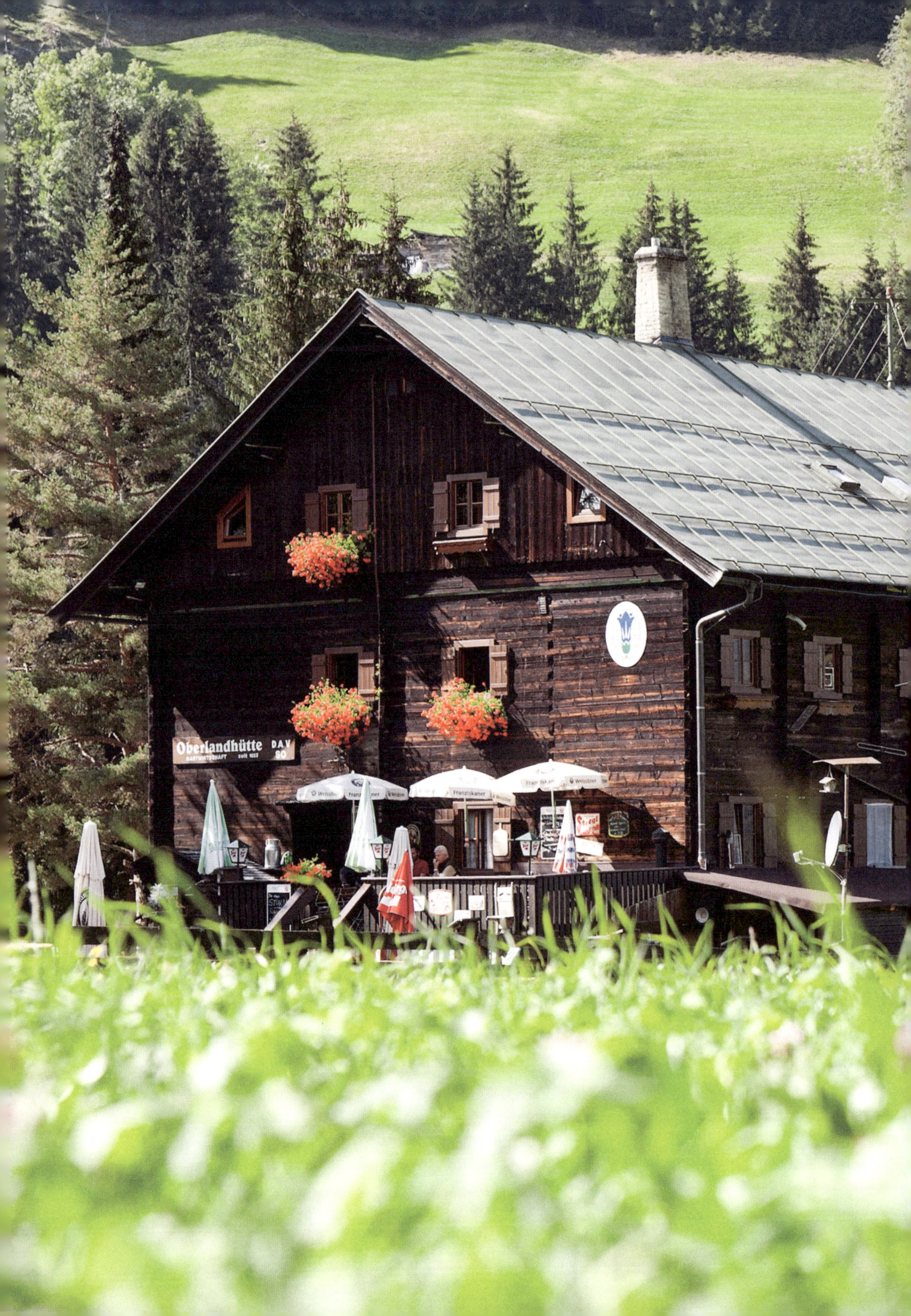
Oberlandhütte DAV SO

Die Oberlandhütte in den Kitzbüheler Alpen

ADRESSE
Falkensteinweg 35,
6365 Kirchberg in Tirol, Österreich
TELEFON
+43 5357 8113
E-MAIL
info@oberlandhuette.at
WEBSEITE
www.oberlandhuette.at
DAV-HÜTTE
ja
ÖFFNUNGSZEITEN
ganzjährig
ÜBERNACHTUNGSMÖGLICHKEIT
ja
HÖHENMETER
1014 m
HÜTTENWIRTE
Max und Jacky Maksimovic
SPEZIALITÄTEN
Zwei Köche kreieren kulinarische Köstlichkeiten aus regionalen Produkten.

So kommt man zur Oberlandhütte
Inmitten der Kitzbüheler Alpen bei Aschau liegt die Oberlandhütte am Eingang zum Ski- und Wandergebiet Kitzbühel. Zu diesem sind es etwa noch drei Kilometer. Die Hütte ist ganzjährig mit dem Auto direkt erreichbar.

Ein Biologen-Ehepaar startet noch einmal durch
Dieses Hüttenpaar hat es in sich: Max und Jacky Maksimovic teilen eine lange Geschichte, viel Erfahrung in der Gastronomie und vor allem auch nach über 30 Jahren Ehe eine Menge Liebe füreinander und für die Gäste. Die richtige Mischung für einen Hüttenbetrieb, wie ihn die Oberlandhütte braucht. Erst im Dezember 2018 gestartet, freuen sich die beiden auf die spannende Wintersaison und darüber, nach zahlreichen Stationen endlich selbstständig zu sein. Seine serbischen Wurzeln und ihre Heimat Montenegro geben der Hütte ein multikulturell-fröhliches Ambiente.

Die Oberlandhütte bekommt eine neue Geschichte
Viele Pächter gab es in der Oberlandhütte schon. Der vorherige, Uwe Springer, der die Hütte lange Jahre betreut hat, wird im Mai 2019 in der Hütte seine Hochzeit mit seiner langjährigen Freundin Uta feiern. Dazu hat er bei den neuen Wirten Max und Jacky das Haus komplett gemietet – für vier Tage. Schön, wenn sich Freundschaften zwischen den Pächtern entwickeln, so werden die Hüttentraditionen und Gepflogenheiten immer weitergegeben.

Max und Jacky sind seit 26 Jahren in Österreich. Zusammen mit ihren damals noch kleinen Kindern flüchteten sie aus dem kriegsgeplagten Serbien nach Tirol, um neu zu beginnen. Die beiden studierten Biologen gaben also ihre gut bezahlten Jobs in der Heimat auf, taten sich jedoch schwer, in Österreich vergleichbar interessante Anstellungen in ihrem Fachgebiet zu finden. Kurzerhand begannen sie in der Gastronomie und im Tourismus. Mit schnellem Erfolg: Der aufgeweckte Max war zuletzt Geschäftsführer der Lokale Hahnenkamm in Kitzbühel und Werkstatt in Kufstein, bevor er sich nun als selbstständiger Pächter den Traum der Oberlandhütte erfüllte. Seine Frau Jacky etablierte sich ebenfalls in Restaurants in Tirol, in denen sie verantwortungsvolle Stellen besetzte.

Gemeinsam mit ihren zwei Köchen, die sie aus ihren ehemaligen Jobs mitgebracht haben, starten sie jetzt ganz neu durch. Mit neuer Speisekarte, ausgefallenen Gerichten sowie Hausmannskost bringen sie neuen Wind in die Oberlandhütte.

So läuft es auf der Oberlandhütte

Die Aufgabenteilung ist einfach und harmonisch wie das Paar selbst: Max kümmert sich um den Service im Gasthaus und ist mit den Gästen am Abend und teilweise bis spät in die Nacht zusammen. In den freien Stunden übernimmt er die Buchhaltung, die Bestellungen und Reservierungen. Jacky betreut die 62 Betten in den Zimmern und Lagern und kümmert sich um die Wäsche und Räume. Ihre drei erwachsenen Kinder Jovanna (30), Stefan (28) und Luka (16) unterstützen den Hüttenbetrieb, wo sie können. Jovanna und Luka helfen in ihrem Urlaub und Stefan ist momentan zwei bis drei Tage die Woche in der Hütte. So funktioniert der Betrieb zu einem großen Teil aus den Kräften der eigenen Familie.

Während Max abends lang im Dienst ist, bereitet Jacky morgens das Frühstück für die Gäste vor und hilft in der Küche aus. Dort haben die beiden Köche Cedo und Peter das Zepter in der Hand. Alles wird frisch zubereitet und für jeden Gast so hergerichtet, dass man meinen könnte, man sei in einem Sterne-Restaurant gelandet. Dabei achten sie neben der Herkunft der Zutaten auch sehr auf umweltfreundliches Arbeiten. Diese Einstellung fußt natürlich auch auf dem Einfluss der beiden Hüttenwirte, den Biologen. So wird in der Küche auf unnötige Verpackungen verzichtet. Professionell und immer gut gelaunt kümmern sich die beiden Köche um die Zubereitung der Gerichte. Erstaunlich war für mich: Für alle drei Gerichte, die sie nur teilweise vorbereitet hatten, brauchten sie bei meinem Besuch nur 15 Minuten!

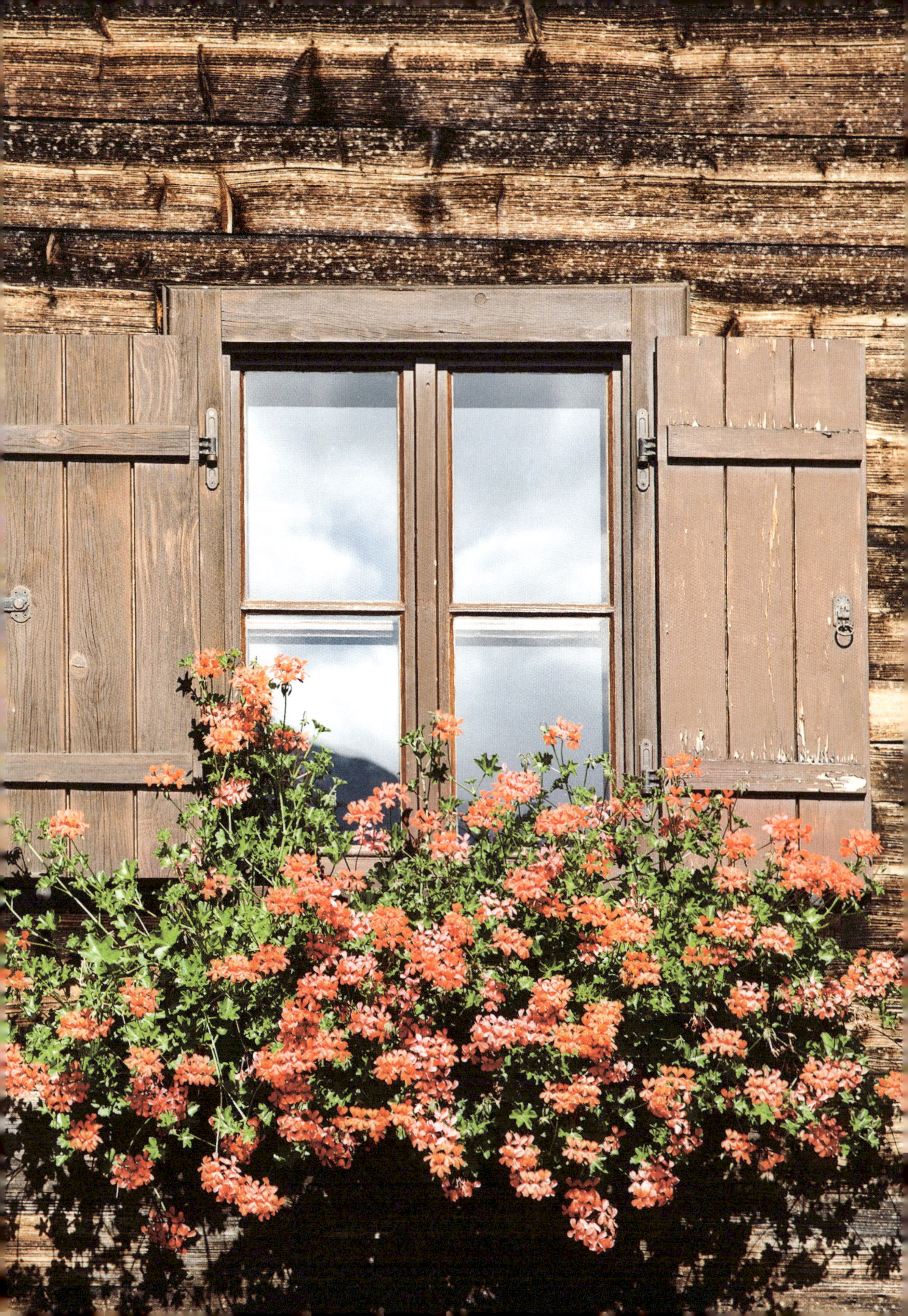

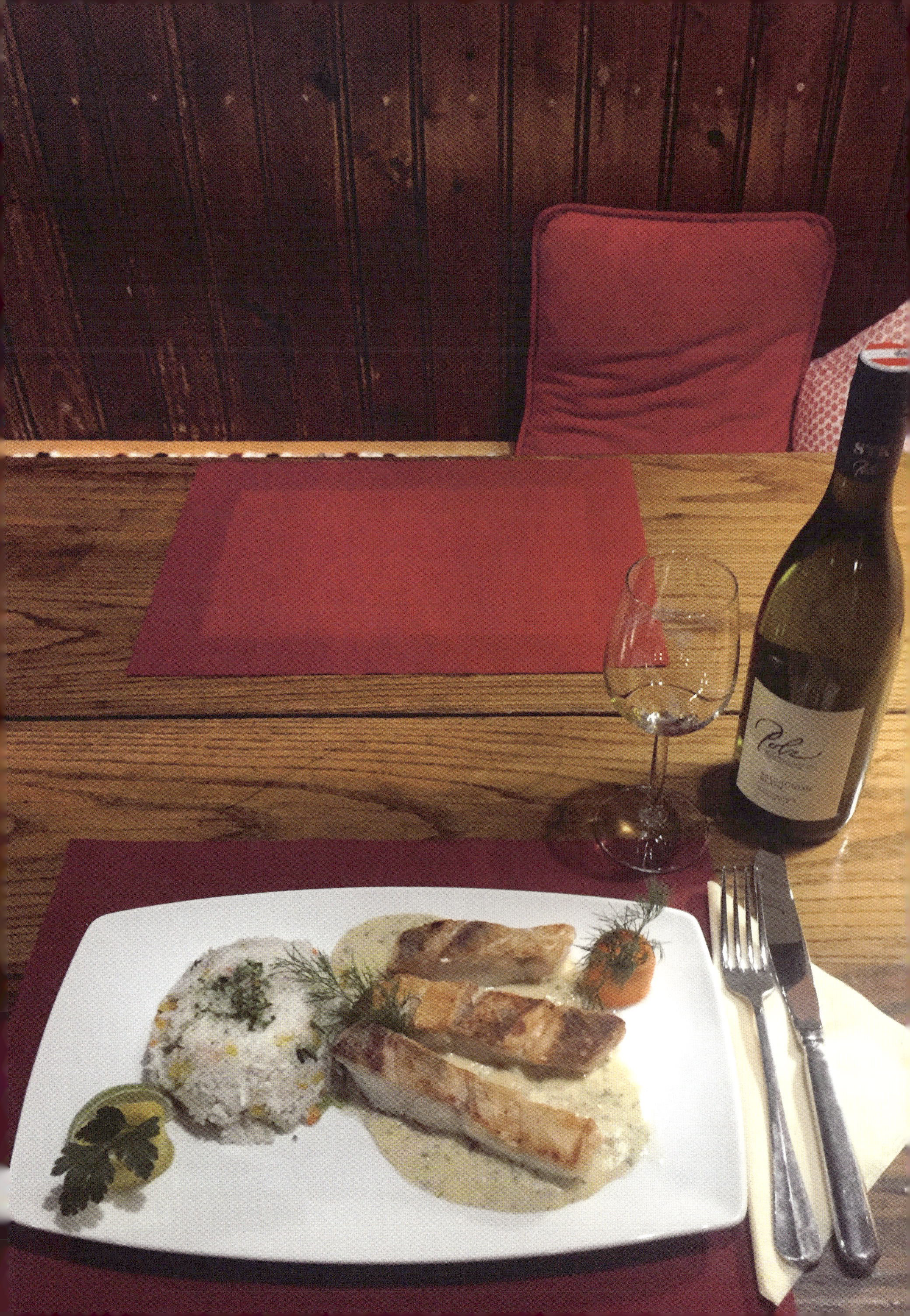
Polz

Zanderfilet auf Dillrahmsauce mit Gemüsereis

Gesund und nobel auf der Hütte

ZUTATEN FÜR 4 PERSONEN • ZUBEREITUNGSZEIT: 30 MINUTEN

Für den Gemüsereis
2 rote Paprikaschoten
2 Karotten
2 rote Karotten
Salz
300 g Reis
frisch gemahlener schwarzer Pfeffer

Für den Zander
800 g Zanderfilets, in drei Scheiben geschnitten
40 g Butter, plus mehr in Flocken
Salz
frisch gemahlener schwarzer Pfeffer

Für die Dillrahmsauce
40 g Butter
4 TL gehackte Zwiebel
500 g süße Sahne
4 TL frisch gehackter Dill
Salz
frisch gemahlener schwarzer Pfeffer

Für den Gemüsereis die Paprikaschoten waschen und die Karotten schälen, beides fein würfeln. Reichlich Salzwasser in zwei Töpfen zum Kochen bringen und Reis sowie Gemüse separat darin garen. Das Gemüse benötigt etwa 5 Minuten, der Reis etwa 20 Minuten. Beides abseihen und mischen. Mit Salz und Pfeffer abschmecken.

Während der Reis kocht, den Ofen auf 180 °C Ober- und Unterhitze vorheizen. Die Zanderfilets unter kaltem Wasser abspülen und trocken tupfen. Die Butter in einer ofenfesten Pfanne bei mittlerer Temperatur erhitzen, den Fisch darin von beiden Seiten 2–3 Minuten anbraten. Salzen und pfeffern und mit ein paar Butterflocken belegt für 3 Minuten im vorgeheizten Ofen backen.

Für die Sauce die Butter in einer Pfanne erhitzen und die Zwiebel darin glasig anschwitzen. Mit der Sahne ablöschen und diese kurz aufkochen lassen. Dann mit einem Stabmixer pürieren, Dill zugeben und mit Salz und Pfeffer abschmecken.

Die Sauce als Spiegel auf einen Teller geben und den Fisch daraufsetzen. Den Reis daneben anrichten und servieren. Dazu passt ein leichter Weißwein.

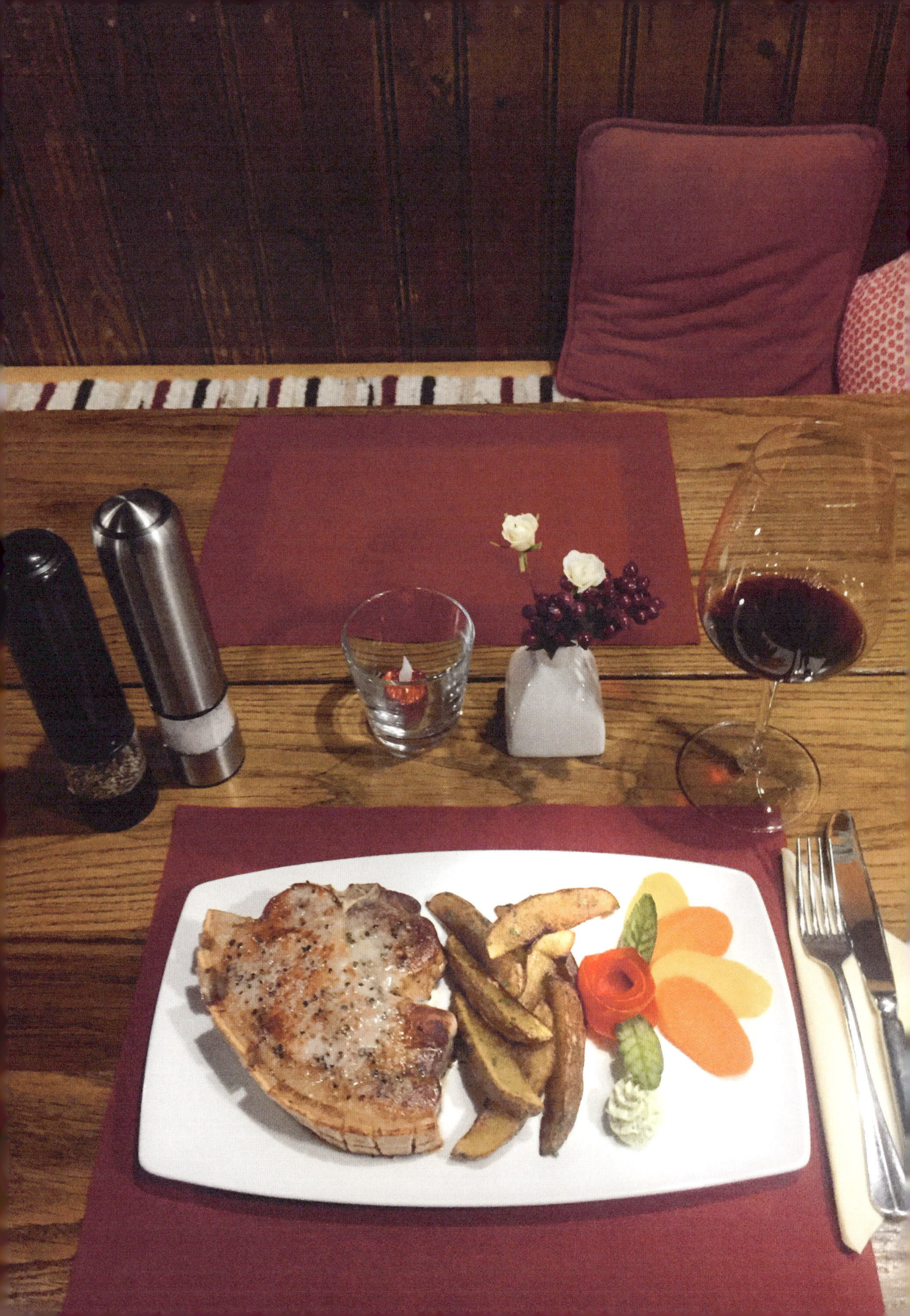

T-Bone-Steak vom Schwein an Kartoffelecken

Für den großen Hunger nach der Tour

ZUTATEN FÜR 4 PERSONEN
ZUBEREITUNGSZEIT: 20 MINUTEN PLUS ETWA 50 MINUTEN KOCHEN UND BACKEN

4 große Kartoffeln
Öl zum Frittieren, plus mehr zum Braten
Salz
frisch gemahlener schwarzer Pfeffer
4 T-Bone-Steaks vom Schwein (à 500 g)
etwas Kräuterbutter zum Servieren
gedämpftes Gemüse zum Servieren

Wasser in einem Topf zum Kochen bringen und die Kartoffeln darin etwa 40 Minuten mit Schale kochen. Herausnehmen und abkühlen lassen. Mit der Schale in Spalten schneiden und in 5 Minuten in der Fritteuse ausbacken. Die Kartoffelecken salzen und pfeffern und bis zum Servieren warm halten.

Den Ofen auf 180 °C Ober- und Unterhitze vorheizen. Etwas Öl in einer ofenfesten Pfanne stark erhitzen. Das T-Bone-Steak darin von jeder Seite 3–4 Minuten scharf anbraten. Anschließend im Ofen etwa 8 Minuten backen, damit es weich wird. Nach dieser Zeit ist es gut medium. Für well done etwas länger im Ofen lassen.

Alles mit der Kräuterbutter und Gemüse auf einem Teller anrichten. Dazu passt ein kräftiger Rotwein.

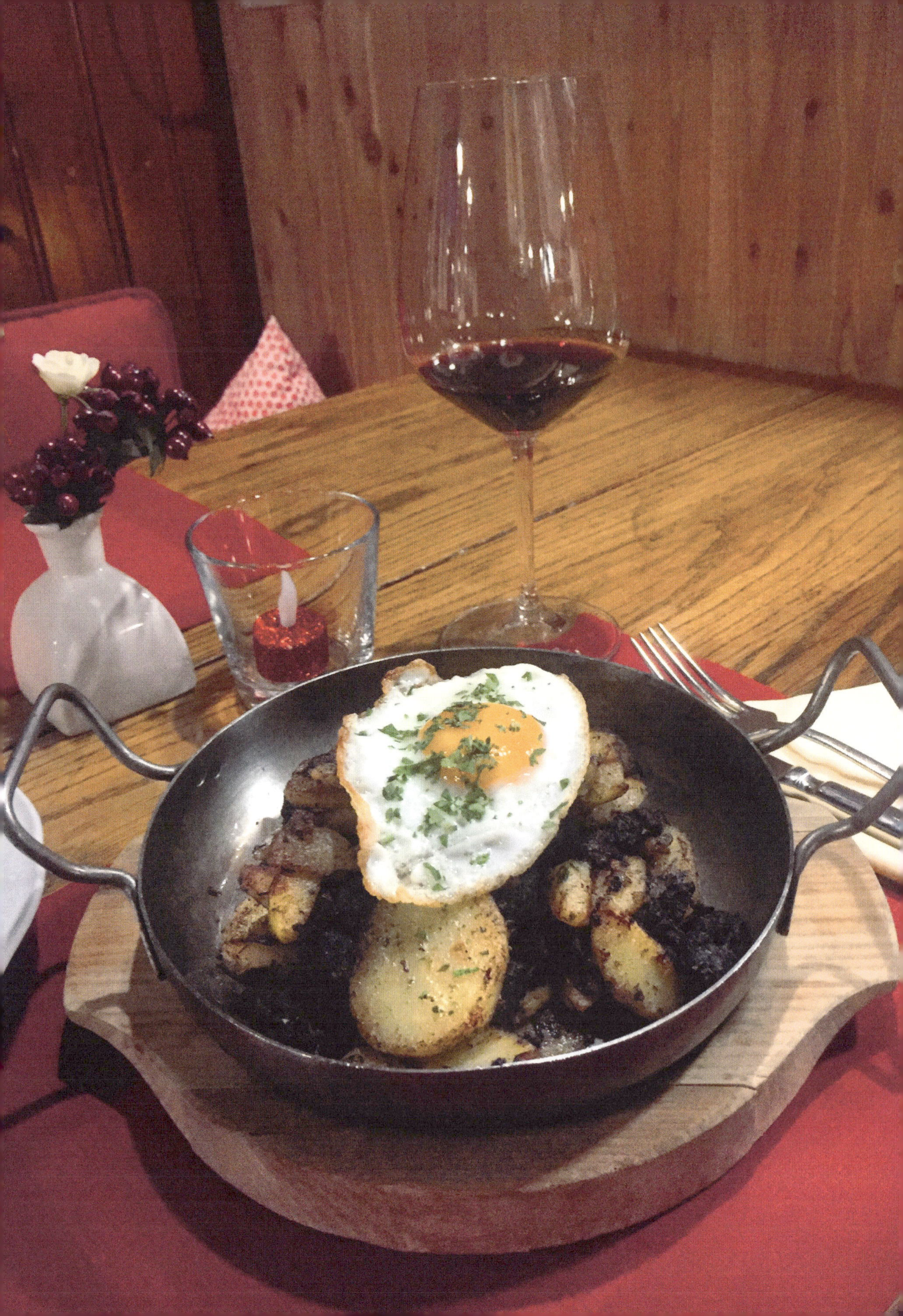

Blunzngröstl mit Krautsalat

Echtes Tiroler Gröstl nach Hausmacherart

ZUTATEN FÜR 4 PERSONEN • ZUBEREITUNGSZEIT: 1 STUNDE PLUS 3 STUNDEN RUHEN

Für den Krautsalat
1 Kopf Weißkohl
Salz
200 g Speck
200 ml Essig
100 ml Öl
einige Kümmelsamen
frisch gemahlener schwarzer Pfeffer

Für das Gröstl
1 kg Kartoffeln
2 große Zwiebeln
500 g Blutwurst
etwas Öl zum Anbraten
200 g Speck, gewürfelt
Salz
frisch gemahlener schwarzer Pfeffer
etwas Knoblauchpulver

Außerdem
4 Eier
etwas Öl zum Braten
etwas Majoran und Petersilie, fein gehackt

Für den Krautsalat das Kraut fein hobeln und in einer Schüssel mit etwas Salz vermengen. Das Kraut etwa 1 Stunde ziehen lassen. Den Speck in feine Würfel schneiden. Alle übrigen Zutaten zum Kraut geben und weitere 2 Stunden ziehen lassen.

Für das Gröstl in einem Topf Wasser zum Kochen bringen und die Kartoffeln mit Schale darin kochen. Abseihen und in Scheiben schneiden. Die Zwiebeln abziehen und klein hacken. Die Blutwurst abziehen und grob würfeln.

Das Öl in einer kleinen Pfanne stark erhitzen und die Kartoffelscheiben darin anbräunen, bis sie leicht knusprig sind. Die Temperatur etwas reduzieren und die Zwiebel und den Speck zugeben. Einige Minuten braten, die Temperatur weiter reduzieren und die Blutwurst untermischen. Sie sollte in groben Würfeln bleiben und nicht zerbröseln. Zum Schluss mit Salz, Pfeffer und Knoblauchpulver abschmecken.

Die Eier in einer separaten Pfanne in Öl anbraten. Die Spiegeleier auf das Gröstl setzen und mit frischen Kräutern überstreuen Das Gröstl direkt aus der Pfanne servieren und den Krautsalat separat in Schalen anrichten.

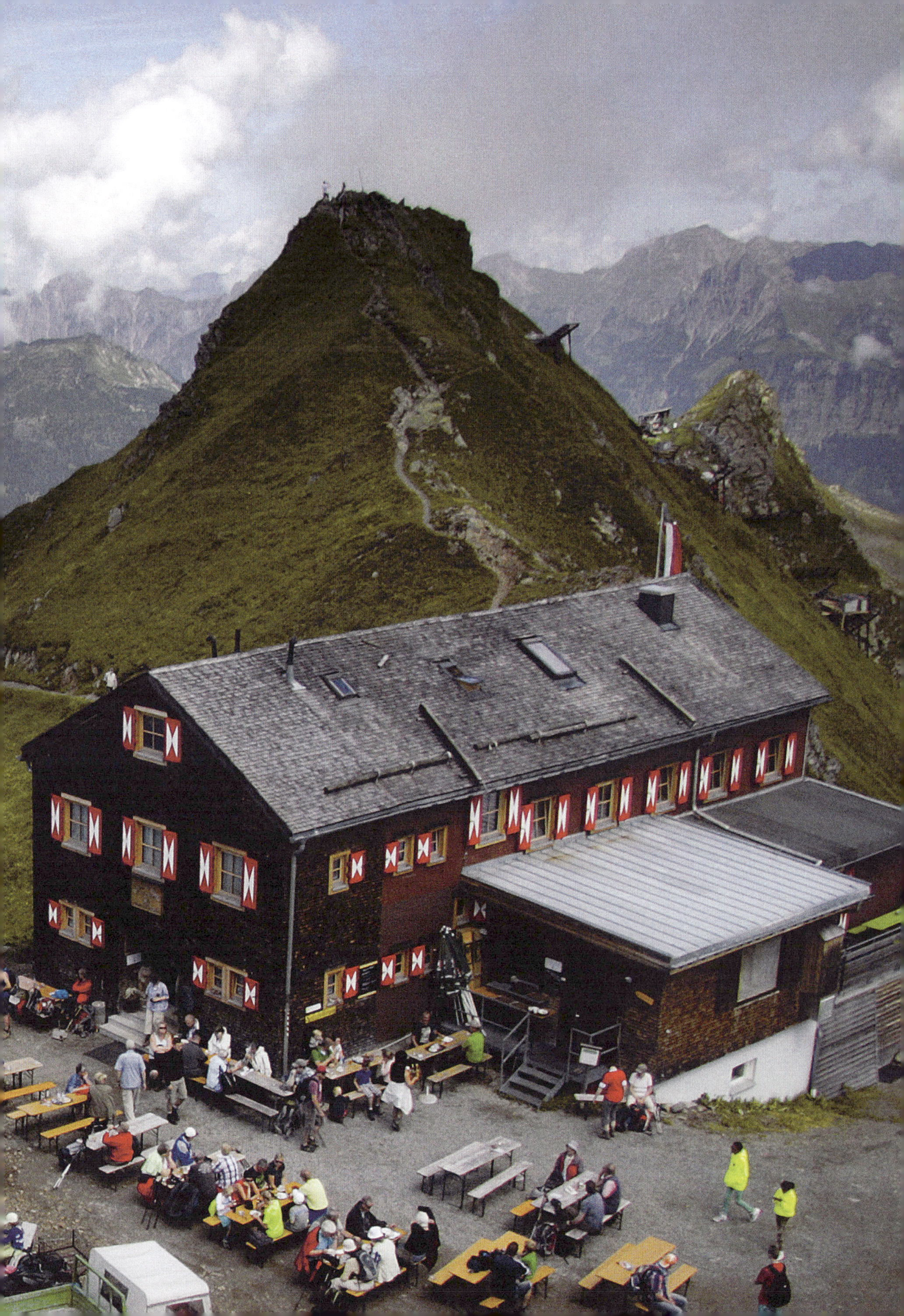

Die Wormser Hütte im Montafon

ADRESSE
Kapellerweg 45, 6780 Schruns, Österreich
TELEFON
+43 664 1320325
E-MAIL
wormserhuetteschruns@gmail.com
WEBSEITE
www.wormser-huette.at
DAV-HÜTTE
ja
ÖFFNUNGSZEITEN
Sommersaison: Ende Juni bis Anfang Oktober; Wintersaison: Ende Dezember bis Ende März
ÜBERNACHTUNGSMÖGLICHKEIT
ja
HÖHENMETER
2307 m
HÜTTENWIRT
Manfred Zwischenbrugger
SPEZIALITÄTEN
Für die Übernachtungsgäste gibt es jeden Abend ein Drei-Gänge-Menü, an Heiligabend ein Vier-Gänge-Menü

So kommt man auf die Wormser Hütte

Im Sommer gibt es viele Möglichkeiten, auf die Wormser Hütte zu kommen:

- Für Gemütliche: Ab Schruns mit der Hochjochbahn und dem Sennigrat-Sessellift gelangt man in 10–15 Minuten auf die Hütte.
- Für eine Halbtagestour geht es ab Schruns mit der Hochjochbahn bis zur Bergstation Kapell. Der Seeweg über den Schwarzsee und den Herzsee führt in etwa 1½ Stunden zur Hütte.
- Für eine Tagestour mit Übernachtung auf der Hütte wandert man von Schruns aus auf den Kropfen und zur Bergstation Kapell. Weiter geht es über den Seeweg oder Zickzackweg. In insgesamt 5 Stunden erreicht man die Wormser Hütte.
- Dieselbe Gehzeit benötigt man von St. Gallenkirch aus. Von hier geht es über die Zamang Alpe und die Zamang Spitze zum Kreuzjoch, die Wormser Hütte liegt dann etwas unterhalb.
- Von Silbertal aus geht es zu Fuß entweder in 4 Stunden durch den Schattenwald über die Alpe Innerkapell und den Schwarzsee zur Hütte. Oder in 4–5 Stunden durch den Bannwald über die Ronaalpe und Alpgues zum Grasjoch, weiter über das Kreuzjoch bis zur Wormser Hütte.

Im Winter kommt man nur mit Skiern oder Snowboard zur Hütte von den Bergstationen der Lifte aus. Von Schruns aus nimmt man die Hochjochbahn oder die Zamangbahn. Von Silbertal aus geht es mit der Kapellbahn nach oben. Von allen drei Kabinenbahnen geht es weiter mit der Panoramabahn. Von St. Gallenkirch kann man die Grasjochbahn hoch zur Wormser Hütte nehmen.

Winters wie sommers eine fröhliche Teamarbeit

Zwei Tage vor der jeweiligen Saisoneröffnung hält ein reges Treiben Einzug in die Wormser Hütte. Es wird geputzt, gekocht, repariert, das Lager gefüllt – jeder der elf Mitarbeiter hat eine Aufgabe und hilft den anderen, wenn er seine erledigt hat. Auf 2307 Metern weiß man einfach, was man an den Kollegen hat. Denn sie sind eine Familie für eine ganze Saison. Und zum Ausklang schenkt der Hüttenwirt Manfred Zwischenbrugger seinem Team zwei Tage Urlaub – gemeinsam zum Skifahren oder Wandern, versteht sich.

Ein Wirt und sein Team

Seit 13 Jahren ist Manfred Zwischenbrugger der Pächter der Wormser Hütte. Das 100-jährige Jubiläum der DAV-Hütte der Sektion Worms im Jahr 2007 feierte er schon mit. Unter seiner Federführung entwickelte sich das Haus, das mittlerweile 62 Betten in Lagern und Zimmern bereithält, stetig weiter. Zuletzt wurden die Sanitäranlagen und die Küche umfangreich renoviert und erweitert. Ab 2019 plant er gemeinsam mit dem DAV einen Anbau für eine größere Lagerfläche und für einen abgetrennten Mitarbeiter-Bereich. Die Zusammenarbeit mit dem Verein klappt ganz hervorragend und Manfred ist dankbar, dass der DAV den größten Teil der Pachteinnahmen direkt wieder in die Hütte investiert.

Der Mitarbeiterbereich mit Einzel- und Doppelzimmern sowie Gemeinschaftsraum und eigenen Sanitäranlagen war Manfreds Idee. Das zeigt, wie wichtig ihm die Gemeinschaft ist. In der Regel frühstückt das Team nach den Gästen im Nebenraum der Küche. Dann ist eine halbe Stunde Zeit für Austausch und Tagesplanung. Ein Ritual, das Manfred ganz wichtig ist. Und auch seine Helferinnen und Helfer, die teils von weit herkommen, um die Saisons auf der Hütte zu verbringen, schätzen das gemeinsame Frühstück.

Dieses Gemeinschaftsgefühl möchte Manfred auch seinen Gästen zeigen. So gibt es für alle Mitarbeiter dieselbe Arbeitskleidung mit dem Emblem der Wormser Hütte. Ein einheitlicher Auftritt ist ihm wichtig. Jeder bekommt einen Satz T-Shirts, für jeden Tag der Woche in einer anderen Farbe. Klar, dass alle jeden Tag dieselbe Farbe tragen. So kann sich Manfred auch sicher sein, dass niemand ein T-Shirt zwei Tage hintereinander trägt.

Auch die sonstigen Bedingungen für die Mitarbeiter sind gut: Neben dem Gehalt sind Kost und Logis gratis, an ihren freien Tagen können sie in einer der beiden Mitarbeiterwohnungen in Schruns wohnen, die Manfred angemietet hat. Darüber hinaus bekommen sie eine freie Liftkarte und zu gleichen Teilen die Trinkgeld-Einnahmen. Wer auf die Hütte zum Arbeiten kommt, ohne Skifahren zu können, der lernt es hier. Das ist Manfreds Anspruch. Und so geht er in jeder freien Minute mit seinen Leuten auf die Piste – und gibt sich neben dem Chef auch als prädestinierter Skilehrer. Denn er ist überzeugt: »Auf unserer Hütte lernt jeder das Skifahren.«

Neben seinen Mitarbeitern kann Manfred sich besonders auf seine Frau Brigitte verlassen. Sie übernimmt von unten im Tal die Buchhaltung und Disposition für die Hütte. Und wenn Not am Mann ist, hilft sie vor Ort aus. Gerade an den spontan vollen Tagen ist das wichtig.

Das Leben auf der Hütte

Ursprünglich und doch modern ist es hier. Am Abend, vor der Hüttenruhe um 23 Uhr, kommt es nicht selten vor, dass mit Gitarrenbegleitung spontane Hausmusikabende in der Stube stattfinden. Die Gäste sitzen zusammen, unterhalten sich, spielen, singen und trinken. So, wie es auf einer Hütte einfach zugehen muss nach einem sportlich ambitionierten Tag. Eine Saison lang hat Manfred einmal das WLAN für seine Gäste freigeschaltet. Doch als an den Abenden die Stube leer blieb, da alle auf den Zimmern auf ihre Smartphones schauten, schaffte er es strikt wieder ab. Seitdem gibt es wieder den täglichen Austausch unter den Gästen, wie es ihm wichtig ist.

Die Küche auf der Hütte

Auf der Wormser Hütte bereiten drei Köche die Gerichte zu: Santa aus Nepal, Dusan aus Slowenien und Adam aus Ungarn. Sie teilen ihre Aufgaben auf und wechseln täglich ihre Zuständigkeiten, sodass es für niemanden eintönig wird. Neben den typischen Hüttengerichten bieten sie auch ausgefallene Speisen an, die sich oft hinter dem für DAV-Mitglieder günstigeren Schneemann- oder Bergsteigerteller verbergen. Da lassen die Köche ihren multikulturellen Erfahrungen gern einmal freien Lauf.

Sonnwendfeier

Jedes Jahr zur Sonnwende, am 20., 21. oder 22. Juni, stellen die Bergfreunde Silbertal mit der Feuerwehr gemeinsam Fackeln auf jedem Gipfel auf und erleuchten somit das gesamte Montafongebiet oberhalb des Tals. Zu diesem Anlass gibt es in der Wormser Hütte am Abend ein großes Fest, bei dem alle Mithelfer zusammen in der Stube sitzen und feiern. Anschließend übernachten sie in den Zimmern und Lagern der Hütte und leiten mit dieser Tradition den astronomischen Sommerbeginn ein.

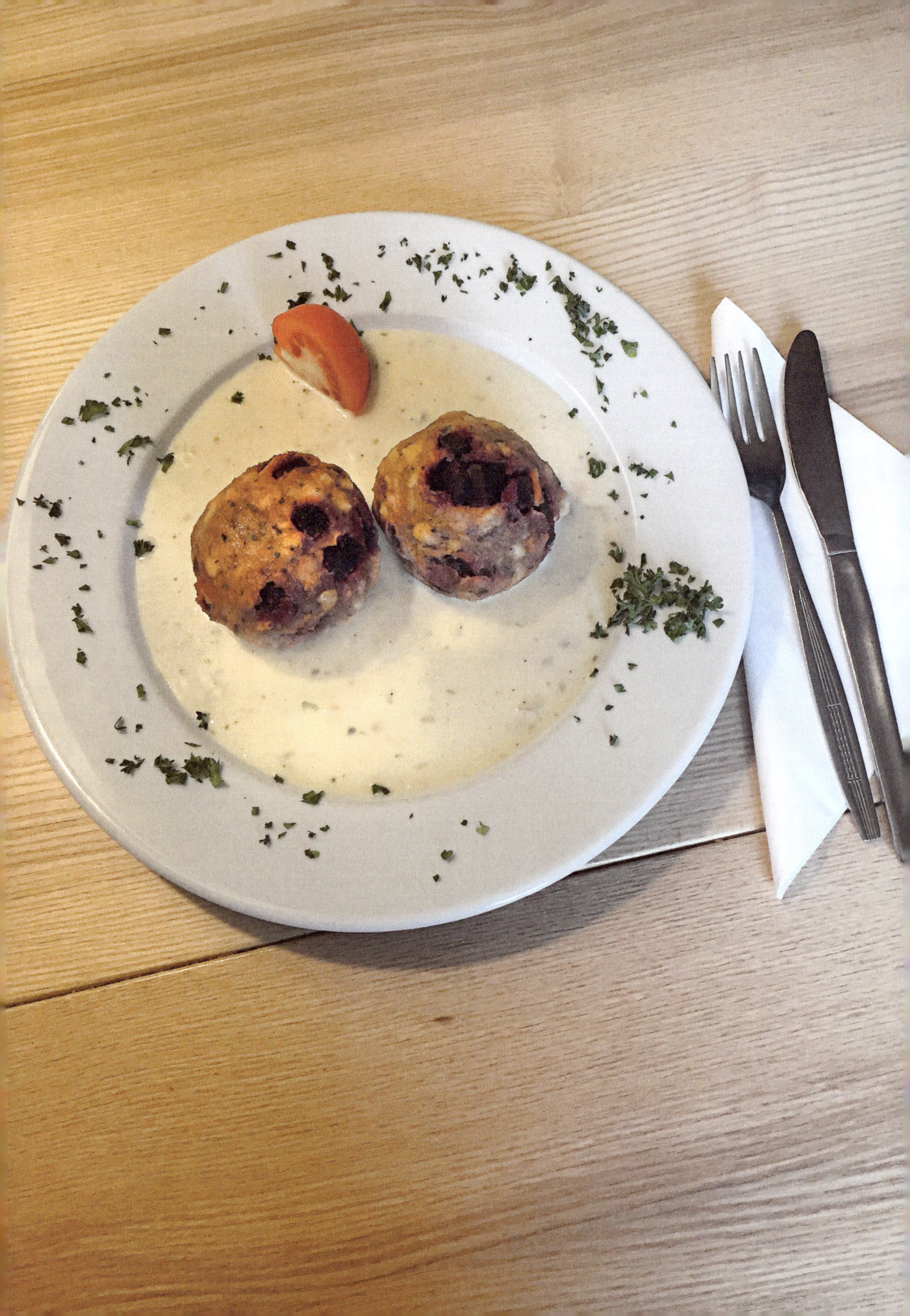

Rote-Bete-Knödel auf Gorgonzolasauce

Eine Idee aus dem Klostertal – vom Hüttenwirt persönlich

ZUTATEN FÜR 4 PERSONEN • ZUBEREITUNGSZEIT: 45 MINUTEN

Für die Knödel
230 g Rote Bete
1 mittelgroße Zwiebel
etwas Pflanzenöl zum Anbraten
300 g Knödelbrot
Salz
frisch gemahlener schwarzer Pfeffer
etwas Petersilie, fein gehackt, plus mehr zum Garnieren
350 ml Milch
2 Eier

Für die Gorgonzolasauce
1½ mittelgroße Zwiebeln
1 Knoblauchzehe
etwas Pflanzenöl zum Anbraten
Salz
frisch gemahlener schwarzer Pfeffer
etwas Petersilie, fein gehackt
120 g Gorgonzola
230 g süße Sahne

Für die Knödel die Rote Bete waschen, schälen und klein würfeln. Die Zwiebel abziehen und fein hacken. Das Öl in einer Pfanne erhitzen und die Zwiebel darin anbraten, bis sie goldbraun ist. In einer Schüssel Zwiebel, Knödelbrot, Rote Beten, Salz, Pfeffer und Petersilie mischen. Die Milch in einem kleinen Topf erwärmen, vom Herd nehmen und die Eier mit einem Schneebesen gut einquirlen. Die Milch zur Knödelbrotmischung geben und alles gut vermengen.

Reichlich Salzwasser in einem großen Topf zum Kochen bringen. Acht Knödel aus der Masse formen und 20 Minuten im kochenden Wasser garen. Die Knödel sollen dabei an der Oberfläche schwimmen.

In der Zwischenzeit für die Sauce die Zwiebeln und den Knoblauch abziehen und fein würfeln. In einem kleinen Topf das Öl erhitzen und die Zwiebeln und den Knoblauch darin anbraten, bis sie braun sind. Salz, Pfeffer und Petersilie zugeben und alles mit 120 ml Wasser ablöschen. Wenn das Wasser kocht, den Gorgonzola hinzufügen. Ununterbrochen mit einem Schneebesen rühren. Sobald der Käse geschmolzen ist, die Sahne unterrühren. Ein paar Minuten unter Rühren köcheln lassen. Zum Schluss mit Salz und Pfeffer abschmecken.

Die Sauce auf tiefe Teller verteilen und je zwei Knödel daraufgeben. Mit Petersilie garniert servieren.

SCHÖN ZU WISSEN

Das Rezept ist eigentlich für 70 Knödel gedacht. Wir haben es für dieses Buch auf 4 Personen heruntergerechnet.

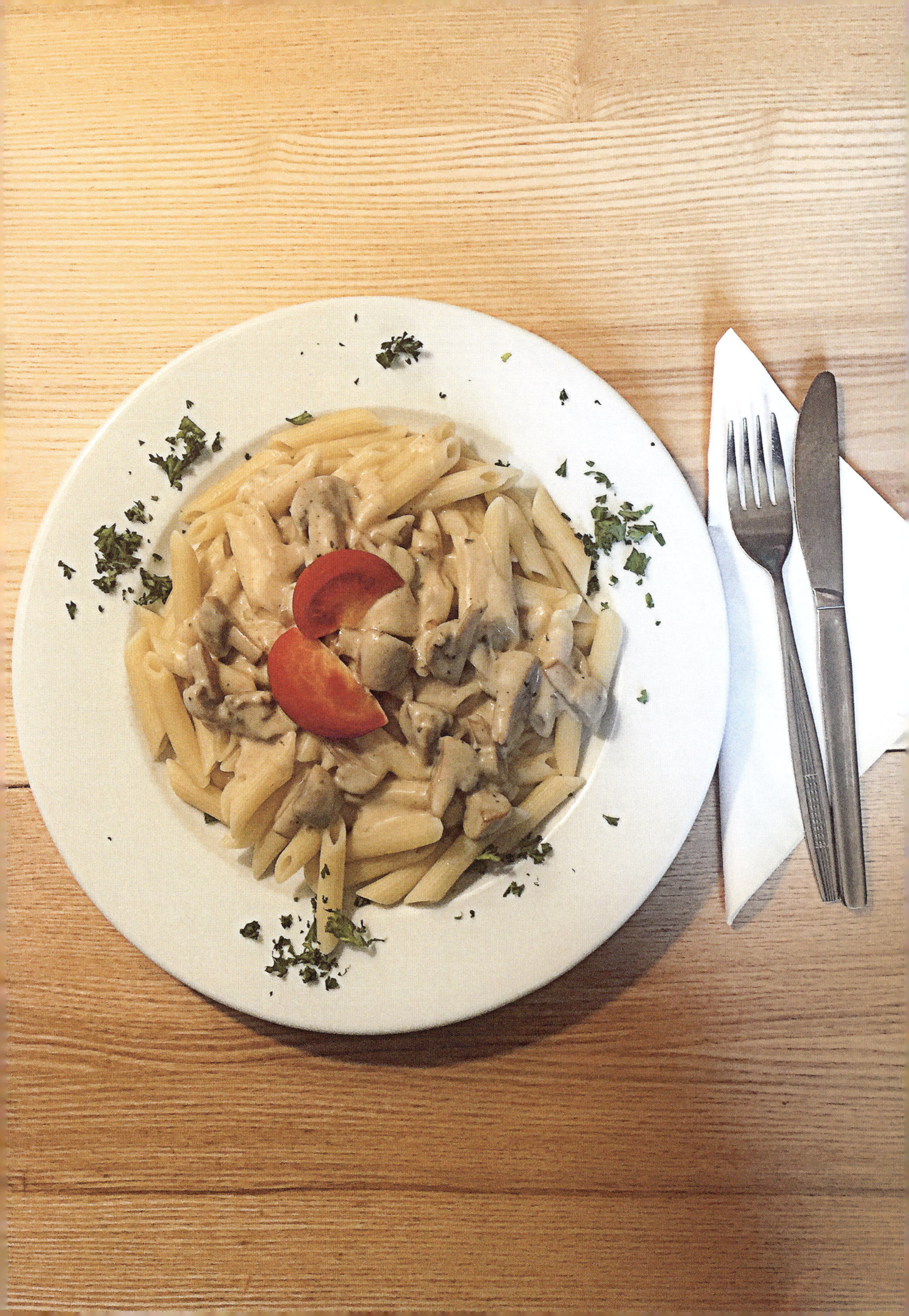

Penne an Pilzrahmsauce

Ein Schneemannteller

ZUTATEN FÜR 5–6 PERSONEN • ZUBEREITUNGSZEIT: 20 MINUTEN

Salz
800 g Pasta nach Belieben (etwa Penne)
1½ große Zwiebeln
2½ Knoblauchzehen
500 g Champignons
etwas Öl zum Anbraten
etwas getrockneter Oregano
1 kg süße Sahne
1–2 EL Speisestärke
frisch gemahlener schwarzer Pfeffer
etwas Petersilie, gehackt, zum Garnieren
einige Tomatenspalten zum Garnieren (nach Belieben)

Reichlich Salzwasser in einem großen Topf zum Kochen bringen und die Nudeln darin nach Packungsangabe al dente garen.

In der Zwischenzeit Zwiebeln und Knoblauch abziehen und beides fein hacken. Die Pilze putzen und in Scheiben schneiden. Das Öl in einer Pfanne erhitzen und die Zwiebeln und den Knoblauch darin anbraten, Pilze und Oregano zugeben und mit 1,¼ l heißem Wasser ablöschen. Einige Zeit unter Rühren köcheln lassen. Dann die Sahne hinzufügen, noch einmal aufkochen lassen und die Temperatur reduzieren. Die Speisestärke in einer kleinen Schüssel mit etwas kaltem Wasser verquirlen und unter die Sauce rühren, bis diese bindet. Mit Salz und Pfeffer abschmecken.

Die Nudeln abseihen und auf tiefe Teller verteilen. Die Sauce darauf anrichten. Mit Petersilie bestreut und nach Belieben mit ein paar Tomatenspalten garniert servieren.

SCHÖN ZU WISSEN

Für DAV-Mitglieder denken sich die Köche oft etwas Besonderes aus. Das Gericht wird vom DAV unterstützt und ist für Mitglieder etwas günstiger als andere Gerichte auf der Speisekarte. Wenn man also öfter auf DAV-Hütten einkehrt, bietet sich vielleicht auch aus diesem Grund eine Mitgliedschaft an.

Hausgemachter Apfelstrudel

Für diesen Klassiker ist die Hütte bekannt – weit über Vorarlberg hinaus

ZUTATEN FÜR EINEN STRUDEL
ZUBEREITUNGSZEIT: 1 STUNDE PLUS ÜBER NACHT RUHEN UND 25 MINUTEN BACKEN

Für den Teig
340 g Weizenmehl (Type 405), plus mehr zum Arbeiten
2 Eier
1 Prise Salz
1 TL Weißweinessig
70 ml Öl, plus mehr zum Arbeiten

Für die Füllung
1 kg Äpfel, geschält und in dünne Spalten geschnitten
150 g Zucker
2 Pck. Vanillezucker
170 g Rosinen
2 EL gemahlener Zimt
100 g grob gehackte Haselnüsse
1 EL Zitronensaft
50 g Butterbrösel (dazu Semmelbrösel in Butter goldbraun rösten)

Außerdem
Vanillesauce oder -eis zum Servieren

Die Zutaten für den Teig mit 100 ml Wasser in eine Küchenmaschine geben und 20 Minuten kneten. Alternativ kann man auch mit der Hand kneten. Die Arbeitsfläche mit Öl einreiben und den Teig nochmals mit der Hand durchkneten. Den Teig im Öl wenden und in einen Gefrierbeutel geben. Gut verschließen und über Nacht im Kühlschrank ruhen lassen.

Den Herd auf 200 °C Ober- und Unterhitze vorheizen. Ein großes und sauberes Küchentuch auf der Arbeitsfläche auslegen und etwas Mehl darauf verteilen. Den Teig aus dem Beutel nehmen und auf dem Tuch ausbreiten. Auch etwas Mehl über den Teig geben und diesen mit den Händen breit drücken. Dann mit der Teigrolle so flach wie möglich ausrollen. Um den Teig anschließend noch größer zu ziehen, die Hände zu Fäusten ballen und den Teig darüber hochnehmen und nacheinander über beide Fäuste ziehen. Der Teig soll dabei so gut wie möglich »abhängen« und dadurch noch dünner werden. Den Teig wieder auf das Tuch legen.

Die Zutaten für die Füllung in einer Schüssel miteinander vermischen und mittig in einem Streifen auf dem Teig verteilen. Unter das Tuch greifen und mit dem Teig über die gesamte Füllung legen. Den Teig nun ohne Tuch weiter aufrollen. Den dicken Rand am Schluss abschneiden und entsorgen. Den Strudel zu einem U formen.

Den Strudel vorsichtig auf ein mit Backpapier ausgelegtes Backblech heben und in etwa 25 Minuten im vorgeheizten Ofen goldbraun backen.

Herausnehmen und heiß oder kalt servieren. Nach Belieben mit Vanillesauce servieren – toll ist im Sommer auch Vanilleeis.

SCHÖN ZU WISSEN

Das Rezept hängt in der Hütte in Handschrift über dem Tisch für die Apfelstrudel-Zubereitung. Das Rezept ist für 15 dieser Strudel ausgelegt. Die Mengen für die Füllung mag sich jeder selbst überlegen. Hier also nur ein Vorschlag für die Verhältnisse.

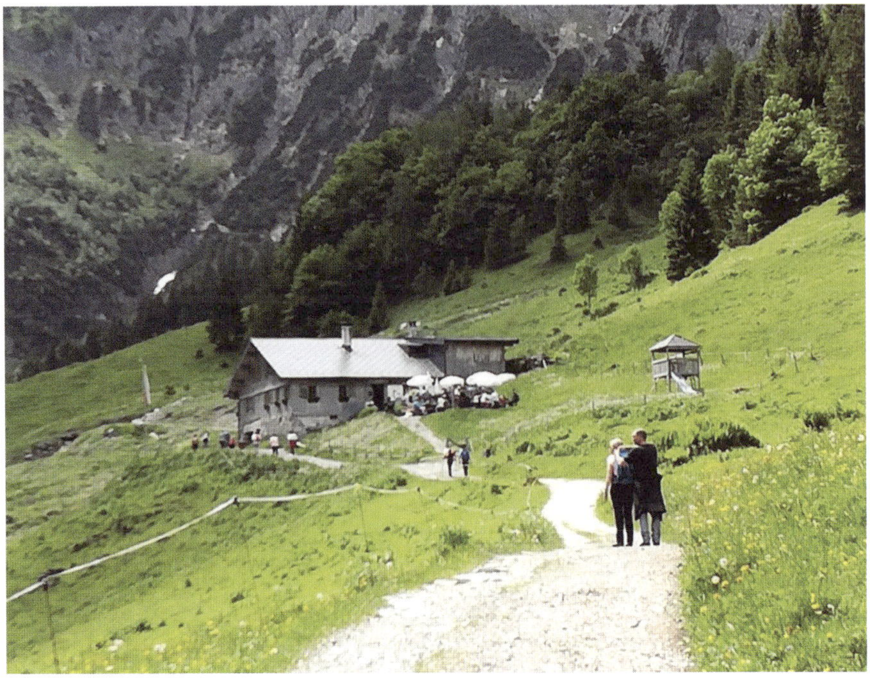

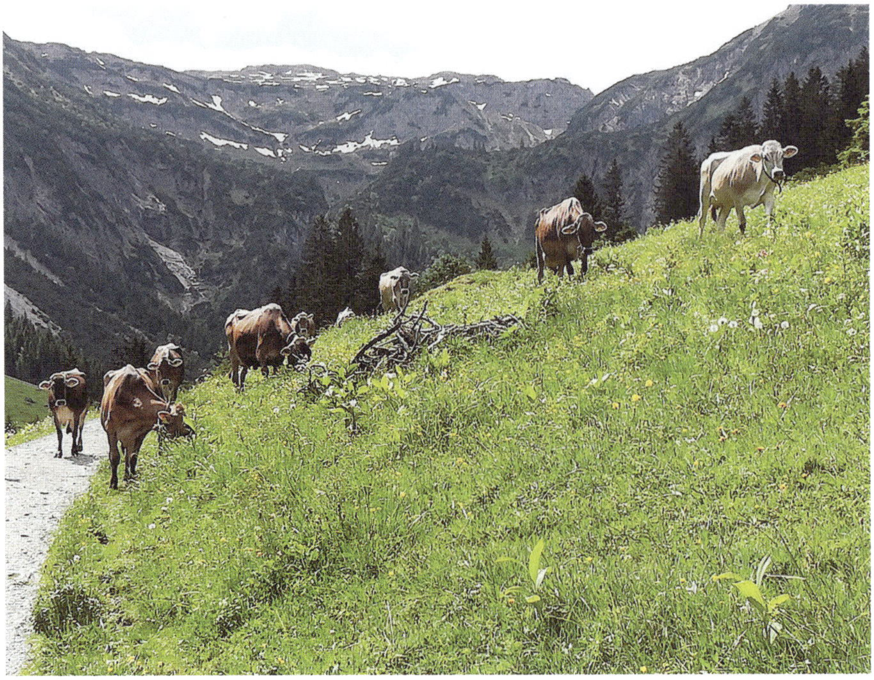

Bernhards Gemstelalp im Kleinwalsertal

ADRESSE
Gemsteltal, 6993 Mittelberg, Österreich
TELEFON
+43 664 8774341
E-MAIL
info@bernhards-gemstelalp.at
WEBSEITE
www.bernhards-gemstelalp.at
DAV-HÜTTE
nein
ÖFFNUNGSZEITEN
Anfang Mai bis Anfang November, tägl. 10:00-17:00
ÜBERNACHTUNGSMÖGLICHKEIT
nein
HÖHENMETER
1310 m
HÜTTENWIRT
Bernhard Heim
SPEZIALITÄTEN
Kaiserschmarrn

So kommt man zu Bernhards Gemstelalp

Vom Parkplatz Bödmen oder der Bushaltestelle Gemse aus (Walserbus Linie 1 ab Oberstdorf) biegt man von der Hauptstraße in den Gemstelweg ein. Auf dem Weg kommt man schon an Bernhards Hofladen vorbei (auf dem Rückweg lohnt sich ein Blick hinein). Über die Brücke hinweg ist der Weg auf die Gemstelalpe ausgeschildert. Man kann über einen schönen Rundweg wieder hinunter nach Bödmen wandern. Der Weg ist teils etwas steil, aber auch für eine Kinderwagentour gut geeignet. Bernhards Gemstelalp kann man nur im Sommer genießen, im Winter ist das Gemsteltal aufgrund von Lawinengefahr gesperrt.

Ein Landwirt – viele Berufe

Bernhards Gemstelalp im idyllischen Kleinwalsertal, oberhalb von Bödmen gelegen, ist eine der ältesten Hütten in diesem Buch. Über 500 Jahre schon ist die Alpe in Besitz von Sennern, seit über 210 Jahren gehört sie der Familie Heim. Und Bernhard, nach dessen gleichnamigem Großvater die Alpe benannt ist, macht die Hütte zu dem, was sie heute ist: ein heimelig-natürlicher Ort vor wunderschöner Bergkulisse, an dem man einfach rasten, speisen und sich wohlfühlen muss.

Von der Vergangenheit in die Gegenwart

Im Jahr 1808 erwirbt der Senner Josef Heim die Alpe. Als Gegenwert bietet er den ehemaligen Besitzern neun Sommerweiden und einen Aufschlag. Bis 1963 wird die Alpe als Sennerei genutzt, auch immer wieder mit Bewirtschaftung. Dann verlegt die Familie die Sennerei für einige Jahrzehnte ins Tal auf den dortigen Bauernhof.
Die Kühe spielen in der gesamten Zeit bis heute eine besondere Rolle. Seit jeher verbringen sie die Sommermonate auf den Wiesen zwischen der Alpe und auf dem Hof im Tal. Im Winter sind sie in Ställen untergebracht, die über die Jahrzehnte nach und nach erweitert und den Gegebenheiten angepasst wurden.

Nach einer erneuten Pause begann Bernhards jüngerer Bruder Otti 1995 mit der Bewirtschaftung der Hütte. Auch die Sennerei auf der Alpe nahm er wieder in Betrieb. Im Jahr 2008 übernahm dann Bernhard die Alpe samt Sennerei von seinem Bruder und führt sie seither ebenso erfolgreich weiter, wie sein Bruder.

In den Sommermonaten ist die Alpe von Einheimischen wie von Touristen gut besucht. Trotzdem hat sie sich ihren ursprünglichen Charakter bewahrt und pflegt die Traditionen. Denn das ist Bernhard mit seiner bio-zertifizierten Landwirtschaft besonders wichtig: die Wahrung der Natur und der Tiere im Einklang mit dem Menschen.

Hüttenwirt aus Leidenschaft

Bernhard liebt seine Alpe, die Alpe der Heim-Familie, und alles, was damit zusammenhängt. Wenn die Sommersaison beginnt, legt er sich ins Zeug, dass pünktlich zum Start alles oben ist, was dort sein muss. Sobald das Gemsteltal nach der Wintersperrung wieder freigegeben ist, fährt er mit Traktor und mit Geländewagen alles Notwendige zu Hütte. Er prüft, ob etwas repariert werden muss, damit alles funktioniert, wenn die Saison startet.

Gleichzeitig kümmert sich der Landwirt um seine Kühe, die ihm das ganze Jahr über die beste Milch für seinen Käse liefern. Jeden Tag ist er mindestens sechs Stunden im Stall, morgens und abends, zwischendurch zum Füttern, tagein, tagaus. Dabei ist ihm das eine Ehre, denn er ist überzeugt: »Wänn ma ned g'schiid oms Veeh luaged, cha ma's glei bliiba loo.« (Wenn man sich nicht richtig um die Kühe kümmert, kann man es gleich bleiben lassen.) Käse und Joghurt verkauft er sowohl auf der Alpe als auch in seinem Laden. Neben dem Gemstler, seinem traditionellen Bergkäse, bietet er den Gemstelklee, einen Schnittkäse mit Bockshornklee, sowie verschiedene Frischkäsesorten an.

Doch das ist noch nicht alles, was Bernhard macht. Als Landwirt hat er im Sommer alle Hände voll damit zu tun, das Heu für den Winter zu mähen und zu richten. Im Herbst heißt es dann Holzen. Sowohl sein Hof als auch die Alpe werden komplett mit Holz aus seinen Wäldern beheizt. Und dann ist da noch der Hofladen, in dem er seine Produkte das ganze Jahr über verkauft. Gern steht er selbst an der Theke, um seine langjährigen Stammkunden willkommen zu heißen und um ein Schwätzchen zu halten. Auch in diesen Momenten ist er in seinem Element.

Bernhard ist ein echter Macher mit vielen Berufen. Und nur mit seiner Leidenschaft und seiner Dankbarkeit für das, was er hat, schafft er seine vielen Aufgaben. Unglaublich, dass bei alldem immer noch eines im Vordergrund steht: dass die Gäste auf der Alpe und im Hofladen zufrieden sind.

Doch natürlich schafft Bernhard das alles nicht ohne Hilfe. So steht ihm seine Familie tatkräftig zur Seite. Seine Kinder sind ihm wichtige Energiespender. Sein Sohn kommt ganz nach ihm und interessiert sich mit seinen 14 Jahren schon sehr für die Landwirtschaft, und seine 16-jährige Tochter gibt ihm mit ihrem sonnigen Wesen viel Kraft. Auch seine herzensgute Mutter Anneliese, die hervorragende Kuchen bäckt, ist ihm immer eine große Hilfe. Seine quirlige Schwägerin, die gute Michi, sorgt dafür, dass immer genug ihrer ausgezeichneten Marmeladen und Chutneys zum Verkauf stehen, und macht aus Überzeugung Marketing für die Alpe und den Laden, obwohl sie mit ihrer eigenen Pension schon viel zu tun hat. Bruder Stefan ist ebenso ein wichtiger Freund, auch wenn er sich für einen ganz anderen Weg weitab der Landwirtschaft entschieden hat. Er und seine Familie sind immer ein wichtiger Ideengeber für den kreativen Kopf. Und natürlich Bernhards anderer Bruder, der Otti, selbst Landwirt aus Leib und Seele, hilft ihm in der Landwirtschaft, wo immer es auch geht. Die beiden Brüder und enge Freunde teilen sich Maschinen und vor allem gemeinsame Schaffenszeit miteinander, das ist ein unglaublich wichtiger Bestandteil in Bernhards Leben.

So geht's zu auf der Alpe
In den Sommermonaten freut sich Bernhard auf jeden Besucher. Auch hier hat er natürlich Helferinnen, die ihn dabei unterstützen, jedem Gast den Aufenthalt so schön wie möglich zu machen. Ob in der Stube oder draußen an den Tischen: Er und sein Team sprechen eine Sprache und wissen, was die Gäste wollen. Darauf legt er besonderen Wert. Daher findet er auch immer Aushilfen aus dem Dorf oder aus der Umgebung. Sein Ruf ist so gut, dass sich jede und jeder freut, für Bernhard und seine Alpe arbeiten zu dürfen.

Seit 2018 ist Christine mit von der Partie – eine waschechte »Walserin«, die es liebt, wenn ihre Gäste zufrieden sind. Bernhard und sie sind seit der Kindheit befreundet und auch jetzt ein tolles Team. Ihre Art, mit den Gästen umzugehen, muss man einfach erleben. So viel sei verraten: Sie versteht jeden schnell und hat eine Intuition und Empathie, die ihresgleichen sucht.

Bernhards Gemstelhof-Laden
Von Dezember bis April, wenn die Alpe aufgrund der Lawinengefahr geschlossen hat, trifft man Bernhard in seinem Hofladen an. Alles hier ist handgemacht und selbst hergestellt – von den Möbeln draußen bis zu den Produkten. Dreierlei Käsesorten, Joghurt, Milch natürlich, Speck und Wurst gibt es ebenso wie selbst gemachte Marmeladen und Chutneys.

Direkt an der Steinbockloipe in Bödmen gelegen, lädt der Laden auch zum Genuss heißer Getränke wie Glühwein, Jagertee oder Bratapfel-Likör mit Sahnehaube ein. Zum Verzehr gibt es dazu frische Raclette- oder Leberkässemmeln aus eigenem Bio-Rindfleisch von seinen Kühen.

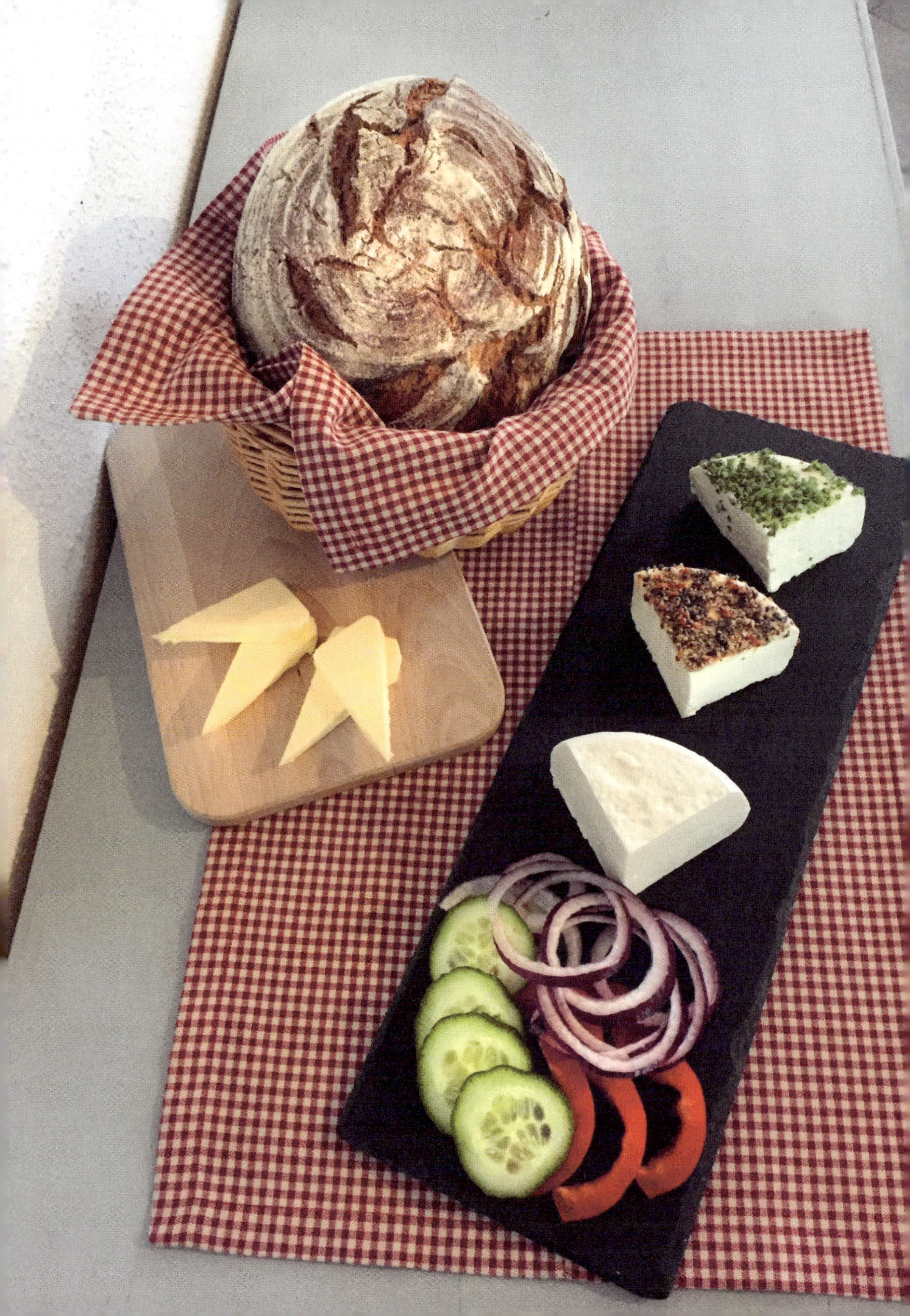

Trilogie aus Frischkäse

Käse-Kräuter-Träume aus der Sennerei

ZUTATEN FÜR 2 PERSONEN • ZUBEREITUNGSZEIT: 10 MINUTEN

100 g Frischkäse Natur
100 g Frischkäse mit Schnittlauch
100 g Frischkäse mit dreierlei Pfeffer
50 g Butter
Gurke, Zwiebeln und Paprika, in Scheiben geschnitten, zum Garnieren
Bauernbrot, in Scheiben geschnitten, zum Servieren

Die Käsesorten und die Butter auf einem Brett mit dem Gemüse anrichten und mit frisch aufgeschnittenem Bauernbrot servieren.

TIPP

Die Käsesorten gibt es auf der Alpe auch zum Mitnehmen und natürlich in Bernhards Hofladen; auf Vorbestellung in allen Sorten. Ansonsten kann man auch variieren, da Bernhard sich immer neue Sorten einfallen lässt. Frische Butter und gutes Bauernbrot findet man im Kleinwalsertal in vielen Hofläden.
So angerichtet, ist es ein schöner Schmaus für zwischendurch, als Brotzeit nach einer Wanderung oder auch zum Abendessen mit der Familie.

SCHÖN ZU WISSEN

Für die Zubereitung von Frischkäse benötigt Bernhard etwa 2 Tage. Innerhalb dieser Zeit reift der Käse, der aus frischer Heu-Rohmilch zubereitet wird. Die Kräuter oder Gewürze werden dann frisch auf der Hütte oder in seinem Laden ergänzt. Und direkt serviert.

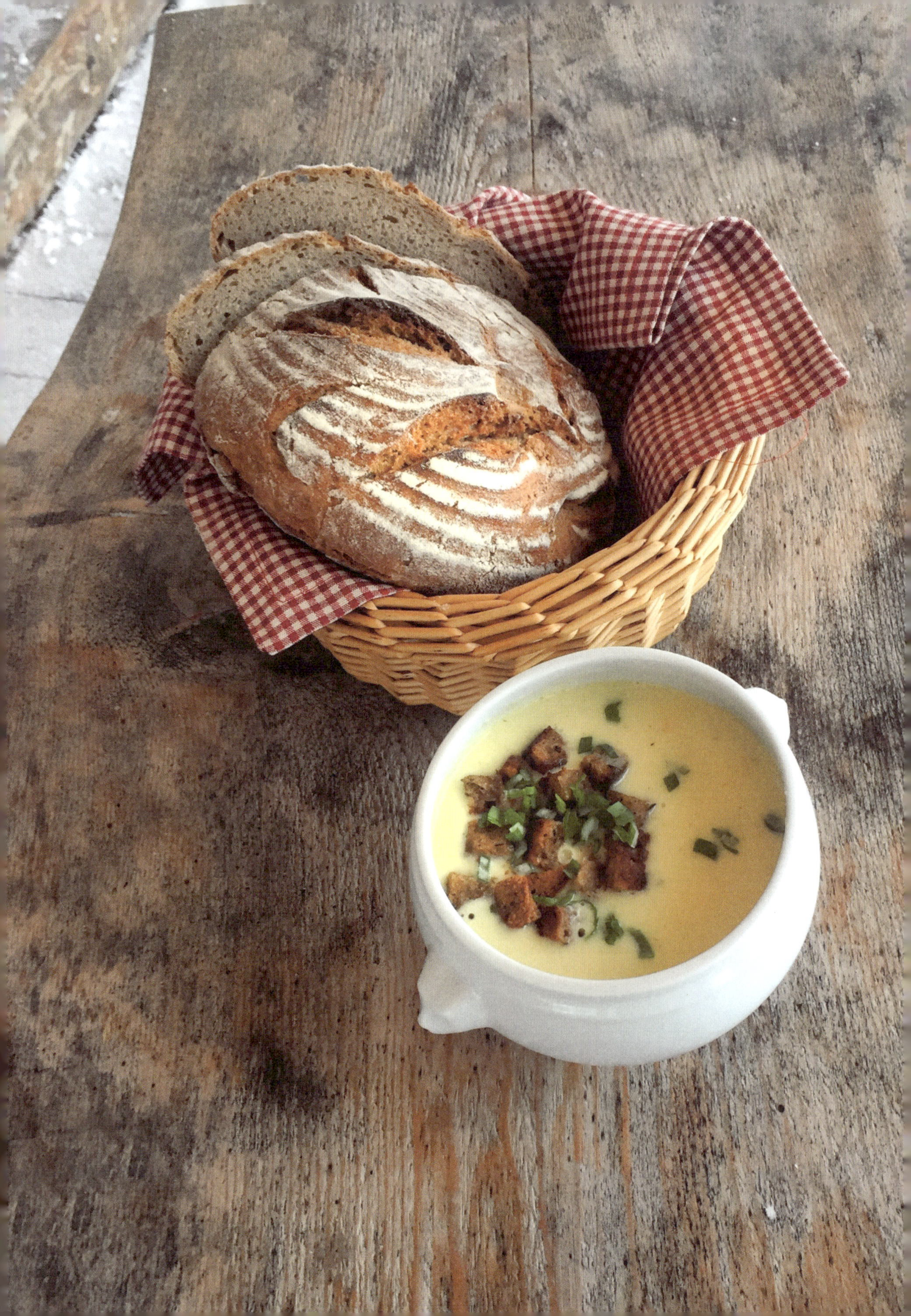

Kässüpple

Käsesuppe aus eigenem Bergkäse

ZUTATEN FÜR 4 PERSONEN • ZUBEREITUNGSZEIT: 20 MINUTEN

Für die Suppe
1 frische Knoblauchzehe, halbiert
30 g Butter
frisch gemahlener schwarzer Pfeffer
2 Prisen frisch geriebene Muskatnuss
2 EL Weizenmehl (Type 405)
400 ml warme Gemüsebrühe
400 ml Milch
400 g Bergkäse, gerieben
Schnittlauchröllchen zum Garnieren
etwas Brennnessel-Salz

Für die Croûtons
etwas Butter zum Anbraten
3 Scheiben Landbrot, in Würfel geschnitten

Einen großen Topf mit dem Knoblauch ausreiben. Die Butter zusammen mit Muskatnuss und Pfeffer im Topf bei geringer Temperatur erhitzen. Sobald die Butter etwas braun ist, das Mehl dazugeben und mit einem Kochlöffel schnell verrühren. Mit der Brühe ablöschen, dann die Milch hinzugeben. In die warme – nicht köchelnde – Suppe nach und nach den Käse geben und immer wieder mit einem flachen Schneebesen umrühren. Nun unter kräftigem Rühren etwas mehr erhitzen, die Suppe sollte aber nicht aufkochen. Die Suppe mit Käse abschmecken, eventuell noch etwas hinzugeben.

Für die Croûtons die Butter in einer Pfanne erhitzen und Brotwürfel zugeben. Diese unter Schwenken anrösten, bis sie kross sind.

Die Suppe in kleinen Suppenschüsseln anrichten. Die Croûtons über die Suppe geben, mit Schnittlauch verzieren und mit Brennnessel-Salz und Pfeffer zum Nachwürzen servieren.

TIPPS

Wichtig ist, dass die Gewürze ganz am Anfang mit erhitzt werden, sodass sie ihre Aromen entfalten können. Den Käse ganz locker reingeben, damit er nicht verklumpt. Immer viel rühren, gerade beim Erhitzen.

Kaiserschmarrn mit Apfelmus

Für diesen Klassiker ist die Hütte bekannt – weit über Vorarlberg hinaus

ZUTATEN FÜR 4 PERSONEN
ZUBEREITUNGSZEIT: 1 STUNDE PLUS 15–20 MINUTEN KOCHEN UND 30 MINUTEN RUHEN

Für das Apfelmus
1 kg säuerliche Äpfel
Saft von 1 Zitrone
3 EL Zucker
1 Zimtstange
1 TL Vanillezucker

Für den Kaiserschmarrn
1 kg Weizenmehl (Type 405)
1 Prise Salz
800 ml Milch
4 Eier
1 Schuss Rum
etwas Butterschmalz zum Ausbacken
4 TL Vanillezucker
80 g Butter zum Karamellisieren
etwas Puderzucker zum Überstauben

Für das Apfelmus die Äpfel schälen, das Kerngehäuse entfernen. Die Äpfel klein würfeln und in eine Schüssel geben. Den Zitronensaft über die Apfelstücke träufeln. In einem Topf 8 EL Wasser, Zucker, Zimt und Vanillepulver verrühren. Die Apfelstücke zugeben, alles zum Kochen bringen und 15–20 Minuten sanft köcheln lassen. Alles im Mixer oder mit dem Stabmixer fein pürieren.

Für den Kaiserschmarrn den Grundteig aus Mehl, Salz, Milch und 800 ml Wasser in einer Schüssel anrühren. Es sollte ein sämiger Teig werden, der nicht zu flüssig und nicht zu fest ist. Den Teig 30 Minuten ruhen lassen.

Der Schmarrn wird nun portionsweise zubereitet: Dazu den Teig vierteln und erst jetzt jeweils ein Ei mit einem Kochlöffel oder Schneebesen unterrühren. In einer tieferen Pfanne Butterschmalz auf höchster Stufe erhitzen und ein Viertel Teig darin backen. Nach 2–3 Minuten wie einen Pfannkuchen wenden. Die Temperatur reduzieren und den Pfannkuchen mit geschlossenem Deckel 6–10 Minuten stocken lassen, sodass die Unterseite goldbraun wird.

Die Temperatur dann wieder erhöhen, den Pfannkuchen zusammenklappen und 20 g Butter mit 1 TL Vanillezucker in die Pfanne geben. Den Kaiserschmarrn mit kleinen Holzwendern zerrupfen – auf keinen Fall schneiden, sodass er schön locker bleibt. Die Fetzen in der Buttermischung so lange karamellisieren, bis er schön knusprig ist. Mit dem restlichen Teig ebenso verfahren.

Den Kaiserschmarrn mit dem Apfelmus anrichten und mit Puderzucker überstaubt sofort servieren.

TIPP

Das Apfelmus kann man gut vorbereiten, im Kühlschrank ist es mindestens 3 Tage haltbar. Man kann es aber auch in größeren Mengen gut vorbereiten. In Weckgläsern abgefüllt, hält es sich etwa ein halbes Jahr.

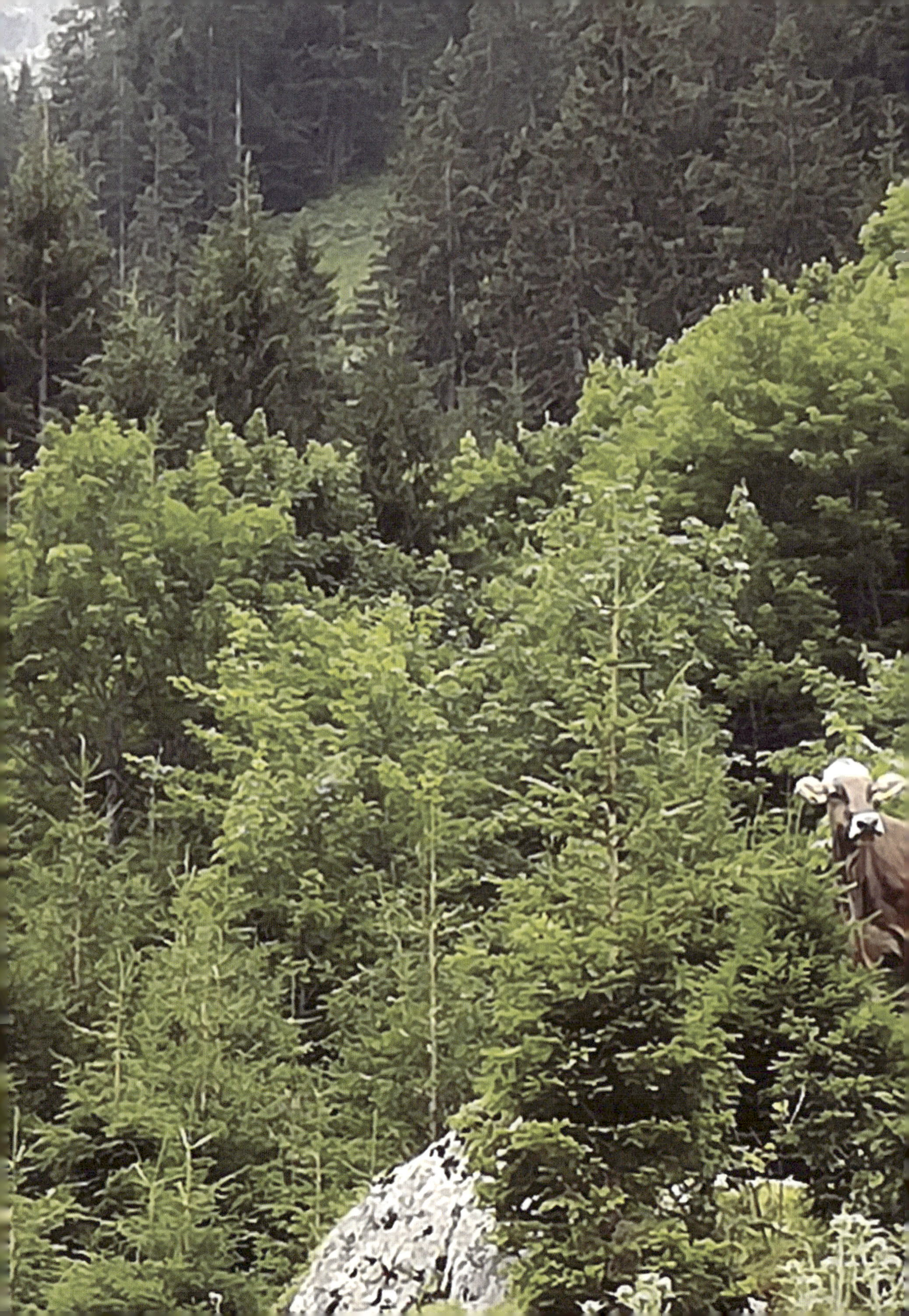

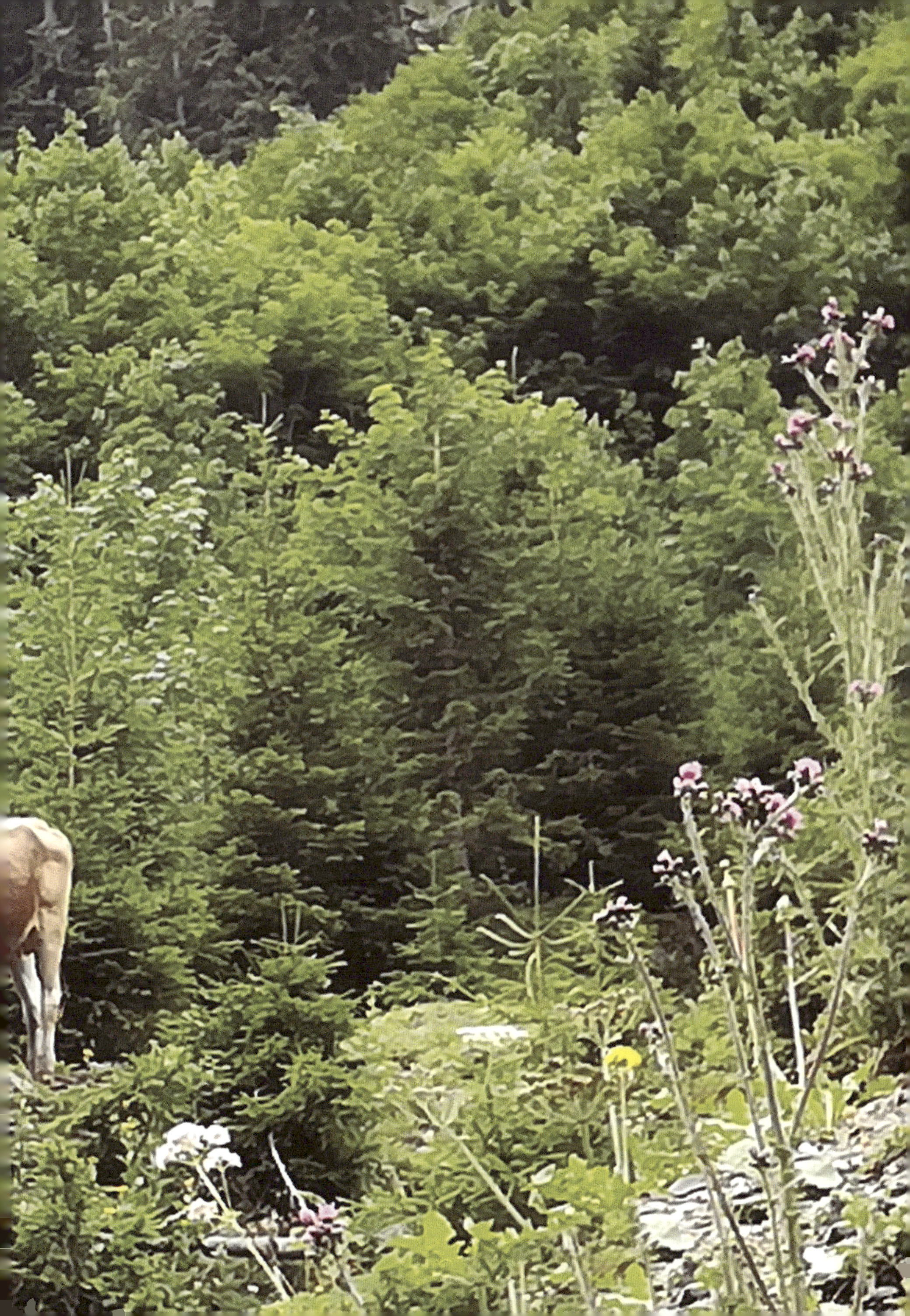

So kommt man zur Dornbirner Hütte

Auf dem Losenpass führt ein Wanderweg in etwa ½ Stunde zur Dornbirner Hütte. Er ist recht spärlich ausgeschildert. Man muss sich dazu hinter der Schranke links halten, bei der nächsten Abzweigung geht es erneut nach links. Hinter der Talstation des Sessellifts sieht man schon die Hütte. Im Winter ist sie Teil der Abfahrt des beliebten Ski- und Wandergebiets Bödele im Bregenzerwald.

Ein Geheimtipp für beste Küche

Erst seit Sommer 2017 sind die beiden Hüttenwirte Judith und Robert Pächter der Dornbirner Hütte. Das Ehepaar liebt es, sein eigener Chef zu sein. So machen sie sich ihre Hütte so, wie es ihnen gefällt. Und das wiederum gefällt den Gästen. Neben ihren regionalen Speisen gibt es nur eine Ausnahme auf der Karte: Pommes frites – für die Skifahrer im Winter ein Muss, wie sie wissen.

Die Hütte im Bödele

Auch der Name der Hütte ist recht neu. 2005 ging sie von der Erzdiözese Feldkirch in den Besitz der Stadt Feldkirch über. Diese nannte sie fortan Dornbirner Hütte. Zuvor war sie die Reichsbundhütte, was noch an die Zeit des Zweiten Weltkriegs erinnerte. Nach wie vor befinden sich große Teile des Bödeles in Privatbesitz und fast alle Hütten sind private Ferienhäuser.

Das Bödele ist im Winter ein beliebtes Skigebiet, da es für Einheimische und Touristen von

Die Dornbirner Hütte im Bregenzerwald

ADRESSE
Oberlose 488, 6850 Schwarzenberg, Österreich
TELEFON
+43 6764 173472
E-MAIL
info@dornbirner-huette.at
WEBSEITE
www.dornbirner-huette.at
DAV-HÜTTE
nein
ÖFFNUNGSZEITEN
ganzjährig 10:00-19:00
ÜBERNACHTUNGSMÖGLICHKEIT
auf Anfrage
HÖHENMETER
1200 m
HÜTTENWIRTE
Judith und Robert Schuster
SPEZIALITÄTEN
das beste Bayrisch Kraut, das man je gegessen hat

Dornbirn aus bequem zu erreichen ist. Die Lage oberhalb der Nebelgrenze auf etwa 1100 Metern erlaubt einen herrlichen Blick über das Rheintal bis zum Bodensee auf der einen und in den Bregenzerwald auf der anderen Seite. Und auch im Sommer ist das Bödele ein attraktives Wandergebiet mit vielen Gipfeln und Almwiesenwegen, die bis nach Schwarzenberg reichen.

Die Hütte über die Jahreszeiten

Judith und Robert lieben beide Saisons, auch wenn die sich stark unterscheiden. Im Winter ist die Hütte, die direkt an der Piste liegt, immer gut mit Ski-Touristen gefüllt. Da brennt die Bude und die beiden haben mit ihrer Mitarbeiterin Susi alle Hände voll zu tun. Ihre Personalplanung machen sie dennoch sehr spontan. Je nach Wettervorhersage finden sie dank ihrer guten Kontakte immer jemanden, der spontan einspringen kann, um in der Küche und im Service zu helfen. Mit den Übernachtungsgästen sitzen sie dann nach dem hervorragenden Essen oft lang zusammen in der Stube und genießen gemütliche Hüttenabende.

Im Sommer geht es ruhiger zu, Judith meint: »Im Sommer ist die Hütte viel persönlicher.« Das liegt an den vielen Stammgästen und vor allem Einheimischen, die hier auch einen regelmäßigen Stammtisch abhalten. Eine Gruppe kommt schon seit vielen, vielen Jahren hierher, um jeden Sonntag um 10 Uhr für zwei Stunden zusammenzusitzen. Die ehemaligen Bergfexe sind zwischen 75 und 84 Jahre alt. Früher sind sie gemeinsam geklettert, gewandert, Ski gelaufen. Seit es nicht mehr alle körperlich schaffen, haben sie sich für die wöchentliche kleine Wanderung bis zur Dornbirner Hütte entschieden. So bleiben die agilen Männer in Kontakt und in Bewegung und genießen die kurze, regelmäßige Auszeit vom Alltag hier oben.

So funktioniert es in der Küche

Selten erlebt man ein so quirlig-gleichberechtigtes Miteinander in der Küche wie bei Judith und Robert. Die beiden teilen sich alles, je nachdem, wie es gerade am besten passt. Beide kochen, beide backen, beide bedienen, beide bereiten vor. Klar, dass jeder der beiden dennoch seine persönlichen Spezialitäten hat. Während Robert hervorragende Speckknödel zubereitet, ist das Bayrisch Kraut von Judith so sensationell, dass ich sagen möchte, so ein gutes noch nie gegessen zu haben. Und auch die Knöpfle sind der Hammer. Probieren Sie es selbst aus!

Knöpfle

So macht man Kässpatzn in Vorarlberg

ZUTATEN FÜR 4 PERSONEN • ZUBEREITUNGSZEIT: ETWA 1 STUNDE

Für die Zwiebel
1 große Zwiebel
etwas griffiges Weizenmehl (Type 550)
Salz
etwas Paprikapulver
Öl zum Frittieren

Für die Knöpfle
250 g griffiges Weizenmehl (Type 550)
250 g glattes Weizenmehl (405)
5 Eier
etwas Milch (oder Wasser)
1 Prise Salz, plus mehr für das Kochwasser
500–600 g würziger Bergkäse, gerieben

Außerdem
125 g Butter
Schnittlauchröllchen zum Garnieren

Die Zwiebel abziehen und in Ringe schneiden. Diese in etwas Mehl wenden und mit Salz und Paprikapulver würzen. In einem hohen Topf reichlich Öl erhitzen und die Zwiebelringe darin goldgelb frittieren. Mit einem Schaumlöffel herausheben und auf Küchenpapier abtropfen lassen.

Für die Knöpfle alle Zutaten außer dem Bergkäse in einer großen Schüssel miteinander verrühren und zu einem sämigen Teig verarbeiten. In einem großen Topf reichlich Salzwasser aufkochen. Etwas Teig mithilfe eines Spätzlehobels in das kochende Wasser hobeln. Die Spätzle sind fertig, wenn sie an der Wasseroberfläche schwimmen. Dann mit einer Schaumkelle in ein Tongefäß heben. Etwas Bergkäse darübergeben und warm halten. Anschließend so fortfahren, bis Käse und Teig aufgebraucht sind. Mit einer Schicht Knöpfle abschließen. Schließlich etwas Kochwasser darübergießen, damit die Knöpfle nicht trocken werden.

Zum Servieren die Butter in einem kleinen Topf schmelzen und über die Knöpfle geben. Die Zwiebeln darüber verteilen und mit etwas Schnittlauch garnieren. Dazu passt ein trockener Weißwein, zum Beispiel ein Chardonnay.

TIPP
Traditionell gehört in Vorarlberg ein mit Essig, Minze und Zitronenverbene angemachter Kartoffelsalat dazu. Ein einfacher grüner Salat passt aber auch wunderbar.

SCHÖN ZU WISSEN
Die Knöpfle gibt es bei Judith und Robert nur auf Vorbestellung ab fünf Personen. Sie werden dann in einer großen Tonpfanne auf den Tisch gestellt, sodass sich jeder bedienen kann.

Tiroler Knödel auf Bayrisch Kraut

Speckknödel mit dem feinsten Kraut der Welt

ZUTATEN FÜR 4 PERSONEN • ZUBEREITUNGSZEIT: 45 MINUTEN PLUS 45 MINUTEN KOCHEN

Für die Tiroler Knödel
250 g Knödelbrot
4 Eier
400 g weiche Butter, plus mehr zum Anbraten
100 ml Milch
1 Zwiebel, abgezogen
200 g Speck
1 Bund Petersilie
Salz
frisch gemahlener schwarzer Pfeffer
etwas frisch geriebene Muskatnuss
etwas getrockneter Liebstöckel

Für das Bayrisch Kraut
1 Zwiebel
1 mittlerer Kopf Weißkraut
etwas Öl zum Anbraten
3 EL Zucker
1 Schuss Weißwein
Salz
einige Kümmelsamen
100 ml Weißweinessig
etwas Speisestärke

Außerdem
einige Kirschtomaten
etwas Basilikum

Das Knödelbrot, die Eier, die Butter und die Milch in eine Schüssel geben. Zwiebel und Speck klein hacken. Etwas Butter in einer Pfanne erhitzen und die Zwiebel darin glasig anschwitzen. Den Speck in einer beschichteten Pfanne ohne Fett anrösten. Die Petersilie waschen, trocken schütteln und die Blätter fein hacken. Zwiebel, Speck und Petersilie in die Schüssel zu den anderen Zutaten geben und alles fest verkneten. Mit Salz, Pfeffer, Muskatnuss und Liebstöckel abschmecken. Die Masse etwa 30 Minuten abgedeckt ruhen lassen.

In der Zwischenzeit für das Bayrisch Kraut die Zwiebel abziehen und grob würfeln, das Kraut putzen und in grobe Stücke schneiden. In einem Topf etwas Öl bei mittlerer Temperatur erhitzen und 1 EL Zucker hinzufügen. Die Zwiebel darin karamellisieren lassen, dann mit Weißwein ablöschen. Die Flüssigkeit auf die Hälfte reduzieren, das Kraut hinzugeben und mit Wasser aufgießen, bis das Kraut gut bedeckt ist. Salzen, damit es schnell zusammenfällt. Den Kümmel hinzugeben und alles etwa 45 Minuten köcheln lassen. Den Essig und den restlichen Zucker mit etwas Salz in einem kleinen Topf aufkochen lassen und mit Speisestärke binden. Über das fertige Kraut geben und kurz durchziehen lassen.

In einem großen Topf reichlich Salzwasser zum Kochen bringen, dann die Temperatur reduzieren. Aus der Knödelmasse acht gleich große Knödel formen und nacheinander 8–10 Minuten im leicht köchelnden Wasser ziehen lassen. Sie sollen am Schluss oben schwimmen.

Das Bayrisch Kraut zusammen mit den Knödeln anrichten und mit Tomaten und Basilikum garnieren. Dazu passt ein Bier hervorragend.

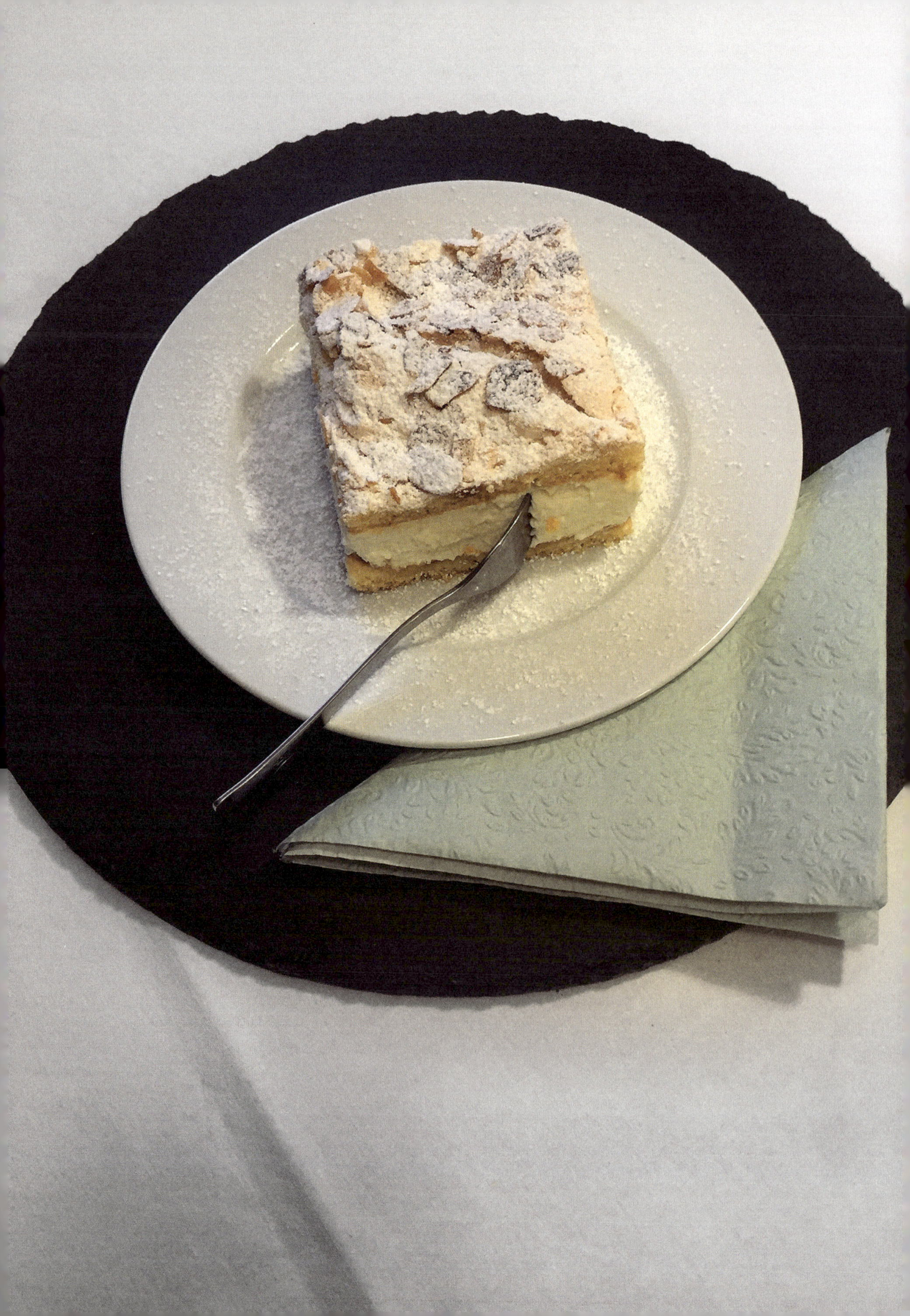

Himmlische Torte

So macht Judiths Mama Kuchen

ZUTATEN FÜR EINE SPRINGFORM (Ø 26 CM) • ZUBEREITUNGSZEIT: 30 MINUTEN PLUS 40 MINUTEN BACKEN UND MIND. 10 MINUTEN KÜHLEN

Für den Teig
125 g Zucker
4 Eigelb
150 g Weizenmehl (Type 405)
100 g Butter
½ TL Backpulver
etwas Milch

Für das Baiser
4 Eiweiß
200 g Zucker
100 g Mandelblättchen

Für die Füllung
500 g süße Sahne
2 Pck. Sahnesteif
75 g Puderzucker
500 g Sauerrahm
1 Pck. Vanillezucker
1 TL Limettensaft
6 Blätter Gelatine

Außerdem
Puderzucker zum Bestauben

Den Backofen auf 180 °C Ober- und Unterhitze vorheizen. Für den Rührteig alle Zutaten in der Küchenmaschine oder in einer Schüssel mit den Schneebesen des Handrührgeräts zu einem glatten Teig verarbeiten. Die Springform mit Backpapier auslegen und die Hälfte des Teigs hineingeben.

Für das Baiser das Eiweiß in einer Schüssel steif schlagen, dabei langsam den Zucker zugeben. Die Hälfte der Baisercreme auf den Teig geben, 50 g Mandelblättchen gleichmäßig darüberstreuen. Den Kuchen im vorgeheizten Backofen 30 Minuten backen, mit Backpapier abdecken und weitere 10 Minuten backen. Den Kuchen aus der Form lösen und die zweite Hälfte darin ebenso backen.

Währenddessen die Füllung zubereiten. Dazu die Sahne in einer Schüssel mit dem Sahnesteif steif schlagen. In einer weiteren Schüssel den Zucker, den Sauerrahm, den Vanillezucker und den Limettensaft miteinander verrühren. Die Gelatine nach Packungsangabe auflösen und unterrühren. Die Masse für 10 Minuten kalt stellen, dann die Sahne unterheben.

Die Füllung auf den abgekühlten Tortenboden streichen, der noch in der Form ist (alternativ mit einem Tortenring arbeiten). Den Deckel daraufheben und den fertigen Kuchen mit Puderzucker bestauben. Bis zum Servieren kalt stellen.

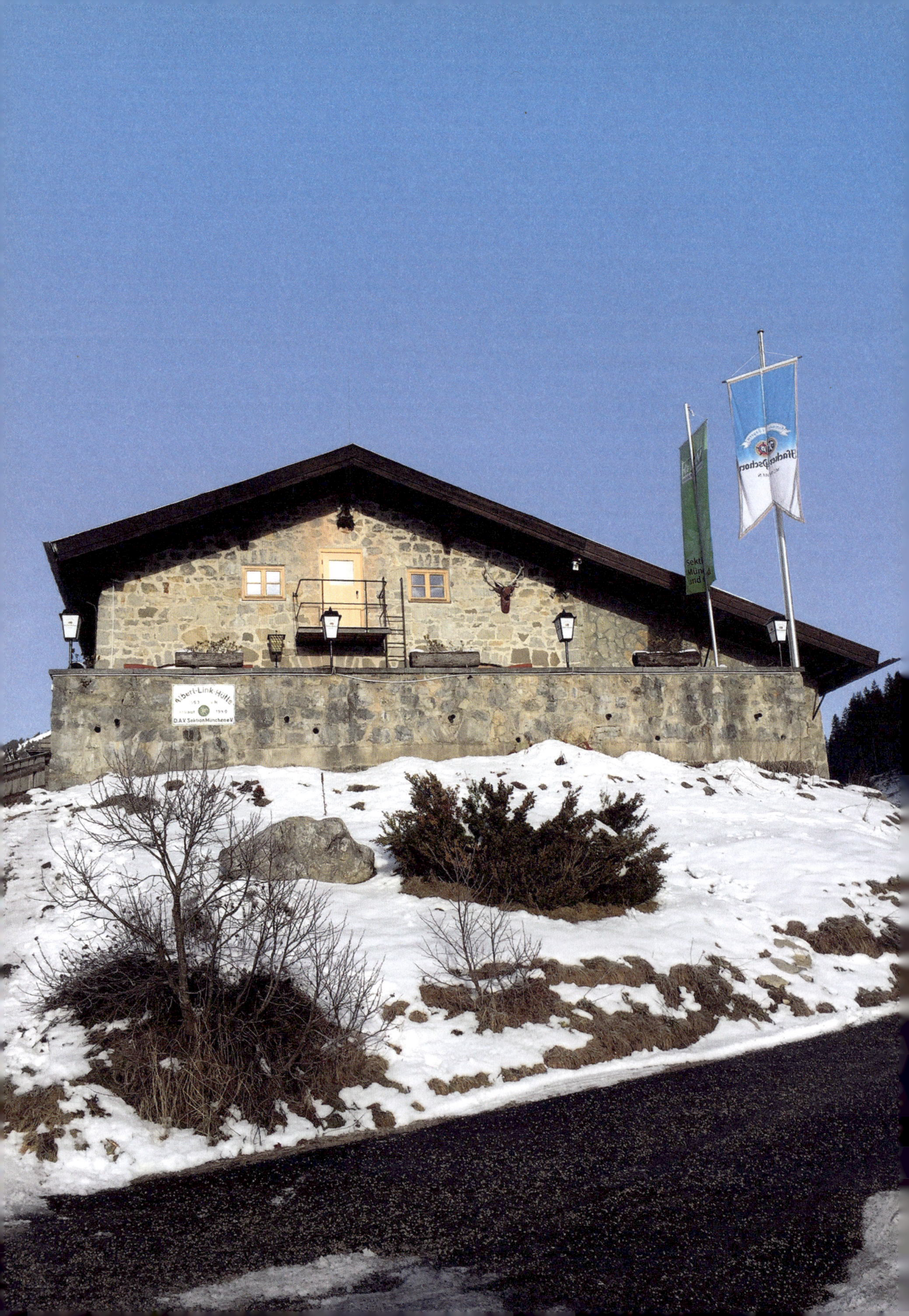
Link-Hütte
D.A.V. Sektion München e.V.

Die Albert-Link-Hütte am Spitzingsee

ADRESSE
Valepperstraße, 83727 Schliersee, Deutschland
TELEFON
+49 8026 71264
E-MAIL
info@albert-link-huette.de
WEBSEITE
www.alpenverein-muenchen-oberland.de/albert-link-huette
DAV-HÜTTE
ja
ÖFFNUNGSZEITEN
ganzjährig, Montag Ruhetag (außer Feiertag)
ÜBERNACHTUNGSMÖGLICHKEIT
ja
HÖHENMETER
1053 m
HÜTTENWIRTE
Uwe Gruber und Ute Werner
SPEZIALITÄTEN
hausgemachtes Brot von Bäckermeistern vor Ort

So kommt man auf die Albert-Link-Hütte

Vom Wanderparkplatz am Spitzingsee geht es in knapp ½ Stunde auf ebenem Weg zur Albert-Link-Hütte. Im Winter quert eine Abfahrtspiste die Route. Ab dort hat man die Hütte stets im Blick, das motiviert.

Vom Ort am Spitzingsee gelangt man in derselben Zeit zur Hütte. Dieser Weg ist asphaltiert und geräumt, sodass er sich auch im Winter für Kinderwagen eignet. Er ist jedoch ein wenig steiler als der Weg querfeldein über die Piste.

Wo Backtradition Generationen verbindet

Bescheiden und doch ein bisschen stolz blickt Hüttenwirt Uwe Gruber auf 20 Jahre in der Albert-Link-Hütte zurück. Gemeinsam mit Ute Werner begann er den Hüttenbetrieb 1998 allein – heute beschäftigt er 16 Vollzeitkräfte. Sein damals neues Konzept der regionalen Direktvermarktung ging auf. Und jetzt gibt der gelernte Bäckermeister sein Wissen an den jungen Nachwuchs weiter, damit die Hütte weiterhin so beliebt bleibt. Wieder mit Erfolg: Seine erst 25-jährige Konditorin zeigt, wie man mit ein wenig Geschick und Leidenschaft süße Köstlichkeiten herstellen kann.

Vor 20 Jahren war alles anders

Als Uwe Gruber und Ute Werner die Hütte als Pächter übernahmen, war der Besitzer, der Deutsche Alpenverein (DAV), ratlos, wie man diesen Standort wieder attraktiv machen könnte. In den vorangegangenen sieben Jahren hatten fünf Pächter vergeblich ihr Glück versucht. Uwe Gruber und Ute Werner wagten etwas Neues: Sie setzten auf regionale Produkte. Fleisch, Wurst, Käse, Eier, Getreide – alles sollte einen Bezug zur Gegend haben. Geholfen hat den beiden in der Anfangsphase der ehrenamtliche Hüttenreferent Franz Holz. Mit großer Tatkraft betreute er als pensionierter Maschinenbauer und leidenschaftlicher Bergsteiger zu Beginn das Projekt. Gemeinsam schafften sie es: Der Zusammenschluss mit Produzenten aus der Region funktionierte und sprach sich schnell herum. Heute beschäftigen sie neben den Servicekräften vier Köche im Sommer, drei im Winter, einen Bäckermeister und eine Konditorin in Vollzeit.

So nahm die Hüttengeschichte ihren Anfang
Albert Link war der erste Leiter der Skiabteilung im Deutschen Alpenverein. Der DAV gründete die Skiabteilung 1913, als das Skifahren in Deutschland zum Modesport wurde. Link organisierte für die Skifahrer – meist junge Studenten – Skikurse und Wettkämpfe, die oftmals in der Spitzingsee-Region stattfanden. 1919 pachtete der DAV die Valeppalm, wie sie damals hieß, als ersten Stützpunkt. Die 1739 erbaute Alm ging 1929 in den Besitz des DAV über. Aufgrund des starken Besucheransturms entstand 1939 das Berghaus, das fortan zu Ehren der vielfältigen Verdienste des Skileiters in die Albert-Link-Hütte umbenannt wurde.

Behutsam zum Generationenwechsel
Nachdem er 20 Jahre Hüttenwirt war, viele Erfolge erzielt und noch mehr Arbeit geleistet hat, freut Uwe Gruber sich, heute sein Wissen weitergeben zu können. Neben der Albert-Link-Hütte betreut er ebenso die Schönfeldhütte sowie das Spitzingseehaus. Beide übergibt er nach und nach an von ihm ausgewählte, talentierte junge Mitarbeiterinnen. Mit 65 Jahren möchte er in Pension gehen. Dass er das gut schaffen wird, daran besteht kein Zweifel, wenn man die motivierten, fröhlichen Mitarbeiterinnen und Mitarbeiter auf der Albert-Link-Hütte beobachtet – ob im Service, in der Küche oder in der Backstube.

Im Reich des Brotbackens und der Konditorspezialitäten zählt Uwe Gruber voll auf die junge Konditorin Stefanie Weinmann, die gerade auf dem Weg zur Konditormeisterin ist. Dafür absolviert sie gerade einen sechsmonatigen Abendkurs, dem vier Fach- und Theoriemonate folgen werden. Uwe Gruber unterstützt sie dabei fachlich, zeitlich und finanziell, da er in ihr eine hervorragende Nachfolgerin in seinem Fachgebiet sieht. Stefanie ist 25 Jahre alt und dem Handwerk mit süßen Speisen seit jeher verfallen. Geschickt, flink, dabei immer lachend und gut gelaunt, zeigt sie uns ihre Rezepte – und gibt den einen oder anderen Tipp, der auch von einer sehr viel erfahreneren Konditorin hätte stammen können.

Hofladen
Eine Besonderheit auf der Hütte ist sicher der Hofladen. Hier können die Gäste frisches, selbst gemachtes Brot aus der Backstube ebenso erwerben wie Käse- und Fleischspezialitäten oder auch Spinatknödel aus der Region. Natürlich kann man auch die exquisiten Müsliecken mitnehmen, die hier mit Rezept vorgestellt werden. Kletterer können diese Köstlichkeit übrigens auch in den Münchner Kletterhallen in Talkirchen, Freimann und Gilching kaufen. Sie sind offizielle Verkaufsstellen der Albert-Link-Hütte. Außerdem liefert die Hütte auch in die Münchner Sporthäuser Globetrotter und Sport Schuster.

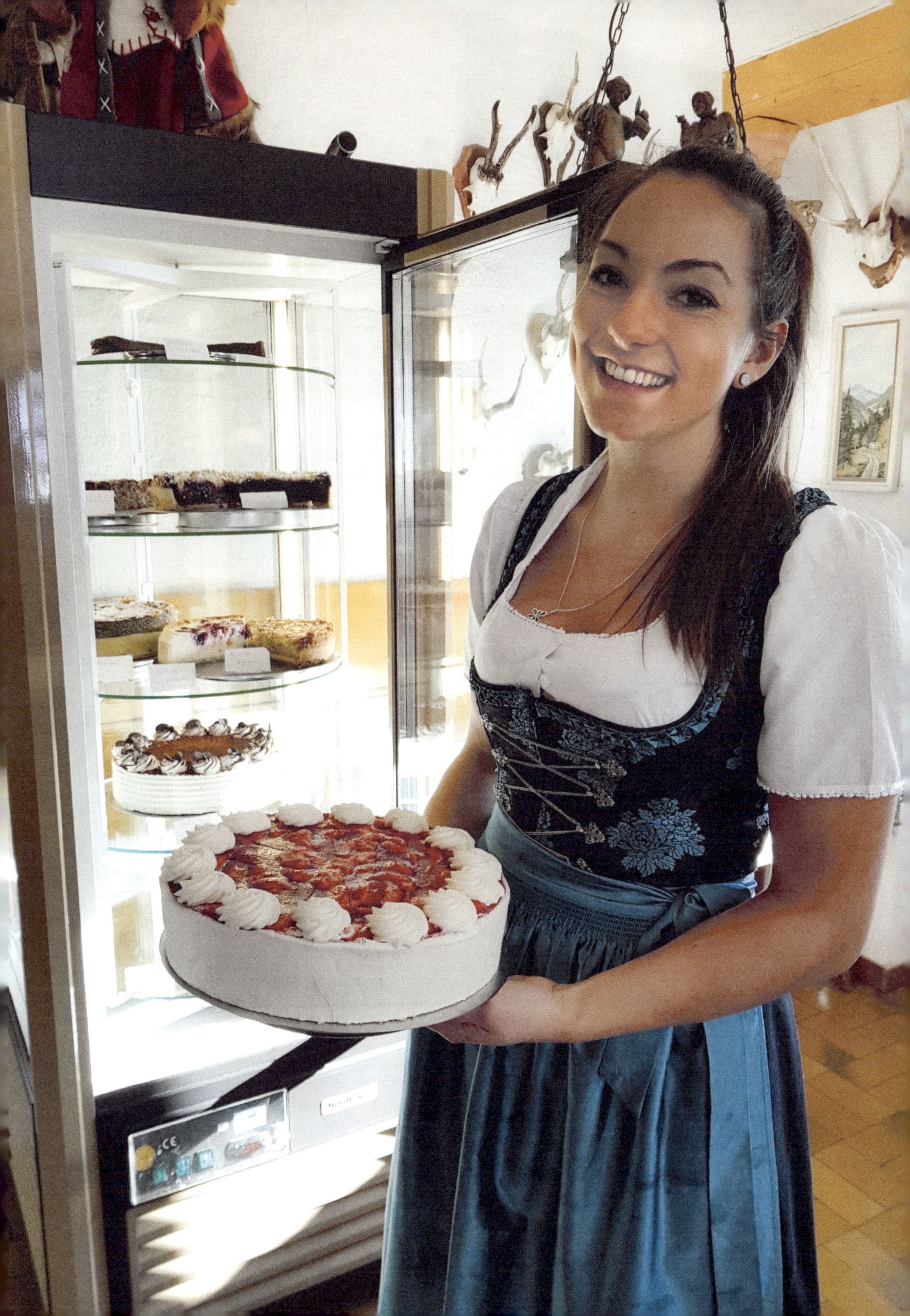

Müsliecken

Der selbst gemachte Power-Snack für besten Bergsport

ZUTATEN FÜR 24 ECKEN (1 BLECH) • ZUBEREITUNGSZEIT: 45 MINUTEN PLUS MINDESTENS 3 STUNDEN KÜHLEN UND 20–25 MINUTEN BACKEN

Für den Mürbeteig
130 g Zucker
260 g kalte Butter, in kleine Würfel geschnitten
1 Ei
1 Prise Salz
Abrieb von 1 unbehandelten Zitrone
½ Pck. Vanillezucker
390 g Dinkelmehl (Type 630)

Für den Belag
360 g Butter
150 g Zucker
150 g Honig
½ Pck. Vanillezucker
150 g gehackte Haselnüsse
150 g gehobelte Mandeln
150 g Hafer- oder Dinkelflocken
450 g Sonnenblumenkerne

Außerdem
etwas Honig zum Bestreichen des Teigs

Für den Mürbeteig Zucker und Butter miteinander verrühren, bis sich der Zucker leicht gelöst hat. Ei, Salz, Zitronenabrieb und Vanillezucker zugeben und mit den Händen verkneten. Zum Schluss das Mehl unterkneten, bis ein geschmeidiger Teig entstanden ist. (Vorsicht: Nicht zu lange kneten, weil der Teig sonst »brandig« wird und beim Ausrollen reißt.) Den Mürbeteig am besten einen Tag vorher herstellen und über Nacht kühlen, oder für mindestens 3 Stunden in Frischhaltefolie gepackt in den Kühlschrank legen. Für den Belag Butter, Zucker, Honig und Vanillezucker in einem Topf erwärmen. Die Masse unter Rühren einige Minuten einkochen, bis eine dickflüssige Konsistenz entsteht. Die Nüsse und Flocken sowie die Sonnenblumenkerne in eine hitzebeständige Schüssel geben und vermischen. Die Butter-Zucker-Honig-Masse mit einem Holzkochlöffel in die Nussmischung rühren.

Den Backofen auf 180 °C Ober- und Unterhitze vorheizen. Den Mürbeteig auf einem mit Backpapier ausgelegten Backblech ausrollen und »stippen«, d. h. mit einer Gabel mehrmals einstechen. Anschließend mit ein wenig Honig bestreichen, um eine Verbindung zwischen dem Belag und dem Mürbeteig herzustellen.

Den Nussbelag auf dem Mürbeteigboden verteilen und mit einem Kuchenschaber aus Holz glatt streichen. Die Müsliecken im Backofen 20–25 Minuten backen. Sobald die Mischung eine goldbraune Farbe hat, ist sie fertig gebacken. Herausnehmen, über Nacht auskühlen lassen. Dann in Quadrate schneiden und diese wiederum in Dreiecke teilen.

TIPPS

- Das Blech sollte man an allen Rändern gut mit Backpapier auslegen, da die Masse sonst schnell am Blech anklebt.
- Unbedingt für die heiße Masse einen Küchenschaber aus Holz verwenden, aus Plastik würde der Schaber schnell schmelzen.
- Am besten erst nach drei bis vier Tagen verzehren, dann sind sie am besten durchgezogen.
- Die Müsliecken sind gut zwei Wochen haltbar, wenn sie in einer nicht fest verschlossenen Dose aufbewahrt werden. Auf keinen Fall im Kühlschrank, da sie dort pappig werden.

SCHÖN ZU WISSEN

- Die Müsliecken gibt es nicht nur auf der Albert-Link-Hütte, sondern auch in den Kletterhallen Gilching und Thalkirchen in München sowie auf der Schönfeldhütte oberhalb der Albert-Link-Hütte.
- Die Müsliecken sind ein großer Renner: Bei schönem Wetter gehen auf der Hütte 250 bis 300 Ecken pro Woche über Theke und Tische.

Quark-Sahne-Torte mit Himbeeren

Erfrischend. Einfach. Lecker.

ZUTATEN FÜR EINE SPRINGFORM (Ø 24 CM) • ZUBEREITUNGSZEIT: 1½ STUNDEN PLUS 25–30 MINUTEN BACKEN UND 5–6 STUNDEN KÜHLEN

Für den Biskuitboden
4 Eier
1 Prise Salz
135 g Zucker
125 g Dinkelmehl (Type 630)

Für den Belag
2 EL Himbeerkonfitüre
8½ Blätter Gelatine
500 g Quark
100–130 g Zucker
etwa 2 Spritzer Zitronensaft
etwas gemahlene Vanille
1 Prise Salz
250 g Himbeeren
750 g süße Sahne

Außerdem
etwas steif geschlagene Sahne

Den Backofen auf 200 °C Ober- und Unterhitze vorheizen. Für den Boden die Eier trennen. Das Eiweiß mit Salz und etwas kaltem Wasser in einer großen Schüssel steif schlagen, den Zucker nach und nach zugeben und schlagen, bis er sich gelöst hat. Das Eigelb kurz unterrühren und das Mehl unterheben. Eine Springform mit Backpapier auslegen und die Biskuitmasse einfüllen. Im Backofen 25–30 Minuten backen. Herausnehmen, auf ein Küchengitter stürzen und gut auskühlen lassen.

Den Teig in zwei Böden schneiden. Den unteren Boden in einen Tortenring setzen und mit etwas Himbeerkonfitüre bestreichen. Den zweiten Boden daraufsetzen und ebenfalls mit Konfitüre bestreichen. Sechs Gelatineblätter getrennt von den restlichen in sehr kaltem Wasser ein paar Minuten einweichen.

Inzwischen den Quark mit 80 g Zucker, einem kleinem Spritzer Zitronensaft sowie der Vanille und dem Salz verrühren. Die Himbeeren waschen, trocken tupfen und pürieren (hier eignen sich auch TK-Himbeeren, die vorher aufgetaut werden) und je nach Geschmack mit etwas Zitronensaft und 20–50 g Zucker verrühren.

Die Sahne steif schlagen und die sechs Gelatineblätter ausdrücken. Ein Viertel der Quarkmasse in einem kleinen Topf mit der Gelatine leicht erwärmen, bis diese sich aufgelöst hat. Zügig unter die restliche Quarkmasse rühren. Von der geschlagenen Sahne zunächst ein Drittel unterrühren. Dadurch wird verhindert, dass die Gelatine Fäden zieht. Zum Schluss die restliche Sahne zugeben und vorsichtig unterheben. Die Sahnemasse auf dem Biskuitboden verteilen und glatt streichen.

Die restliche Gelatine ausdrücken und mit einem Teil der Himbeeren in einem kleinen Topf erwärmen. Anschließend den warmen Teil wieder zum Himbeerpüree geben und verrühren. Den Himbeersud auf die Quarkmasse geben und mit einer Gabel-Rückseite in kreisenden Bewegungen den Sud in die Quarkmasse verwirbeln, sodass ein schönes Muster entsteht.

Die Torte 5–6 Stunden kalt stellen und anschließend den Rand mit aufgeschlagener Sahne einstreichen.

TIPPS
- Den Teig kann man auch in drei Böden schneiden und den dritten dann für eine weitere Torte verwenden.
- Die Gelatine sollte man nur wenige Minuten einweichen, und zwar in eiskaltem Wasser, sonst wird sie zu weich und bindet später nicht. Gerade im Sommer sollte man darauf achten.

Der Biskuitteig ist aus Dinkelmehl. Wenn es fein genug ist, merkt man den Unterschied zu Weizenmehl fast nicht – und gesünder ist es allemal.

INTERESSANT ZU WISSEN
- In der Backstube muss man genau darauf achten, was wann zubereitet wird. Beim Brotbacken zum Beispiel ist es in der Stube sehr mehlig. In dieser Zeit darf man also auf keinen Fall eine Torte zubereiten, weil die Sahne und die Früchte dann schnell anfangen zu schimmeln.
- Momentan liegt der Preis für echte Vanilleschoten auf dem Niveau des Goldpreises. Für ein Kilo Vanilleschoten muss man 600 bis 700 Euro hinlegen. Daher werden in den allermeisten Küchen Aromen verwendet. Die Albert-Link-Hütte hat auch hier einen regionalen Partner, der die Aromen selbst und nachhaltig herstellt.

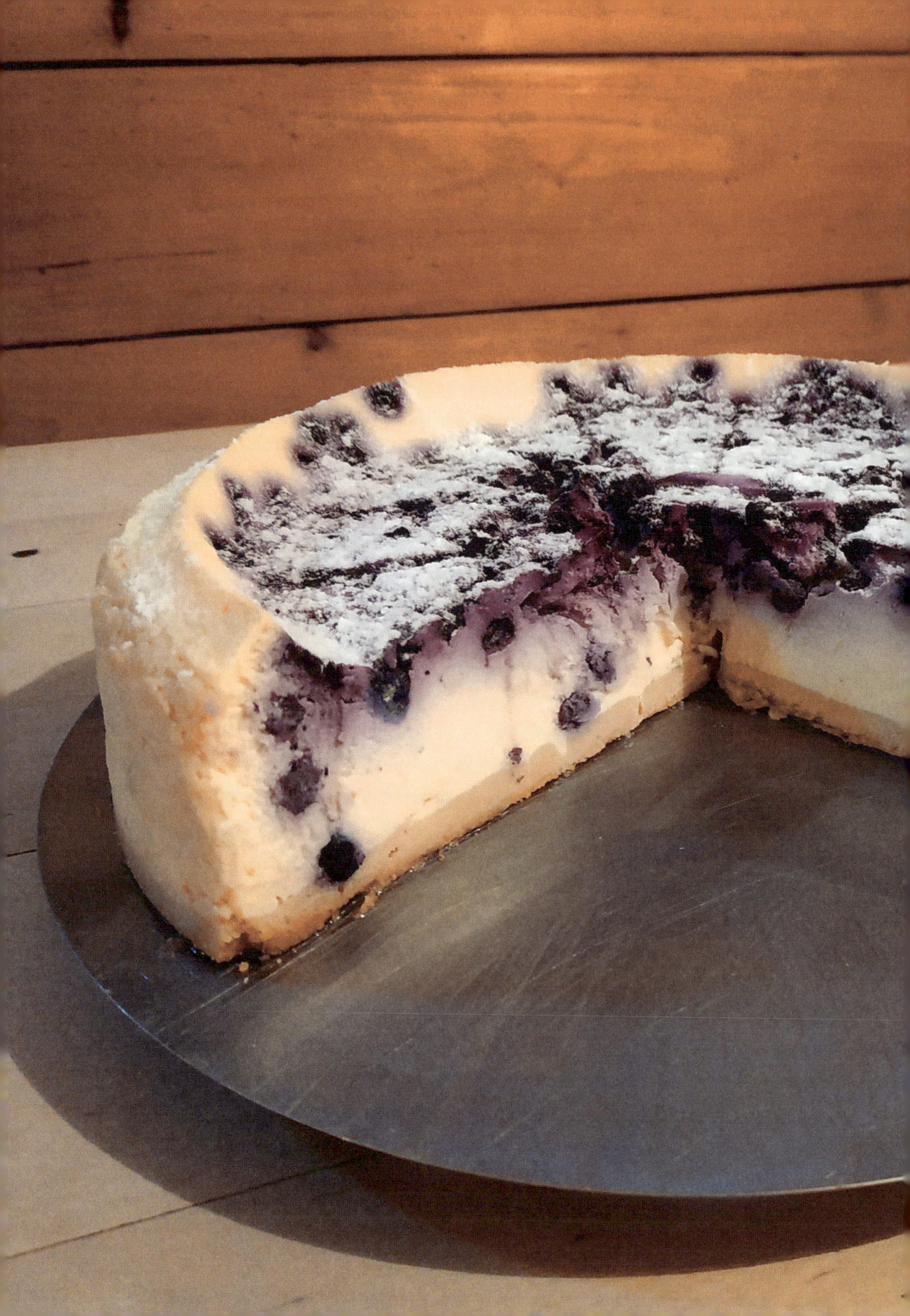

Käse-Blaubeer-Kuchen

»Der geht wie d'Sau«

ZUTATEN FÜR EINE SPRINGFORM (Ø 28 CM)
ZUBEREITUNGSZEIT: 30 MINUTEN PLUS 1 STUNDE BACKEN PLUS EXTRA ZEIT ZUM ABKÜHLEN

Für den Dinkelteig
100 g Zucker
200 g weiche Butter, plus etwas mehr für die Form
300 g Dinkelmehl (Type 630), plus etwas mehr zum Arbeiten
1 Ei

Für die Käsemasse
500 g Schmand
500 g Quark
250 g Zucker
550 g Milch
50 g Speisestärke
5 Eier

Außerdem
200 g frische oder TK-Blaubeeren zum Belegen (alternativ andere Früchte, etwa Aprikosen)
Puderzucker zum Bestauben

Für den Dinkelteig alle Zutaten in einer Schüssel rasch verkneten, bis ein fester Teig entsteht. 400 g des Teigs auf einer bemehlten Arbeitsfläche rund ausrollen und als Boden in die gefettete Springform legen. Den Rand halb hoch mit dem restlichen Mürbeteig auslegen und an der Übergangsstelle zum Boden sehr gut andrücken, damit später die Käsemasse nicht ausläuft.

Für den Belag alle Zutaten verquirlen und ein paar Minuten quellen lassen, damit die Stärke ein wenig anziehen kann. Inzwischen den Backofen auf 180 °C Ober- und Unterhitze vorheizen.

Die Käsekuchenmasse auf den Teigboden geben und mit Blaubeeren belegen. Den Käsekuchen im Backofen 1 Stunde backen, herausnehmen, abkühlen lassen und vor dem Servieren mit ein wenig Puderzucker bestauben.

TIPP
Achtung: Bei Tiefkühl-Blaubeeren unbedingt Handschuhe verwenden, da die Farbe nur sehr schwer wieder abgeht.

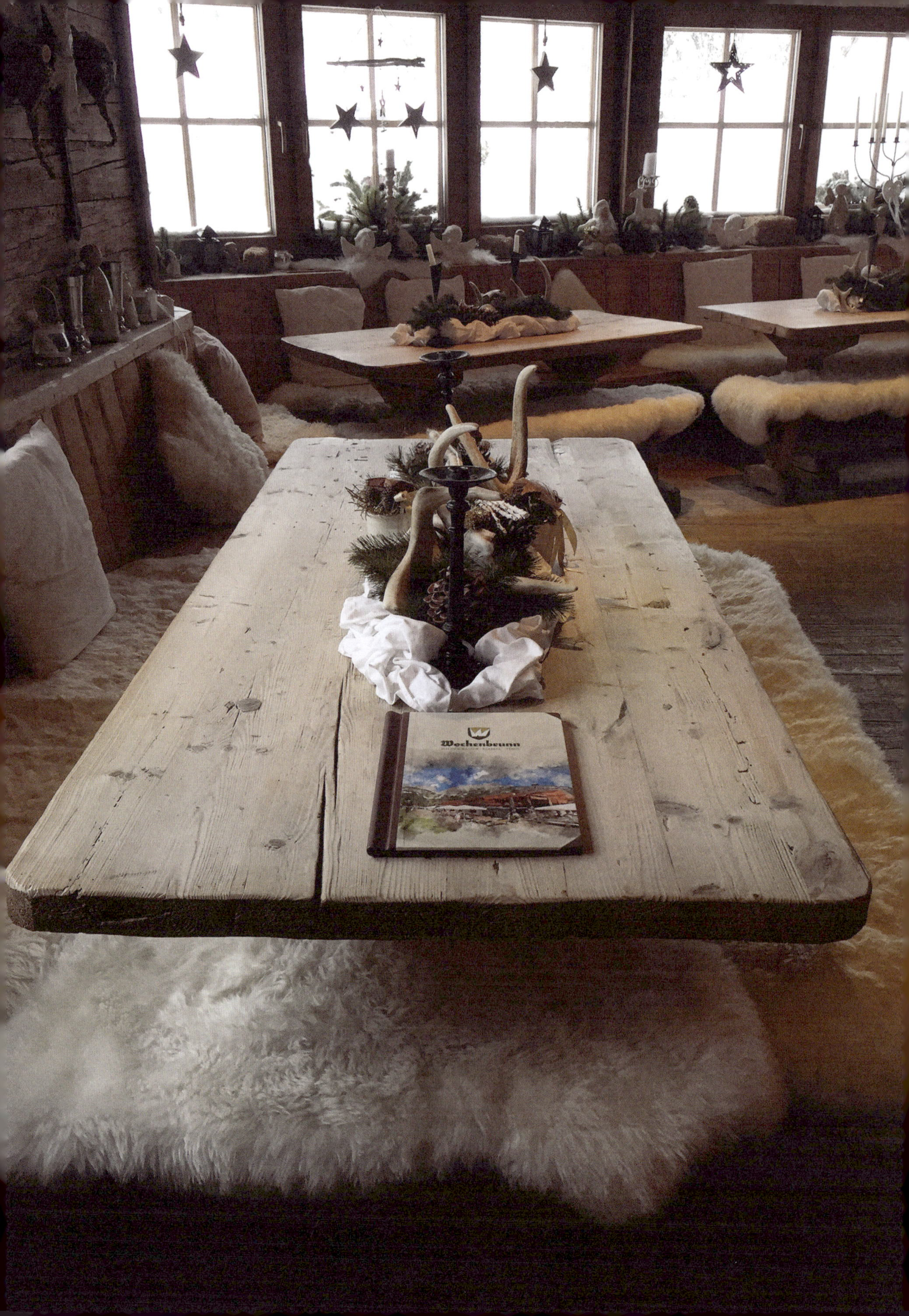
Wochenbrunn

Die Wochenbrunner Alm am Wilden Kaiser

ADRESSE
Wochenbrunnweg 42-44, 6352 Ellmau, Österreich
TELEFON
+43 5358 2180
E-MAIL
info@wochenbrunn.com
WEBSEITE
www.wochenbrunn.com
DAV-HÜTTE
nein
ÖFFNUNGSZEITEN
Sommersaison: tägl. 9:00-19:00;
Wintersaison: tägl. 9:00-18:00
ÜBERNACHTUNGSMÖGLICHKEIT
nein
HÖHENMETER
1080 m
HÜTTENWIRTE
Carola und Andreas Hörhager von Toll
SPEZIALITÄTEN
Wildspezialitäten aus dem eigenen Jagdrevier

So kommt man auf die Wochenbrunner Alm
Mit Auto oder Bus ist die Wochenbrunner Alm ganzjährig erreichbar. Zu Fuß folgt man vom Ort Ellmau etwa 1 Stunde dem Forstweg bergauf. Der Weg ist etwas steil, doch im Sommer auch mit dem Kinderwagen gut machbar.

Eine »hochdekorierte« Hütte im eigenen Jagdrevier
Seit 21 Jahren ist die Wochenbrunner Alm im Besitz von Andreas und Carola Hörhager von Toll. Und seitdem ist hier viel passiert. Schon beim Eintreten erkennt man die Leidenschaften der beiden: Die Dekoelemente auf den Tischen und an den Wänden tragen die Handschrift der Hüttenwirtin. Dazwischen etliche Jagdtrophäen des Wirts. Da fühlt man sich schon herzlich empfangen.

Das Werk der Hüttenwirte
Bis vor 17 Jahren war die Wochenbrunner Alm lediglich eine Jausenstation, auf der Getränke und Kleinigkeiten ausgegeben wurden. Etwa einen Kilometer unterhalb stand das Gasthaus Wochenbrunn. Weil immer mehr Wanderer, Touristen und Skitourengeher im Winter auf die Alm kamen, beschlossen Carola und Andreas, die Jausenstation umfangreich zu erweitern und das Gasthaus nach oben zu verlegen. So entstand das große und dennoch sehr gemütliche Gasthaus auf der Höhe. Mittlerweile kommen im Sommer Touristenbusse hier hinauf, um die Gipfel der Umgebung zu bestaunen, während sie das zünftige Essen von Koch Norbert genießen.

Das ehemalige Gasthaus wurde zum Mitarbeiterhaus umfunktioniert. Es verfügt über mehrere Apartments: von einer Einzimmerunterkunft bis zu Dreizimmerwohnungen. So leben alle Mitarbeiter der Wochenbrunner Alm mit ihren Familien hier auf gut 1000 Metern Höhe zusammen. Das ist schon eine besondere Leistung der beiden Hüttenwirte ihren 12 (im Winter) und 16 (im Sommer) Helfern gegenüber. Andreas erwirkte bei der Gemeinde sogar, dass der Schulbus täglich bis zum Haus fährt, um die Kinder ins Tal und nachmittags wieder hinaufzufahren.

Carola und Andreas hingegen leben mit ihren beiden Töchtern, die 16 und 19 Jahre alt sind, auf der Wochenbrunner Alm im ersten Stock. Während Andreas in der Wintersaison eine Après-Ski-Bar im Zillertal betreibt, kümmert sich Carola darum, dass der Laden läuft. Und natürlich, dass die Deko passt. Bei ihren Stammgästen ist sie dafür bekannt und beliebt. Da kann es schon einmal vorkommen, dass ein Gast sie drängt, wieder einmal umzudekorieren. Bei den beiden großen Galerieräumen samt Theke ist das ein Aufwand, für den Carola mit Leidenschaft viel Zeit aufbringt. Ihre beiden Töchter sind auch schon in der Gastronomie tätig und helfen gerne auch immer wieder auf der Alm aus. So darf Carola schon leise darauf hoffen, dass die Alm in Familienbesitz bleiben wird. Das wäre für die beiden überzeugten Alm-Wirte natürlich das Schönste.

Rund um die Alm
Die Wochenbrunner Alm liegt in einem großen Wald- und Wiesengebiet. Das Land gehört ebenso den beiden. Ihre Wiesen regulieren sie, indem sie in den Sommermonaten etwa 65 Mutterkühe von Bauern aus dem weiten Umland halten. Das hilft den Landwirten im Tal und den Hüttenwirten beim Versorgen ihrer Wiesen.

Der umliegende Wald ist offizielles Jagdgebiet, das Andreas mit weiteren Jägern nutzt. Stolz zeigt er seine Trophäen, die Carola gern als Hüttendekoration verwendet. Und auf der Speisekarte steht das ganze Jahr über ein Wildragout aus eigenem Hirschfleisch. Auch dieses stellt der junge, begeisterte Koch Norbert hier vor und gibt eine Menge Tipps.

Bauern-Almladl
Neben der Gaststätte im ehemaligen Kuhstall verkauft Pächter Hansi Selbstgemachtes und Souvenirs. Tiroler Spezialitäten wie Speck, Tees, Kräuter und Salben hält er insbesondere für die Stammgäste bereit, mit Souvenirs von der Wochenbrunner Alm in Form von T-Shirts, Mützen und Anhängern begeistert er die Touristen, die nur ein Mal hier vorbeikommen. Laut schallt das U1-Radio vor dem Laden – das gibt eine urige Hüttenatmosphäre.

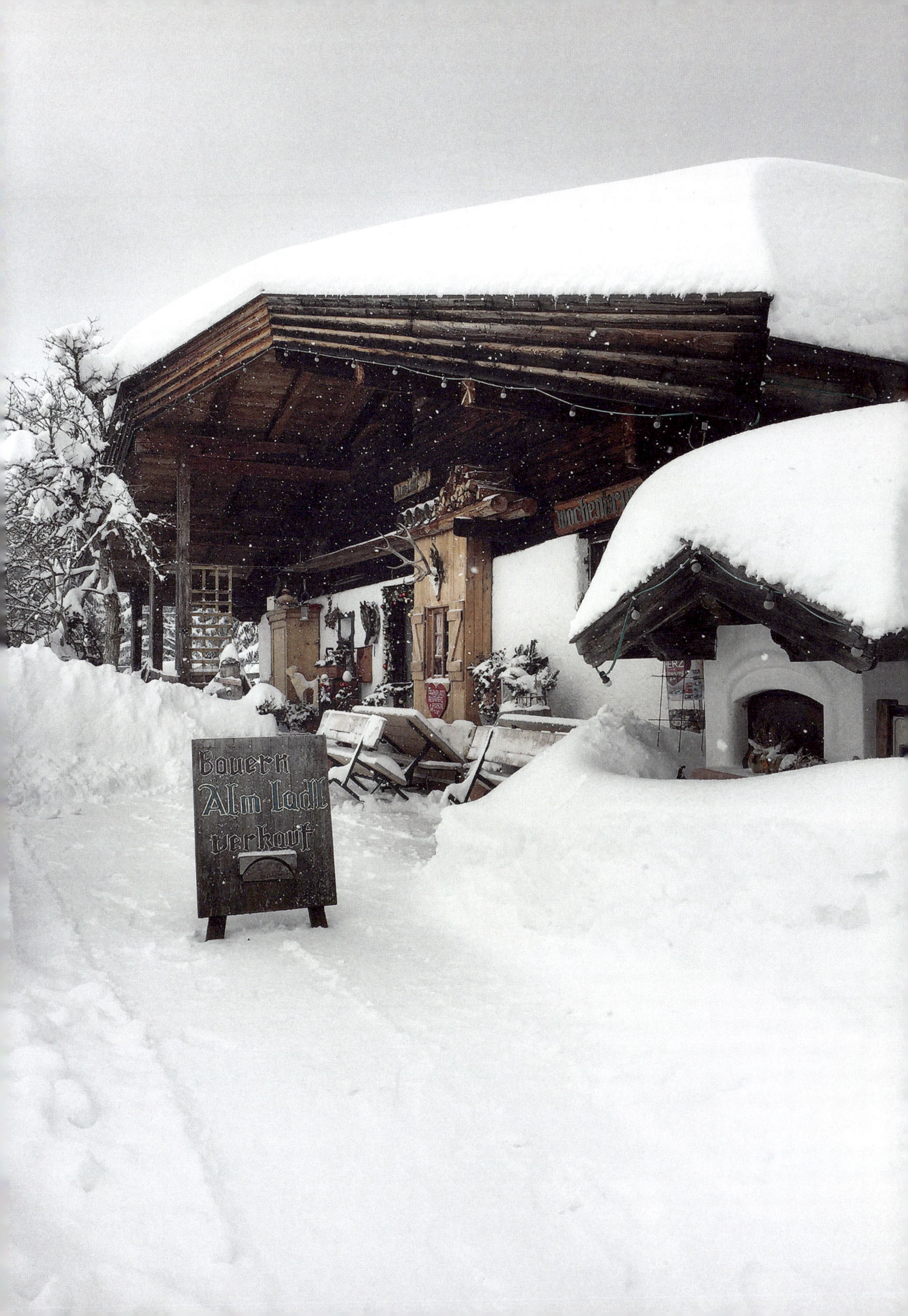
Bauern
Alm-Ladl
verkauf

Wochenbrunn
WILDER KAISER · ELLMAU · TIROL

Erbsensuppe

Uriges Hütten-Traditionsgericht

ZUTATEN FÜR 4 PERSONEN
ZUBEREITUNGSZEIT: 20 MINUTEN PLUS 30 MINUTEN QUELLEN UND 65 MINUTEN KOCHEN

400 g trockene Spalterbsen
200 g Zwiebeln
100 ml Olivenöl
10 ml Worcestersauce
5–6 Lorbeerblätter
1 Prise Chiliflocken
Aromagewürz mit Käsegeschmack
Salz
frisch gemahlener schwarzer Pfeffer
4 Scheiben Bauernbrot
1 Knoblauchzehe
240 g Wiener Würstchen
Schnittlauchröllchen zum Garnieren

Die Erbsen in lauwarmem Wasser etwa 30 Minuten einweichen. Inzwischen die Zwiebeln abziehen und fein hacken.

In einem großen Topf das Olivenöl erhitzen und die Zwiebeln darin glasig anschwitzen. Die Erbsen abgießen und zusammen mit der Worcestersauce und den Gewürzen zugeben und mit 3 l Wasser ablöschen. Zum Kochen bringen und 40 Minuten auf höchster Stufe kochen lassen. Anschließend weitere 25 Minuten bei geringer Temperatur einköcheln lassen.

In der Zwischenzeit den Ofen auf 200 °C Ober- und Unterhitze vorheizen. Die Brotscheiben salzen, pfeffern und mit frischem Knoblauch einreiben. Im Backofen auf mittlerer Schiene in 5 Minuten kross backen.

Die Lorbeerblätter aus der Suppe entfernen. Die Würstchen in Scheiben schneiden und in die Suppe geben. Diese in Schälchen füllen und mit Schnittlauch garniert servieren.

TIPP

Bei der langen Kochzeit lösen sich die Erbsen vollständig auf, sodass pürieren nicht nötig ist.

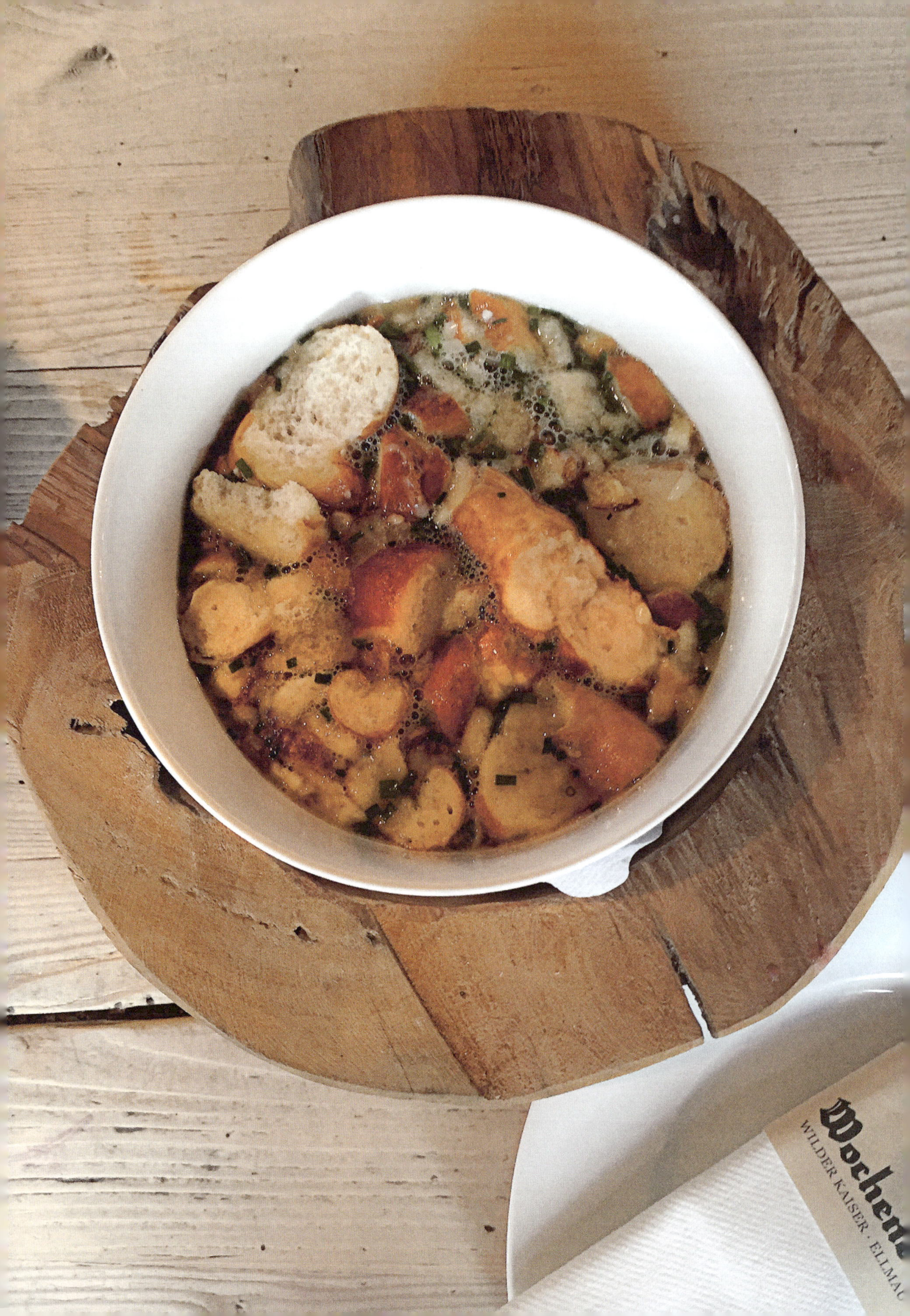
WILDER KAISER

Brezensuppe

Die beste Verwendung für alte Brezen

ZUTATEN FÜR 4 PERSONEN • ZUBEREITUNGSZEIT: 30 MINUTEN PLUS 2 STUNDEN KOCHEN

Für die Brühe
500 g Rinderknochen
500 g Suppengemüse (Karotten, Sellerie, Lauch, Zwiebeln)
1 TL Wacholderbeeren
1 TL Instant-Brühe
Salz
frisch gemahlener schwarzer Pfeffer

Für die Einlage
240 g altbackene Brezen
2 Zwiebeln
100 g Butter
160 g Käsemischung (Emmentaler, Räßkäse, Bergkäse), gerieben
Schnittlauchröllchen zum Garnieren

SCHÖN ZU WISSEN

Räßkäse, schweizerisch Rasskäse genannt, ist ein naturgereifter Schnittkäse aus pasteurisierter Kuhmilch. Er wird in Vorarlberg und in der Ostschweiz produziert. Aufgrund seines intensiven Geschmacks wird er besonders für Speisen wie Kässpatzn verwendet.
An normalen Tagen auf der Wochenbrunner Alm benötigt man etwa 30 Liter Suppe. Somit kocht Norbert alle zwei Tage um die 60 Liter frische Brühe.

Für die Brühe das Suppengemüse putzen, waschen oder schälen und grob würfeln. In einem großen Topf alle Zutaten ohne Salz und Pfeffer in 4 l Wasser etwa 2 Stunden köcheln lassen. In dieser Zeit reduziert sich die Suppe auf etwa die Hälfte. Durch ein feines Sieb geben und mit Salz und Pfeffer abschmecken.

Für die Einlage die Brezen in mundgerechte Stücke schneiden. Zwiebeln abziehen und fein hacken. Die Butter in einem großen Topf erhitzen und darin die Zwiebeln goldbraun anbraten, mit 2 l Brühe aufgießen und aufkochen lassen. Die Käsemischung unterrühren und nach 2–3 Minuten die Brezenstücke untermischen.

Mit Schnittlauch garnieren und rasch servieren, damit die Brezenstücke nicht zu weich werden. Die letzten Schritte der Suppe also immer erst kurz vor dem Servieren ausführen.

TIPP

Die Brühe kann man gut vorbereiten und auch portionsweise einfrieren.

Hirschragout mit Semmelknödeln und Rotkraut

Eine Delikatesse aus dem eigenen Jagdrevier

ZUTATEN FÜR 4 PERSONEN
ZUBEREITUNGSZEIT: 1 STUNDE PLUS 12 STUNDEN ZIEHEN, 3 STUNDEN KOCHEN

Für das Rotkraut
1 mittelgroßer Kopf Rotkohl
2 Äpfel
3 EL Nelken
100 ml Rotwein
20 ml Orangensaft
20 ml Zitronensaft
10–15 g Speisestärke

Für das Hirschragout
600 g Wildfleisch (Hirsch)
etwas Öl zum Anbraten
2 Zwiebeln
30 g Wildgewürz (getrocknete Preiselbeeren, Senfkörner, Salz, Pfeffer)
3–4 Lorbeerblätter
3–4 Nelken
1 TL Wacholderbeeren
50 g Preiselbeerkompott
100 ml Rotwein

Für die Semmelknödel
500 g Knödelbrot
2 Eier
150 ml Milch
Salz
frisch gemahlener schwarzer Pfeffer
1 EL gehackte Petersilie
1 TL Knoblauchpulver

Außerdem
etwas süße Sahne, geschlagen
Schnittlauchröllchen zum Garnieren
Preiselbeerkompott zum Servieren

Für das Rotkraut den Kohl fein hobeln und in eine Schüssel geben. Äpfel schälen, halbieren, entkernen und in Stücke schneiden. Nelken, Rotwein, Orangen- und Zitronensaft sowie Äpfel zum Rotkraut geben, gut vermengen und mit Frischhaltefolie abdecken. Über Nacht im Kühlschrank ziehen lassen.

Am nächsten Tag das Kraut in einen Topf geben, aufkochen und 1½ Stunden bei geringer Temperatur köcheln lassen, bis es ganz weich ist. Zum Schluss die Nelken entfernen und das Kraut mit etwas Speisestärke andicken.

Das Fleisch trocken tupfen und in mundgerechte Stücke schneiden. In einem großen Topf das Öl stark erhitzen und das Fleisch darin von allen Seiten anbraten, bis es rötlich wird. Aus dem Topf nehmen und etwa 10 Minuten ruhen lassen.

Zwiebeln abziehen und klein hacken. Im selben Topf in etwas zusätzlichem Öl anschwitzen. Gewürze und Beeren zugeben und mit dem Rotwein ablöschen. Dann mit reichlich Wasser auffüllen. 20 Minuten kochen lassen. Anschließend das Fleisch wieder zugeben und weitere 30 Minuten bei geringer Temperatur köcheln lassen. Dann vom Herd nehmen und 20 Minuten ziehen lassen. So dickt die Sauce gut ein. Zum Schluss Wacholderbeeren, Nelken und Lorbeerblätter entfernen.

Inzwischen für die Semmelknödel das Knödelbrot in einer Schüssel mit den anderen Zutaten mischen und kurz einweichen lassen. In einem großen Topf reichlich Salzwasser zum Kochen bringen. Aus der

Masse mit angefeuchteten Händen Knödel formen und diese im kochenden Wasser etwa 15 Minuten kochen. Die Knödel steigen dann an die Oberfläche. Auf jedem Teller Kraut, Knödel und Ragout anrichten. Das Ragout mit Sahne und Schnittlauch garnieren. Mit Preiselbeeren servieren.

SCHÖN ZU WISSEN
Auch das Preiselbeerkompott lässt sich gut selbst machen. Dazu 500 g Zucker in einem Topf aufkochen. Geputzte Preiselbeeren hinzufügen und unter Rühren kochen, bis sie weich sind. In Einmachgläsern aufbewahren.

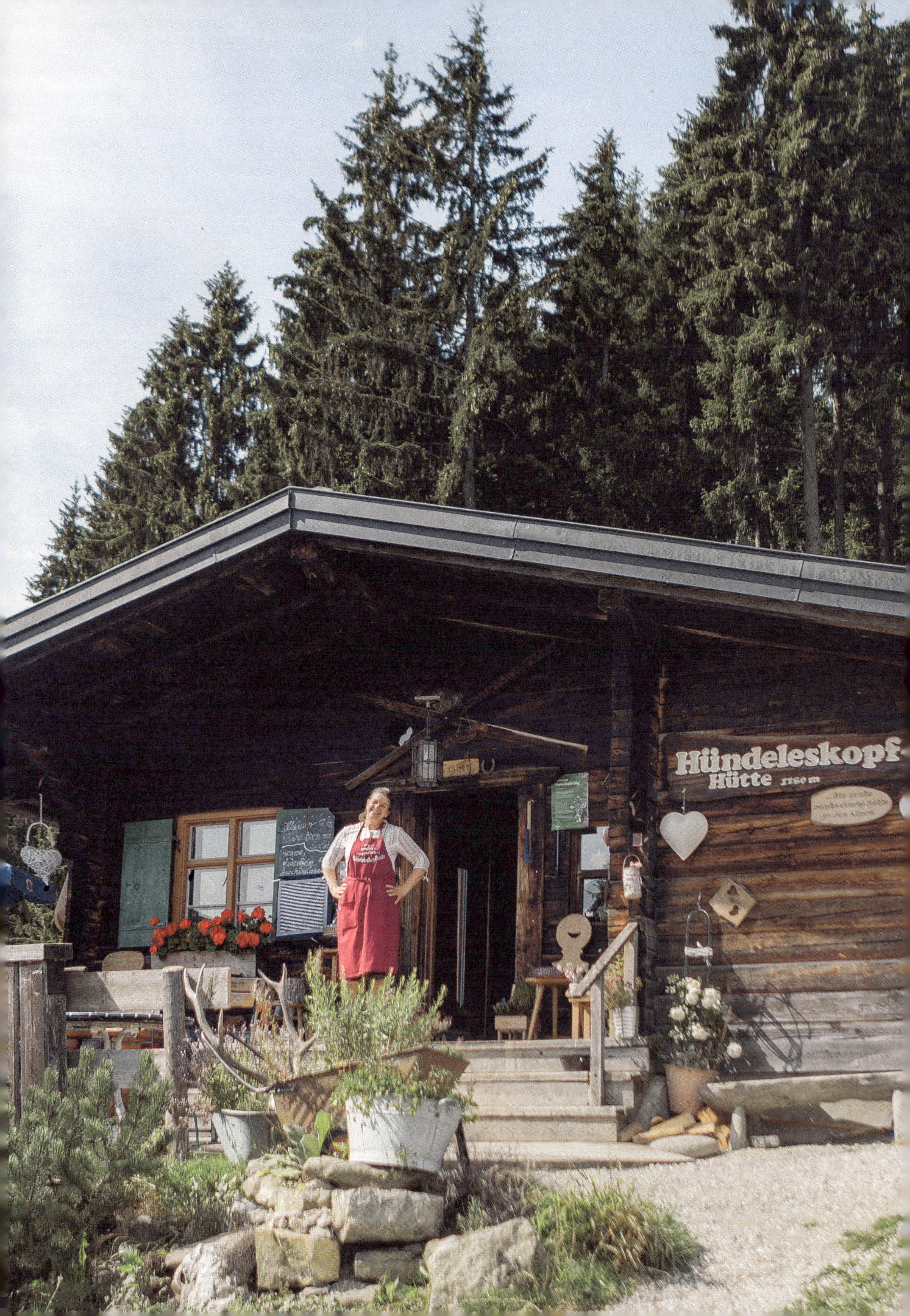
Hündeleskopf-
Hütte

Die Hündeleskopfhütte im Ostallgäu

ADRESSE
Am Hündeleskopf,
87459 Pfronten-Kappel, Deutschland
TELEFON
+49 160 90113431
E-MAIL
hkh@email.de
WEBSEITE
https://huendeleskopfhuette.de/
DAV-HÜTTE
nein
ÖFFNUNGSZEITEN
ganzjährig, Montag und Dienstag Ruhetag,
Mittwoch und Donnerstag 11:00–21:00,
Freitag mit Sonntag 11:00–18:00
ÜBERNACHTUNGSMÖGLICHKEITEN
nein
HÖHENMETER
1180 m
HÜTTENWIRTIN
Silvia Beyer
SPEZIALITÄTEN
vegetarische und vegane Küche

So kommt man auf die Hündeleskopfhütte
Vom öffentlichen Wanderparkplatz Höllschlucht in der Bürgermeister-Franz-Keller-Straße in Pfronten-Kappel geht es über den Waldseilgarten in etwa 40 Minuten bergan zur Hütte. Der Weg ist gut beschildert, sodass man sein Ziel gar nicht verfehlen kann.

Mit Frauenpower zur ersten vegetarischen Hütte der Alpen
Es ist schon ein besonderer Moment, an der Hündeleskopfhütte anzukommen. Für Kinder wegen des auf dem Weg lockenden Ausblicks auf das Gipfelkreuz genauso wie für Erwachsene, die auf der Terrasse bei meist guter Sicht einen herrlichen Ausblick auf die Zugspitze genießen. Es scheint, als wäre sie nur einen Steinwurf entfernt. Das bindende Element zwischen Gipfelkreuz, Ausblick und Hütte ist Silvia, die gern Silli genannt wird. Die Hüttenwirtin weiß, was ihre Gäste, ihr Team und sie selbst brauchen, um eine gute Zeit zu verleben. Urig, herzlich, vegetarisch – nicht umsonst ist das ihr Slogan.

Doch das war nicht immer so. Früher fungierte die Hütte als Stützpunkt des Skilifts und war in privater Hand. Nach einigen Überlegungen wurde der Lift Mitte der 1990er-Jahre abgebaut, die Hütte ging in den Besitz der Gemeinde Pfronten über und wurde fortan verpachtet.

Für Silli ging mit der Übernahme der Hütte im Mai 2015 ein Traum in Erfüllung. Ihr eigener Chef sein, in der Natur arbeiten, neue Wege ausprobieren. Das hat sie geschafft. Bei der Bewerbung um die Pacht bei der Gemeinde setzte sie sich mit ihrer emotionalen Überzeugung gegen viele weitere Bewerber durch. Dabei war ihr vegetarisches Konzept vorerst gar nicht ausschlaggebend, vielmehr ihr großes familiäres Netzwerk, ihre Erfahrungen in der Landwirtschaft und ihr Meisterbrief der ländlichen Hauswirtschaft. Ihre Vielseitigkeit hat überzeugt.

Familie, Freunde, Angestellte – Silli kann auf jeden zählen

Man kann es kaum anders beschreiben: Silli ist ein gut gelauntes Energiebündel. Sie versprüht in ihrer Hütte eine heimelige Gastfreundschaft, die hier alle leben. So kümmert sie sich neben der Küche und Bewirtung mit ihrem »Commander«, ihrem Schneefahrzeug, im Winter um die Räumung der Rodelpiste und geht durchaus auch einmal zum Holzmachen. Die Bio-Lebensmittel werden zu ihrem Hof in Nesselwang geliefert. Höchstpersönlich fährt sie alles Benötigte auf die Hütte hinauf.

Bei alledem helfen ihr ihre vier erwachsenen Kinder, drei Jungs und ein Mädel, wo sie können. Ihre Tochter Johanna hat feste Arbeitstage auf der Hütte und macht beispielsweise den beliebten veganen Schokokuchen für die Wochenenden. Sie ist wie ihre Mutter eine perfekte Hauswirtschafterin und verzaubert die Gäste mit immer neuen Ideen.

Die beiden Schwestern von Silli samt Familien stehen parat, wenn Not am Mann ist. Ihre Mutter kümmert sich bis heute um alle weiteren Kuchen, die Freundin ihres Sohnes Simon, Vipasana, gestaltet und aktualisiert die Webseite, kümmert sich auch sonst eifrig um das Marketing sowie Presse- und Öffentlichkeitsarbeit. Silli kann außerdem auf einen großen Pool an Angestellten setzen, die tageweise aushelfen. Stolz macht sie ihr ehemaliger Auszubildender Ali aus Pakistan, der mittlerweile ihr Geselle geworden ist. Und ein Mal im Monat kommt ein Koch, ein Experte der vegetarischen und veganen Küche. Das Team funktioniert auch deshalb, weil es Spaß hat an der Arbeit in der Natur und für die Gäste.

Mit welcher Liebe und Leidenschaft Silli selbst ihrer Berufung nachgeht, zeigt diese Situation: Als im zweiten Jahr die Stromleitungen gelegt wurden, bat sie den Baggerfahrer: »Mach mir bitte gleich ein Loch für später mit dazu.«

Die erste vegetarische Hütte in den Alpen

Silli kocht und ernährt sich seit ihrer Jugend auf dem Bauernhof vegetarisch. Auf dem Hof ihrer Eltern waren die Abschiedsszenarien von den Kälbern für sie zu schmerzhaft. Von ihrer Großmutter und Mutter lernte sie auch den unvergleichlichen Geschmack von selbst angebautem Gemüse kennen und schätzen. Aus voller Überzeugung verarbeitet sie in ihren Gerichten auch für die Gäste ausschließlich Bio-Lebensmittel. Die Kartoffeln, Karotten, der Dinkel und die Linsen stammen von einem Demeter-Hof auf der Schwäbischen Alb, wo sie damals ihr zweites Ausbildungsjahr absolvierte. Für die Menschen, den Boden und die Tiere ist die biologische Landwirtschaft der richtige Weg, davon ist Silli überzeugt.

Regional, saisonal und immer frisch – das ist Sillis Anspruch. Und ihre Gäste freuen sich über das Angebot auf dem Berg, das Bewegung in der Natur mit gesundem Essen verbindet. Ihr Konzept hat Erfolg: Heute kann sie sich über viele Stammgäste und immer wieder neue Besucher freuen. Und nicht selten ist es ratsam, gerade an den Abenden vorab telefonisch einen Tisch zu reservieren.

Hüttenmusi – spontan und ehrlich

Wenn es ganz gemütlich wird am Abend, verteilt Silli ihre Liederbücher und Instrumente an Leute, die sich spontan melden. Zwei Gitarren, ein Kontrabass und ein Akkordeon sorgen für beste Stimmung. So kann es bei traditionellen Allgäuer Liedern laut und fröhlich zugehen. Dann sind alle Gäste in der kleinen, urigen Hütte am Ofen für kurze Zeit enge Freunde.

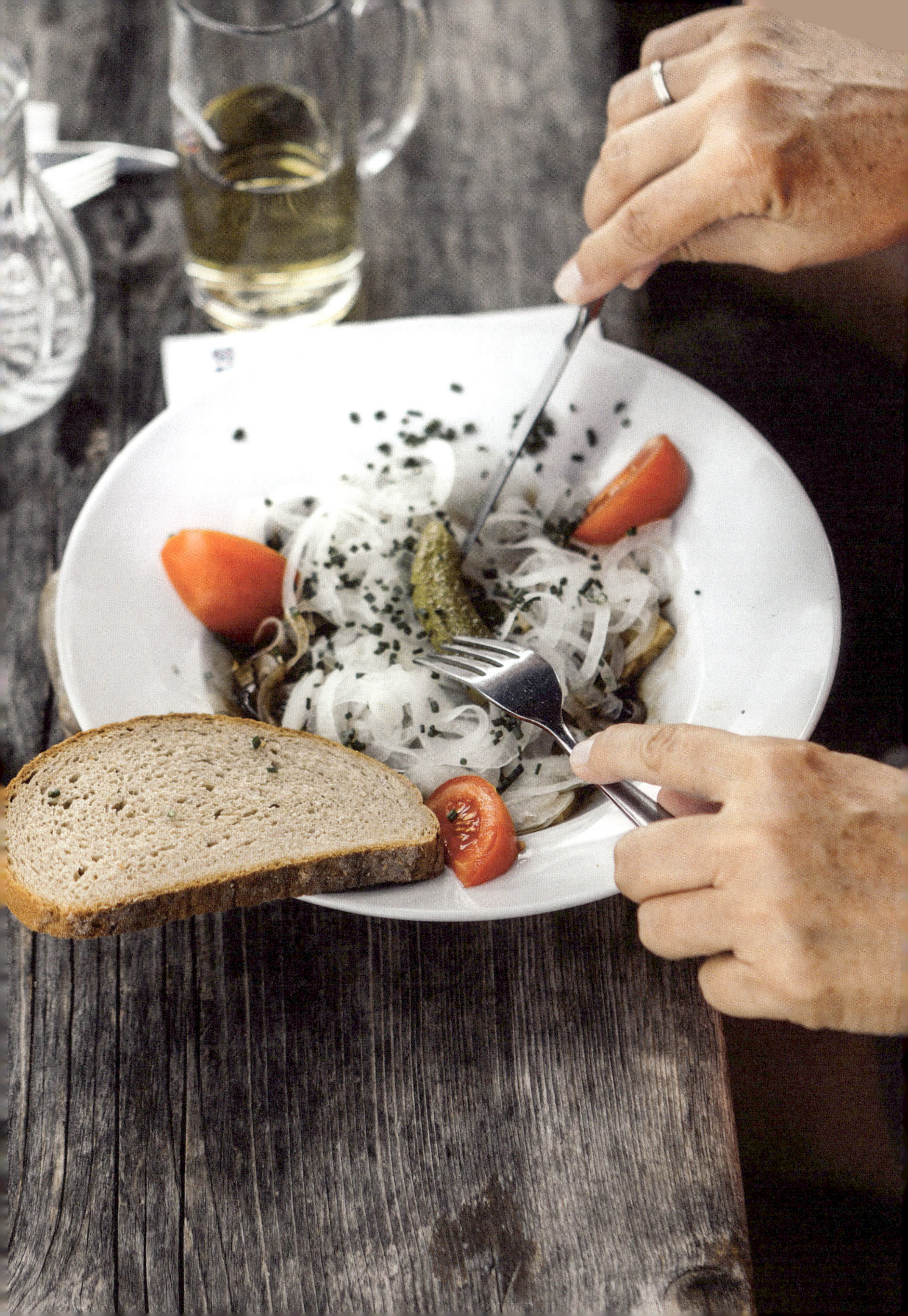

Allgäuer Krautkrapfen

Das Original – schon immer vegan

ZUTATEN FÜR 4–6 PERSONEN • ZUBEREITUNGSZEIT: ETWA 1 STUNDE PLUS 20 MINUTEN KOCHEN UND ETWA 1 STUNDE KÜHLEN

Für das Kraut
3 Zwiebeln
2 Knoblauchzehen (nach Belieben)
4 Karotten
3 EL Sonnenblumenöl
1 kg rohes Sauerkraut
125 ml Gemüsebrühe
Salz
frisch gemahlener schwarzer Pfeffer
etwas getrockneter Rosmarin
etwas Paprikapulver
1 Prise Chiliflocken

Für den Teig
500 g Mehl (halb Weizen- halb Dinkelmehl), plus mehr zum Arbeiten
125 ml Sonnenblumenöl
2 Prisen Thymian (frisch oder getrocknet)
2 Prisen Salz
1 Prise frisch gemahlener schwarzer Pfeffer
etwa 1 l Gemüsebrühe

Außerdem
grüner Salat zum Servieren

Die Zwiebeln und den Knoblauch abziehen und fein hacken. Die Karotten schälen und in Streifen oder Würfel schneiden. Das Sonnenblumenöl in einem Topf erhitzen und Zwiebeln, Knoblauch, Karotten und Sauerkraut zusammen darin anschwitzen. Die Gemüsebrühe hinzugeben. Das Ganze bei mittlerer Temperatur 20 Minuten abgedeckt kochen lassen. Das Kraut mit den Gewürzen abschmecken. Mit einem Sieb die überschüssige Flüssigkeit abgießen und das Kraut abkühlen lassen. Es muss kalt sein, bevor es weiter verarbeitet wird, sonst bricht der Teig.

Für den Teig in einer großen Schüssel 4–6 EL Wasser, Thymian, Salz und Pfeffer unter das Mehl rühren. Mit beiden Händen kneten, bis die Oberfläche glatt und weich und der Teig geschmeidig ist (d. h. man kann den Teig formen, er sollte nicht zu nass sein und sich gut von der Schüssel lösen). Der Teig kann eine Zeit ruhen oder auch direkt verarbeitet werden.

Die Hälfte des Teigs auf der bemehlten Arbeitsfläche dünn ausrollen. Die Hälfte des Krauts auf dem ausgerollten Teig verteilen und zusammen mit dem Teig fest einrollen. Die Rolle in 3–5 cm dicke Scheiben schneiden.

In einer tieferen Pfanne 2 EL Sonnenblumenöl erhitzen. Drei bis vier Krautkrapfen mit der Schnittfläche nach unten in der Pfanne anbraten, bis sie goldbraun sind. Die Krapfen umdrehen und etwa 125 ml Gemüsebrühe in die Pfanne geben. Temperatur reduzieren und abdecken, damit der Teig die Flüssigkeit aufnimmt und gart. Nach etwa 8 Minuten den Deckel abnehmen und die Krapfen knusprig braten, herausnehmen und warm halten. Die übrigen Krapfen ebenso zubereiten.

Die fertigen Krapfen mit frischem Salat anrichten und servieren.

TIPPS
- Das Rollen geht prima, wenn man den Teig auf einem leicht bemehlten Küchentuch ausrollt und ihn dann mithilfe des Tuches vorsichtig aufrollt.
- Das Kraut darf auch schon einen Tag vorher gekocht werden, dann schmeckt es noch besser.
- Besonders gut schmecken die Krapfen mit Kräuteröl und Schnittlauch verfeinert.

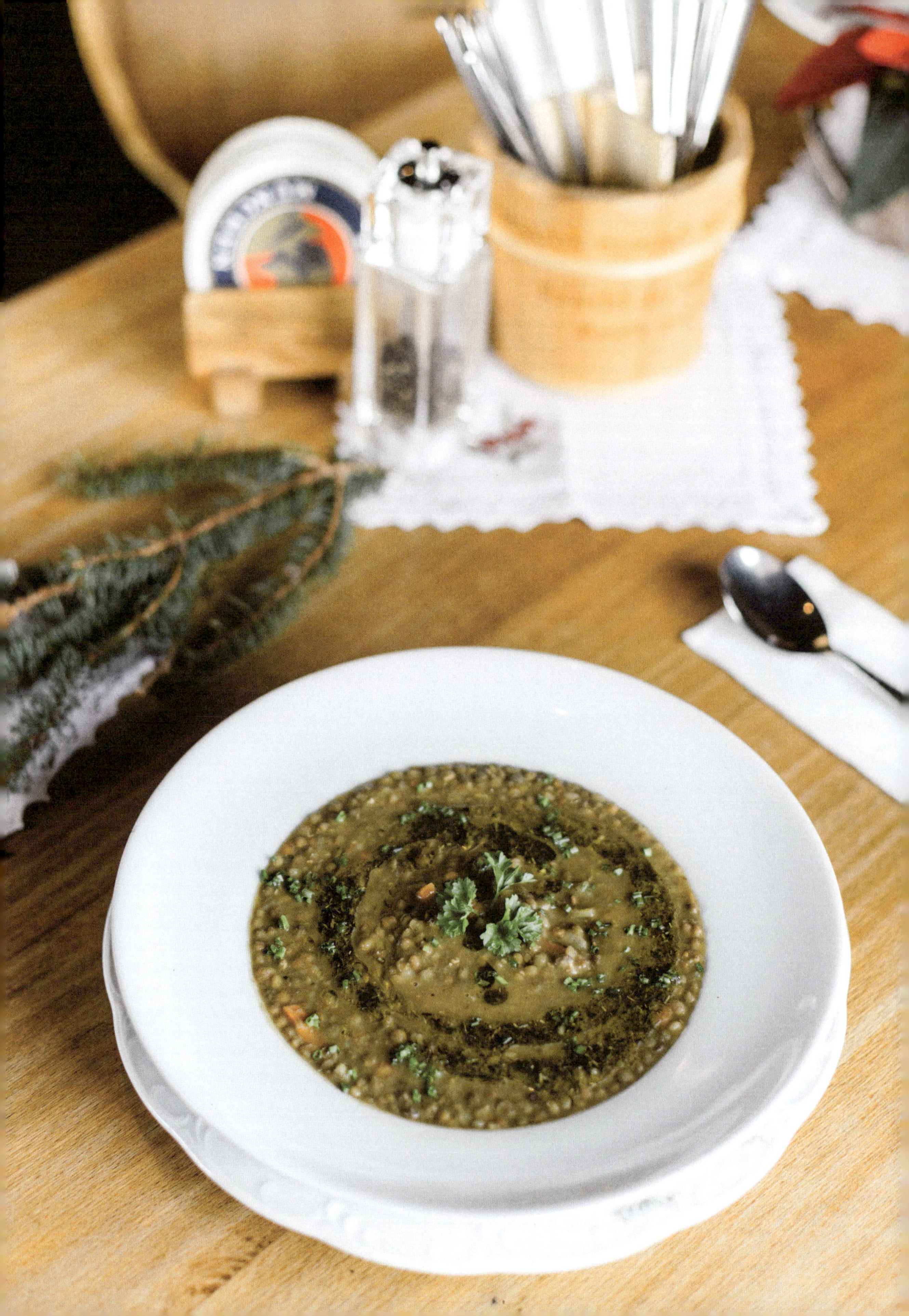

Alb-Leisa-Linsensuppe

So isst man Linsensuppe im Allgäu

ZUTATEN FÜR 4–6 PERSONEN
ZUBEREITUNGSZEIT: 30 MINUTEN PLUS 20–30 MINUTEN KOCHEN

5 EL Sonnenblumenöl
2 große Zwiebeln, abgezogen
1 halbe Stange Lauch, geputzt
1 halbe Knolle Sellerie, geschält
4 Karotten, geschält
1 Knolle Fenchel, geputzt
3 Knoblauchzehen, abgezogen
1 kg Alb-Leisa-Linsen
1 l Gemüsebrühe
Salz
frisch gemahlener schwarzer Pfeffer
etwas Paprikapulver, scharf
1 Prise Chiliflocken
etwas frische Petersilie zum Garnieren

In einem großen Topf (damit die Linsen quellen können) das Öl erhitzen. Zwiebeln, Lauch, Sellerie, Karotten und Fenchel fein würfeln und 10 Minuten im heißen Öl anrösten. Dann den Knoblauch fein hacken und dazugeben. Zuletzt die Linsen unterrühren und 5 Minuten mitgaren, dabei immer wieder umrühren. Mit der Gemüsebrühe und 1 l Wasser ablöschen. Die Linsen bei mittlerer Temperatur 20–30 Minuten köcheln lassen.

Die Suppe mit den Gewürzen abschmecken und mit gehackter Petersilie garniert servieren.

TIPP

Die »Alb-Leisa« haben einen wunderbaren Geschmack, zu dem frische Kräuter genauso gut passen, wie fernöstliche Aromen, etwa indisches Currypulver oder scharfe Gewürze.

Sillis Sonntagszopf

Der darf am Wochenende nicht fehlen

ZUTATEN FÜR EINEN GROSSEN ZOPF • ZUBEREITUNGSZEIT: 45 MINUTEN PLUS 20–50 MINUTEN RUHEN UND 1 STUNDE BACKEN

2 Handvoll Rosinen
2 Würfel Hefe
5 EL brauner Zucker
2 kg frisch und fein gemahlenes Bio-Dinkelmehl
1 l Milch
250 g Butter, in Würfel geschnitten, plus mehr für das Blech
Abrieb und Saft von 1 unbehandelten Zitrone
½ TL Zimt
1 Prise Salz
1 Pck. Puderzucker

Die Rosinen heiß abwaschen und abtropfen lassen. Die Hefe in eine kleine Schüssel bröseln und mit 1 EL Zucker und etwas warmem Wasser verrühren. Das Mehl in eine große Schüssel geben, eine Mulde hineindrücken und die Hefe in die Vertiefung gießen. Mit einer Gabel etwas Mehl vom Rand einrühren, bis die Masse etwas dicker ist. 5 Minuten ruhen lassen.

Die Milch in einem kleinen Topf lauwarm erhitzen und darin die Butter schmelzen. Dann den restlichen Zucker einrühren. Zitronenabrieb, Zimt, Salz, Milch-Butter-Mischung und Rosinen zum Mehl in die Schüssel geben. Alles mit den Knethaken des Handrührgeräts zunächst vermischen, dann von Hand weiterkneten, bis der Teig sich von der Schüssel löst und eine glatte, glänzende Oberfläche hat (bei Bedarf etwas Mehl dazugeben). Zugedeckt an einem warmen Ort mindestens 15 Minuten, maximal 45 Minuten gehen lassen.

In der Zwischenzeit den Backofen auf 180 °C vorheizen. Nach der Ruhezeit den Teig auf die Arbeitsfläche heben und nochmals gut durchkneten. In drei Portionen teilen und diese zu Strängen rollen. Aus den drei Strängen einen Zopf flechten und diesen auf ein leicht gebuttertes Blech legen. Den Zopf 1 Stunde im vorgeheizten Backofen backen (Die ersten 30 Minuten den Ofen keinesfalls öffnen!)

Den Puderzucker in eine Schüssel geben und den Zitronensaft nach und nach unterrühren. Es soll eine zähe, nicht zu flüssige Glasur entstehen, die leicht zu pinseln ist. Mit dem übrigen Zitronensaft eine heiße Zitrone zubereiten und genießen, während der Zopf im Ofen backt.

Den Zopf aus dem Ofen nehmen und 15 Minuten abkühlen lassen. Dann mit der Glasur einpinseln und lauwarm oder kalt servieren.

TIPPS:

Der Zopf ist fertig gebacken, wenn beim Abklopfen mit den Fingerspitzen ein schön satter hohler Klang zu hören ist.

Für eine vegane Variante einfach 300 ml Sonnenblumenöl statt der Butter verwenden und 1 l Hafermilch statt normaler Milch. Die Zubereitung bleibt die gleiche.

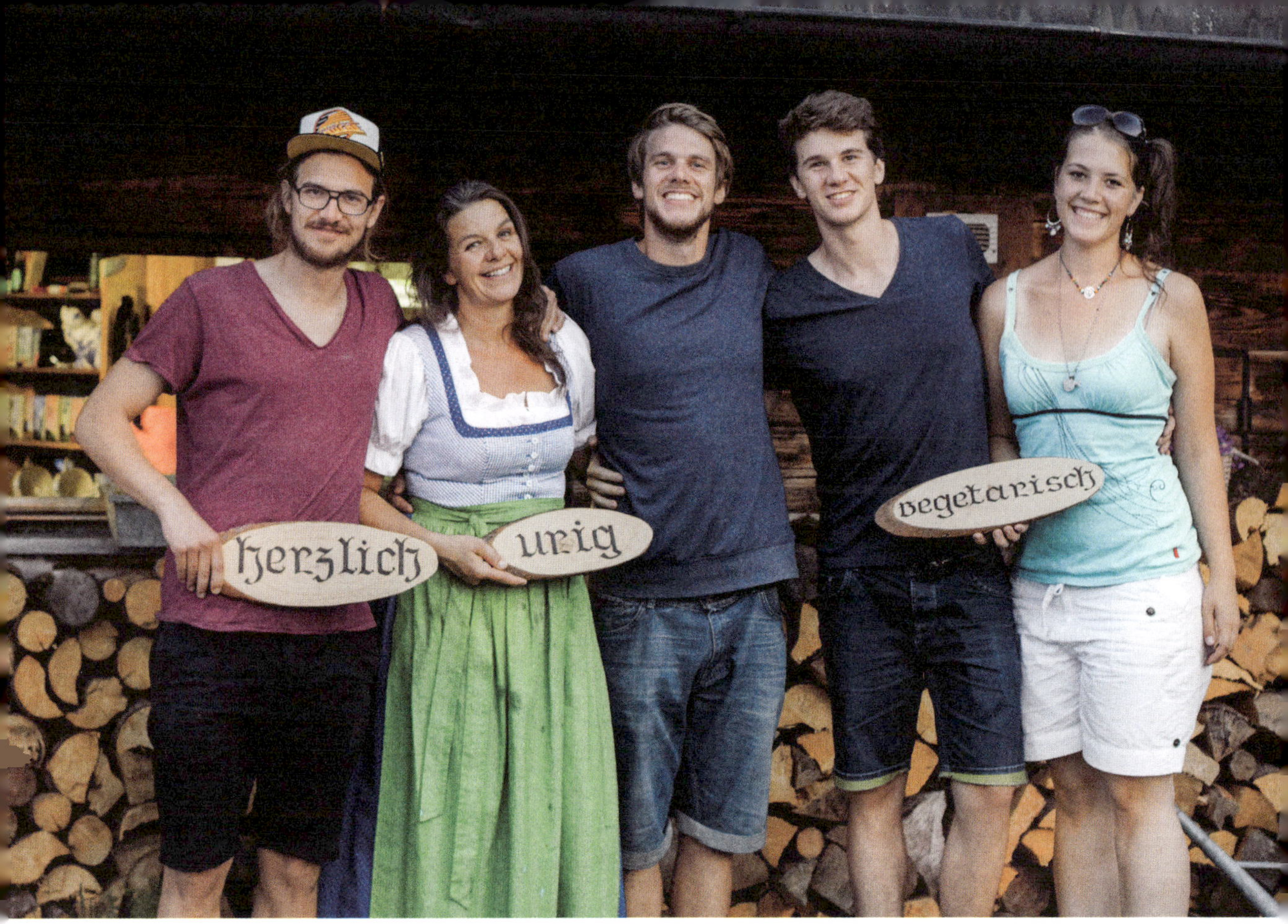
herzlich
urig
vegetarisch

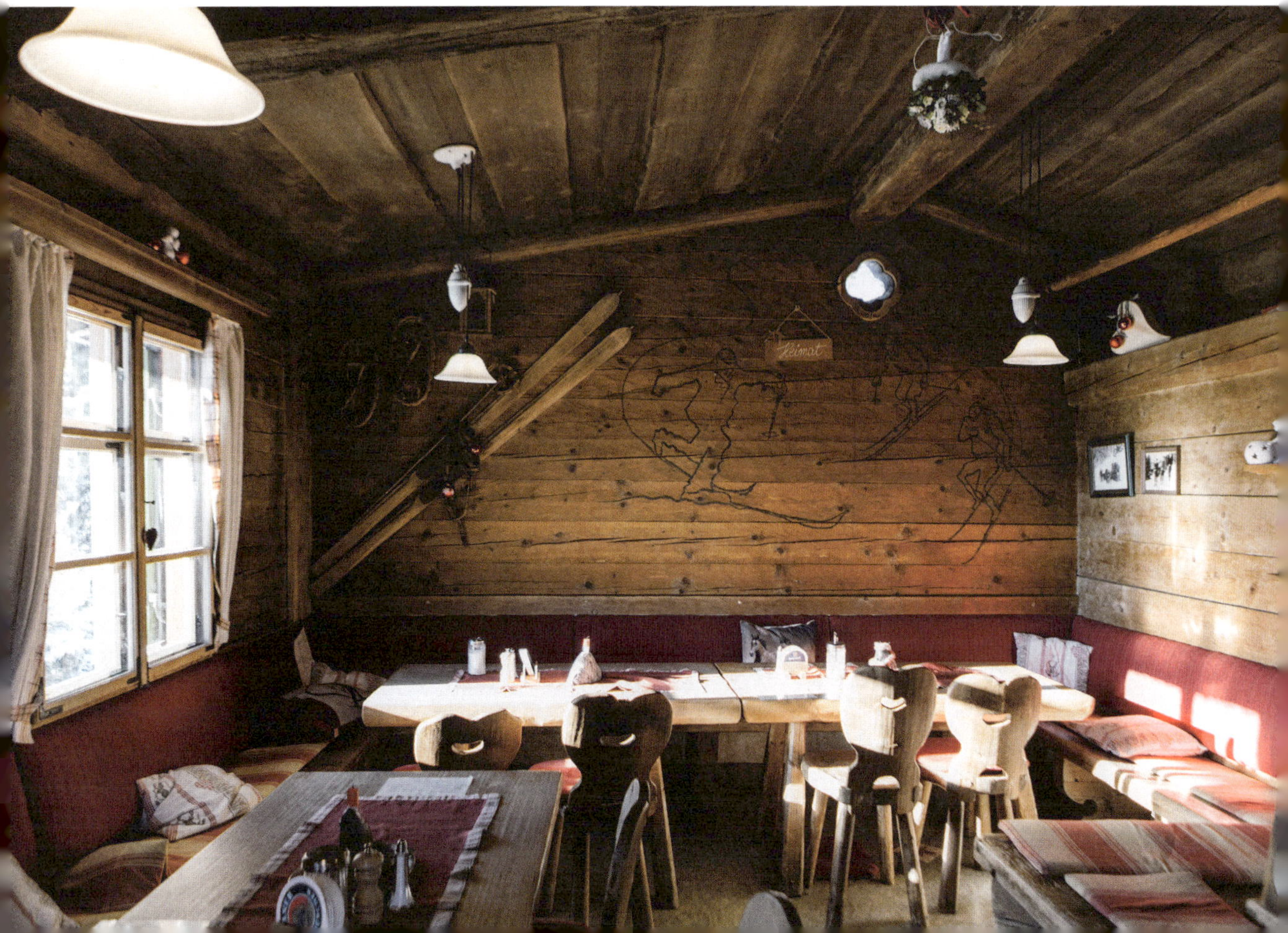

urig   herzlich   vegetarisch

So kommt man zum Hirschkaser
Vom Parkplatz an der Talstation der Hirscheckbahn in Ramsau geht es in 1 Stunde hinauf bis zur Hütte. Im Winter dient der geräumte Forstweg auch als Naturrodelbahn. Wer es gemütlich mag, kann natürlich direkt mit der Hirscheckbahn hinauffahren.

Schlemmen auf knapp 1400 Metern
Der Hirschkaser lädt im Sommer wie im Winter zum Schlemmen in den Bergen ein. Das Besondere ist sicher der traumhafte Panoramablick auf das Berchtesgadener Land bis nach Österreich. Die Hüttenwirte Steffi und Michael sind noch recht neu hier oben und genießen jeden Tag mit ihren Gästen.

Die Gaststätte und die Hüttenwirte
Willy Schliecker erbaute das Berghaus in den 1970er- und 1980er-Jahren. Nach wechselnden

Die Berggaststätte Hirschkaser im Berchtesgadener Land

ADRESSE
Schwarzecker Str. 100, 83486 Ramsau, Deutschland
TELEFON
+49 8657 481
WEBSEITE
https://hirschkaser.de
DAV-HÜTTE
nein
ÖFFNUNGSZEITEN
ganzjährig, tägl. 9:00-17:30, Dezember bis März immer montags 9:00-22:00
ÜBERNACHTUNGSMÖGLICHKEIT
nein
HÖHENMETER
1391 m
HÜTTENWIRTE
Michael und Steffi Kortas
SPEZIALITÄTEN
Skitourenabend immer montags

Pächtern sind seit 2018 Steffi und Michael Kortas die neuen glücklichen Wirte vor Ort. Die beiden sind seit vielen Jahren in der Gastronomie tätig. Nach zehn Jahren im Seestadl am Königssee, dem Gasthaus Almbachklamm in Marktschellenberg und vielen Jahren im Hugo-Beck-Haus am Jenner sind sie mit ihrer Gastronomie- und Hüttenerfahrung nun am Hirschkaser angekommen. Für sie der schönste Platz im ganzen Berchtesgadener Land. Sie und ihre Gäste blicken von der Terrasse aus auf das Bergmassiv vom Hohen Göll, auf das Hagengebirge, den Watzmann, den Hochkalter, nach Hintersee bis zur Reiteralpe. Mit ihren sechs bis acht Mitarbeitern bereiten die beiden das ganze Jahr über Schmankerl aus der Region und hausgemachte Kuchen und Torten für die zahlreichen Besucher zu.

Wintergaudi mit dem Hirscheckblitz

Die größte Attraktion im Winter ist der Hirscheckblitz, die 3,5 Kilometer lange Naturrodelbahn, die direkt am Hirschkaser startet. Zu Fuß geht es auf einer mäßigen Steigung auch im Winter gut voran. Oder man nimmt die Hirscheckbahn und gelangt gemütlich mit dem Sessellift zum Ausgangspunkt der Rodelbahn. Bei der Ausarbeitung der Streckenprofile war übrigens die Rodellegende Schorsch Hackl maßgeblich beteiligt. So kann man sich auf eine professionelle Wintergaudi freuen. Kurvig und erlebnisreich geht es auf der Strecke insgesamt 400 Höhenmeter bergab. Und wer keinen eigenen Rodel hat, kann sich an der Tal- oder Bergstation einen von insgesamt 150 Schlitten ausleihen.

Eine weiteres Winter-Highlight ist montags der Skitourenabend im Hirschkaser. Bei Schnee und gutem Wetter feiern, schlemmen und genießen hier die Skitourengeher der Umgebung bis 22 Uhr. Zu diesem Anlass bleiben Steffi und Michael Kortas dann auch über Nacht hier oben, während sie den Rest der Woche jeden Tag ins Tal hinabfahren und in ihrem Haus in Schönau am Königssee übernachten.

Wanderparadies im Sommer

Auch im Sommer bietet der Hirschkaser einen guten Ausgangspunkt für leichte und mittlere Wanderungen. Die bekannteste ist wohl der Soleleitungsweg. Sie erreichen ihn vom Hirschkaser aus in etwa 1 Stunde Abstieg zum Söldenköpfle auf 943 Metern. Der Panorama-Höhenweg führt in gut 1½ Stunden über die ehemalige Holztrasse bis zum Gasthaus Zipfhäusl. Die Trasse diente dem Transport des salzgesättigten Wassers für das Berchtesgadener Salzbergwerk.

Eine kürzere Wanderung ist ein 20-minütiger Aufstieg zum Toten Mann, einem traumhaften Aussichtspunkt über das Salzburger Land.

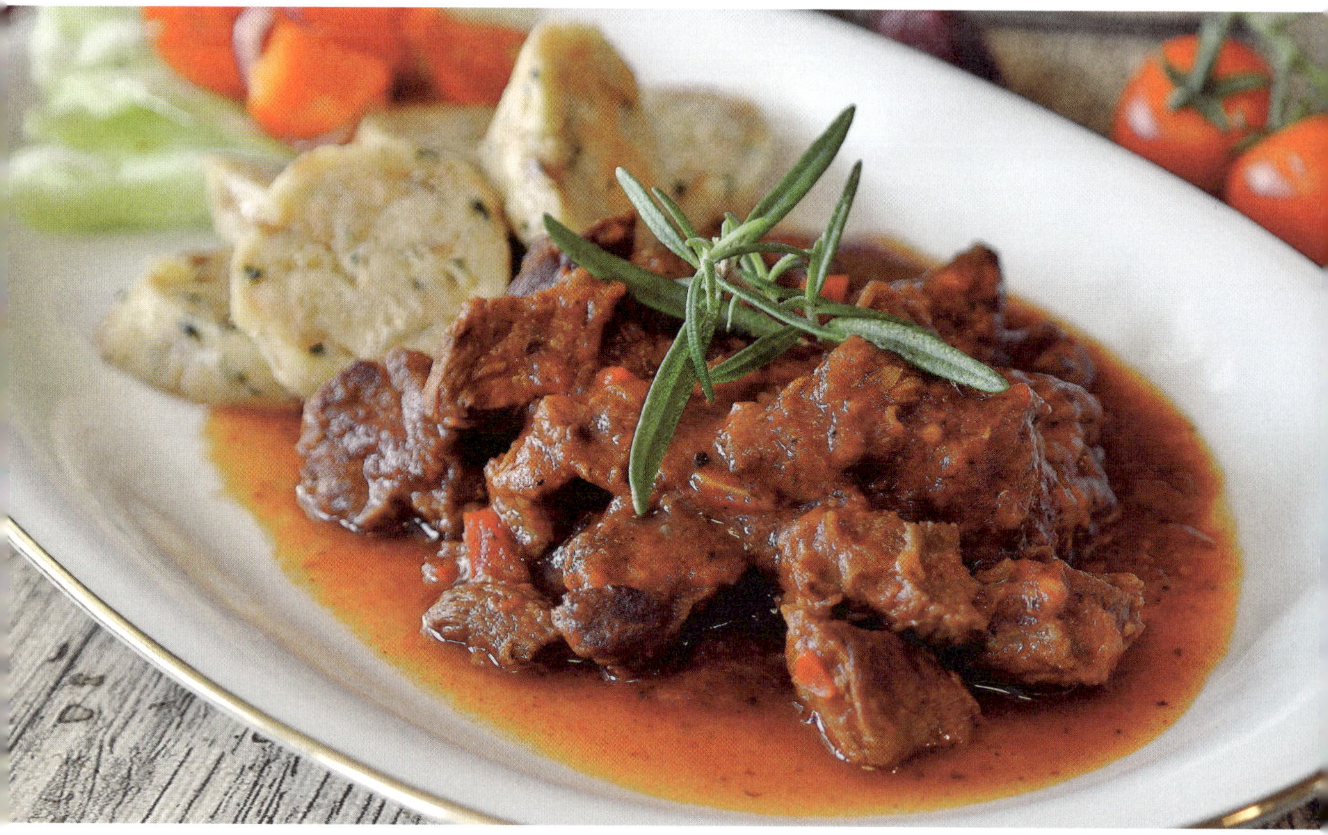

Hirschgulasch

Geheimtipp aus der Hirschkaser-Küche

ZUTATEN FÜR 4 PERSONEN • ZUBEREITUNGSZEIT: 30 MINUTEN PLUS 2–2½ STUNDEN GAREN

1 kg Hirschfleisch (gute Qualität; Nuss)
200 g Zwiebeln, abgezogen
1 Karotte, geschält
100 g Knollensellerie, geschält
3–4 EL Butterschmalz
1 EL Tomatenmark
250 ml Rotwein
Salz
frisch gemahlener schwarzer Pfeffer
6 Wacholderbeeren, leicht zerdrückt
3 Nelken
4 kleine Lorbeerblätter
etwas frischer Thymian
200 ml Rinderbrühe oder Wildfond
4 EL Preiselbeeren
4 EL Apfelmus
Semmelknödel oder Spätzle zum Servieren
Blaukraut zum Servieren

Das Fleisch in mundgerechte Stücke schneiden. Zwiebeln, Karotte und Sellerie klein würfeln. Das Butterschmalz in einem Topf stark erhitzen. Das Fleisch darin scharf anbraten und wieder herausnehmen. Dann Zwiebeln, Karotten und Sellerie im Topf anbraten, etwas zusätzliches Butterschmalz zugeben. Das Tomatenmark unterrühren und nach und nach mit dem Wein ablöschen. Anschließend wieder das Fleisch, Salz und Pfeffer dazugeben. Die restlichen Gewürze und Kräuter sowie die Brühe hinzufügen. Das Gulasch abgedeckt 2–2½ Stunden köcheln lassen, gelegentlich umrühren.

Am Schluss Preiselbeeren und Apfelmus unterrühren und das Ganze mit Salz und Pfeffer abschmecken. Das Gulasch mit Spätzle oder Semmelknödeln und Blaukraut servieren.

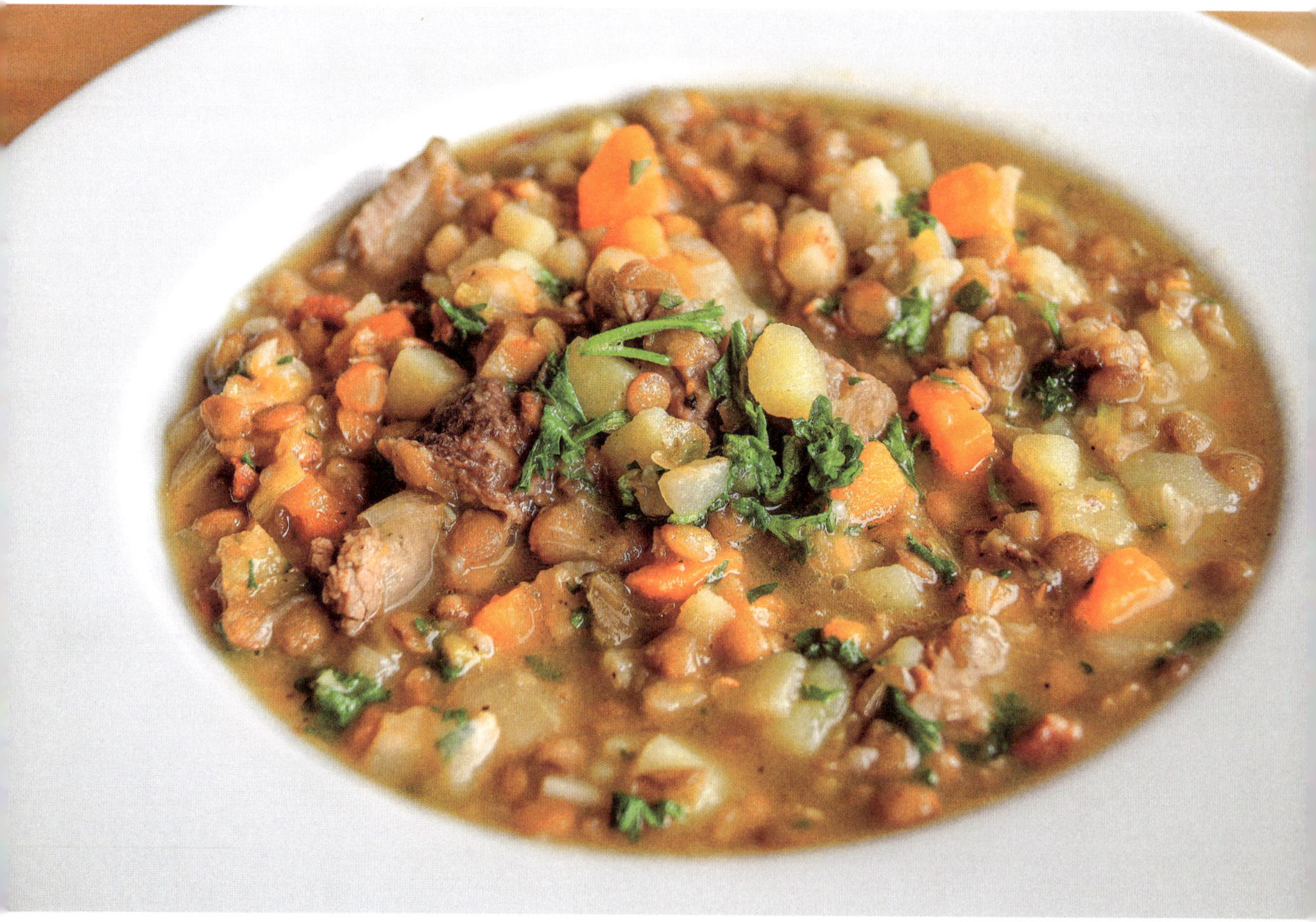

Linseneintopf mit Kartoffeln und Karotten

Ein Hütten-Klassiker für kalte Tage

ZUTATEN FÜR 4 PERSONEN • ZUBEREITUNGSZEIT: 20 MINUTEN PLUS 15 MINUTEN KOCHEN

350 g Linsen
1½ Zwiebeln
3 Karotten
3–4 mittelgroße Kartoffeln
½ Stange Sellerie
3 EL Öl
3½ EL Tomatenmark
1½ TL Currypulver
1¼ l Gemüsebrühe
2 Lorbeerblätter
2 EL Essig
Salz
frisch gemahlener schwarzer Pfeffer
etwas Sauerrahm
etwas Petersilie, fein gehackt

Die Linsen in einem Sieb waschen. Die Zwiebeln abziehen, die Karotten und Kartoffeln schälen und den Sellerie putzen. Alles fein würfeln.

Das Öl in einem Topf erhitzen und die Zwiebeln darin glasig anschwitzen. Das Tomatenmark zugeben, kurz anrösten, dann das Gemüse und das Currypulver unterrühren. Alles 3 Minuten anbraten. Mit der Gemüsebrühe ablöschen und die Lorbeerblätter hinzufügen. Alles zum Kochen bringen. 5 Minuten köcheln lassen, dann die Linsen hinzufügen und alles weitere 10 Minuten kochen lassen. Nach Bedarf etwas Wasser nachgießen, wenn der Eintopf zu dickflüssig sein sollte. Mit Essig, Salz und Pfeffer abschmecken.

Auf Tellern anrichten und mit dem Sauerrahm und der Petersilie garniert servieren.

Rohrnudeln mit Vanillesauce

Gefüllt mit Zwetschgen

ZUTATEN FÜR 8 PERSONEN
ZUBEREITUNGSZEIT: 40 MINUTEN PLUS 70 MINUTEN GEHEN UND 40 MINUTEN BACKEN

Für den Hefeteig
500 g Weizenmehl (Type 450)
50 g Zucker
1 EL Vanillezucker
1 Schuss Rum
1 Pck. Trockenhefe
250 ml lauwarme Milch
100 g weiche Butter, plus etwas mehr für die Form
2 Eigelb, verquirlt

Für die Füllung
12 Zwetschgen
1 EL Zimtzucker
4 TL Pflaumenmus

Für die Vanillesauce
2 Vanilleschoten
500 ml Milch
500 g süße Sahne
10 Eigelb
140 g Zucker

Für den Hefeteig alle Zutaten bis auf das Eigelb zu einem glatten Teig verkneten und abgedeckt an einem warmen Ort etwa 30 Minuten gehen lassen, bis sich das Volumen verdoppelt hat. Dann kurz durchkneten und weitere 20 Minuten gehen lassen. Anschließend ein letztes Mal durchkneten.

Während der Teig geht, die Zwetschgen waschen, entkernen und halbieren.

Den Teig in acht gleich große Teile teilen. Die Teiglinge flach drücken und in die Mitte jeweils drei halbe Zwetschgen, 1 Prise Zimtzucker und ½ TL Pflaumenmus geben. Dann die Füllung einschlagen, den Teig gut darüber verschließen und zu einer Kugel formen.

Eine Backform einfetten, die Rohrnudeln hineinlegen, zudecken und nochmals 20 Minuten gehen lassen. Den Backofen auf 160 °C Ober- und Unterhitze vorheizen. Die Rohrnudeln mit Eigelb einpinseln und im Backofen etwa 40 Minuten goldgelb backen.

Inzwischen für die Vanillesauce das Mark aus den Vanilleschoten kratzen. Das Vanillemark mit der Milch und der Sahne in einen Topf geben und aufkochen lassen. Wenn die Mischung kocht, vom Herd nehmen und abgedeckt 10 Minuten ziehen lassen. Das Eigelb mit dem Zucker in einer großen Schüssel schaumig aufschlagen und die heiße Vanille-Milch-Sahne-Mischung portionsweise unterrühren.

Die Sauce zurück in den Topf füllen und unter ständigem Rühren auf 80 °C erhitzen. Dabei am besten ein Küchenthermometer verwenden. Die Masse darf nicht kochen, da sonst das Eigelb gerinnt. Sobald die Masse bindet und andickt, in eine kalte Schüssel zum Abkühlen geben. Unter gelegentlichem Rühren abkühlen lassen. (Im Kühlschrank hält sich die Sauce zwei Tage.)

Die fertig gebackenen Rohrnudeln mit der warmen Vanillesauce servieren.

DAV
Hamburger Skihütte
Hamburger Skihütte Deutscher Alpenverein
HAMBURGER SKIHÜTTE

Die Hamburger Skihütte im Salzburger Land

ADRESSE
Anger 63, 5630 Bad Hofgastein, Österreich
TELEFON
+43 664 2204876
E-MAIL
hamburgerhuette@sbg.at
WEBSEITE
https://hamburgerskihuette.com
DAV-HÜTTE
ja
ÖFFNUNGSZEITEN
Wintersaison: Dezember bis April; Sommersaison: geschlossen
ÜBERNACHTUNGSMÖGLICHKEIT
ja
HÖHENMETER
1970 m
HÜTTENWIRTE
Andreas und Christian Wiesmann
SPEZIALITÄTEN
Andis Hamburger nach Originalrezept aus den USA

So kommt man auf die Hamburger Skihütte
Die Hütte ist im Winter von Bad Hofgastein mit Skiern oder dem Snowboard erreichbar. Mit der Schlossalmbahn geht es hinauf und nach einer 800 Meter langen Skiabfahrt erreicht man die Hütte.

Zwei Brüder, junge Kerle, mächtig Power
Andreas und Christian Wiesmann haben in den Wintermonaten viel zu tun, wenn die Skisaison läuft. Als Pächter betreiben sie oberhalb von Bad Hofgastein die Hamburger Skihütte seit 2017 professionell und modern, was man vor allem an der perfekten Organisation und technischen Ausstattung sieht. Und trotzdem geht es urig zu, wie es eben auf einer Hütte sein muss.

Eine DAV-Hütte ehrt ihre Mitglieder aus dem Norden
Der Name für die Hamburger Skihütte kommt nicht von ungefähr. Schließlich ist die Sektion Hamburg und Niederelbe e.V. mit über 21 000 Mitgliedern die fünftgrößte Sektion der insgesamt 255 Sektionen im Deutschen Alpenverein. So kommen auf die Hütte zu Andi und Chris auch vor allem deutsche Gruppen. Die Hütte bietet den perfekten Ausgangspunkt für Touren im großen Skigebiet Hohe Tauern. Wenn man so viel Gepäck mitnimmt, wie man auf Skiern gut transportieren kann, steht einem Aufenthalt von drei bis vier Tagen nichts im Wege. An diesen Tagen hat man das große Skigebiet mit viel Pistenspaß gut erschlossen. Und am Abend warten gutes Essen vom Küchenchef Andi und Après-Ski bei bester Laune. Was will das Skihaserl-Herz mehr?

Professionell und eingespielt
In der Hochsaison, wenn die Alpen ihre blau-weiß strahlende Seite zeigen, geht es rund auf der Hamburger Skihütte. Dann sind 43 Übernachtungsgäste auf die Sechs-, Vier- und Zweibettzimmer verteilt. Mit den Tagesgästen gehen bis zu

700 Essen pro Tag aus der Küche. Das sind für die beiden Pächter Andi und Chris die schönsten Tage, denn dann muss alles funktionieren und das Team zusammenarbeiten. Nur weil die beiden die Ruhe in sich haben, immer gut gelaunt sind und ihren Gästen gemütliche Erholung bieten abseits des Pistenlärms, gelingt das erfolgreich.

Außerdem haben sich die beiden jungen Pächter auch technisch bestens ausgestattet, als sie die Hütte übernahmen. So sorgt ein webbasiertes Kassensystem für perfekte Abläufe. Die insgesamt 15 Mitarbeiter in Küche und Service werden ausführlich angelernt, sodass von der Bestellung bis zum Servieren ausschließlich über das System kommuniziert wird. Das spart Zeit und reduziert Fehler. Und jeder Gast bekommt das, was er sich wünscht.

Die Familie packt mit an

Küche, Service, Logistik, Buchungsanfragen, Verwaltung, Buchhaltung – Andi und Chris haben viele Dinge zu managen. Andi genießt seine Arbeit in der Küche, während Chris sich vor allem um die Logistik und Verwaltung kümmert. Dennoch sind sie dankbar, dass ihre beiden Frauen, die hauptberuflich im Tal beschäftigt sind, große Teile der Buchhaltung übernehmen. Denn dafür bleibt im Hüttenleben wenig Zeit.

Für das Privatleben allerdings ebenso wenig. Während die Mitarbeiter der beiden Brüder die Saison komplett auf der Hütte verbringen, wechseln Andi und Chris sich mit der Übernachtung in den separaten Zimmern für das Personal ab. Und im Sommer gehen sie ihren Berufen im Tal nach. So arbeitet Andi als Metzger in der Metzgerei, die ihm im Winter das nötige Bio-Fleisch für seine Burger und sonstigen Rezepte liefert.

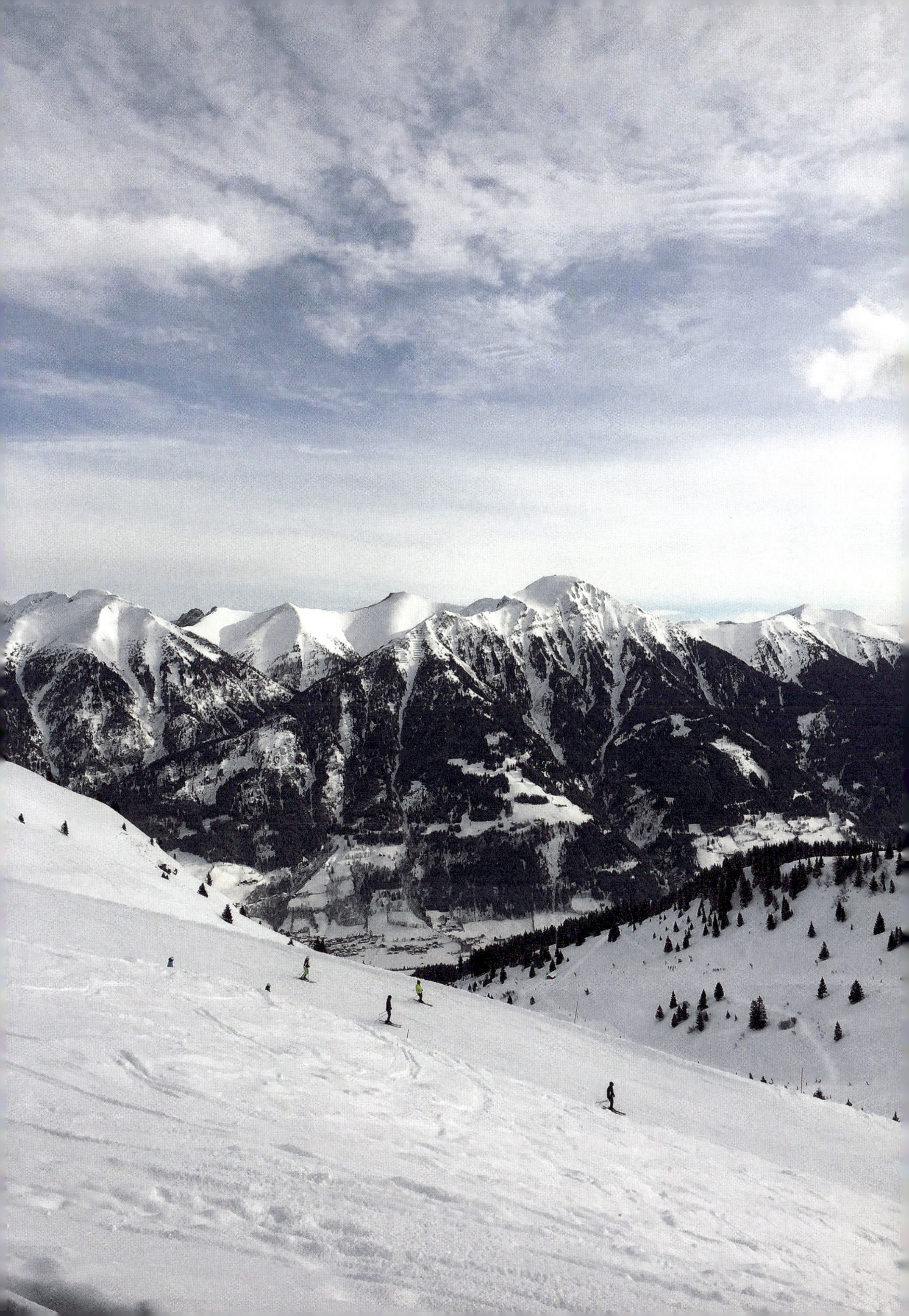

Alm-Bacon-Cheeseburger aus Bio-Rind mit Zwiebeln, Tomaten, Gurken und Salat

Andis Originalrezept aus den USA

ZUTATEN FÜR 4 BURGER • ZUBEREITUNGSZEIT: 40 MINUTEN

Für die Sauce
Ketchup
Mayonnaise
Tabasco
Petersilie
Schnittlauch
Salz
frisch gemahlener schwarzer Pfeffer

Für die Burger
1 Tomate
4 Blätter Eisbergsalat
1 Zwiebel
2 Essiggurken
8 Scheiben Schinkenspeck
4 Semmeln nach Wahl
640 g Bio-Rinderhack
Öl zum Anbraten
4 Scheiben Bergkäse

Für die Sauce alle Zutaten miteinander vermischen. In einer gut verschließbaren Schüssel ist die Sauce im Kühlschrank ein paar Tage haltbar.

Die Tomate waschen, halbieren, vom Stielansatz befreien und in dicke Scheiben schneiden. Die Salatblätter waschen und trocken tupfen. Die Zwiebel abziehen und in dünne Ringe schneiden. Die Essiggurken in Scheiben schneiden. Den Schinkenspeck in einer Pfanne ohne Fettzugabe erhitzen und darin kross braten.

Die Semmeln aufschneiden und kurz antoasten oder im Backofen bei 200 °C Ober- und Unterhitze ein paar Minuten rösten.

Aus dem Hackfleisch mit den Händen vier flache Patties formen. In einer großen Pfanne das Öl bei mittlerer Temperatur erhitzen und die Patties von jeder Seite 3–4 Minuten anbraten. Kurz vor Ende der Garzeit je eine Käsescheibe auf die Patties legen und aus der Pfanne nehmen.

Die Sauce auf die Schnittflächen der Semmeln streichen. Auf die unteren Hälften je ein Pattie legen. Dann Tomaten-, Zwiebel- und Essiggurkenscheiben daraufschichten, Salatblätter draufgeben und ein wenig mehr Sauce darübergeben. Die oberen Semmelhälften auf die Burger legen und mit einem Spieß befestigen. Dazu passen Pommes frites und ein kühles Bier.

TIPP

Die genauen Mengenangaben für die Burgersauce wollte Andi nicht verraten. Probieren Sie einfach Ihre eigene Mischung aus!

SCHÖN ZU WISSEN

Andi hat das Burger-Rezept aus den USA. Dort ist es Tradition, dass die Patties aus purem Rindfleisch hergestellt werden. Nur ohne Zusatz von Salz, Pfeffer oder Semmelbröseln erhält es seinen reinen Geschmack. Er schwört auf das Bio-Rind seiner Metzgerei im Ort, in der er in den Sommermonaten selbst das Hackfleisch herstellt.

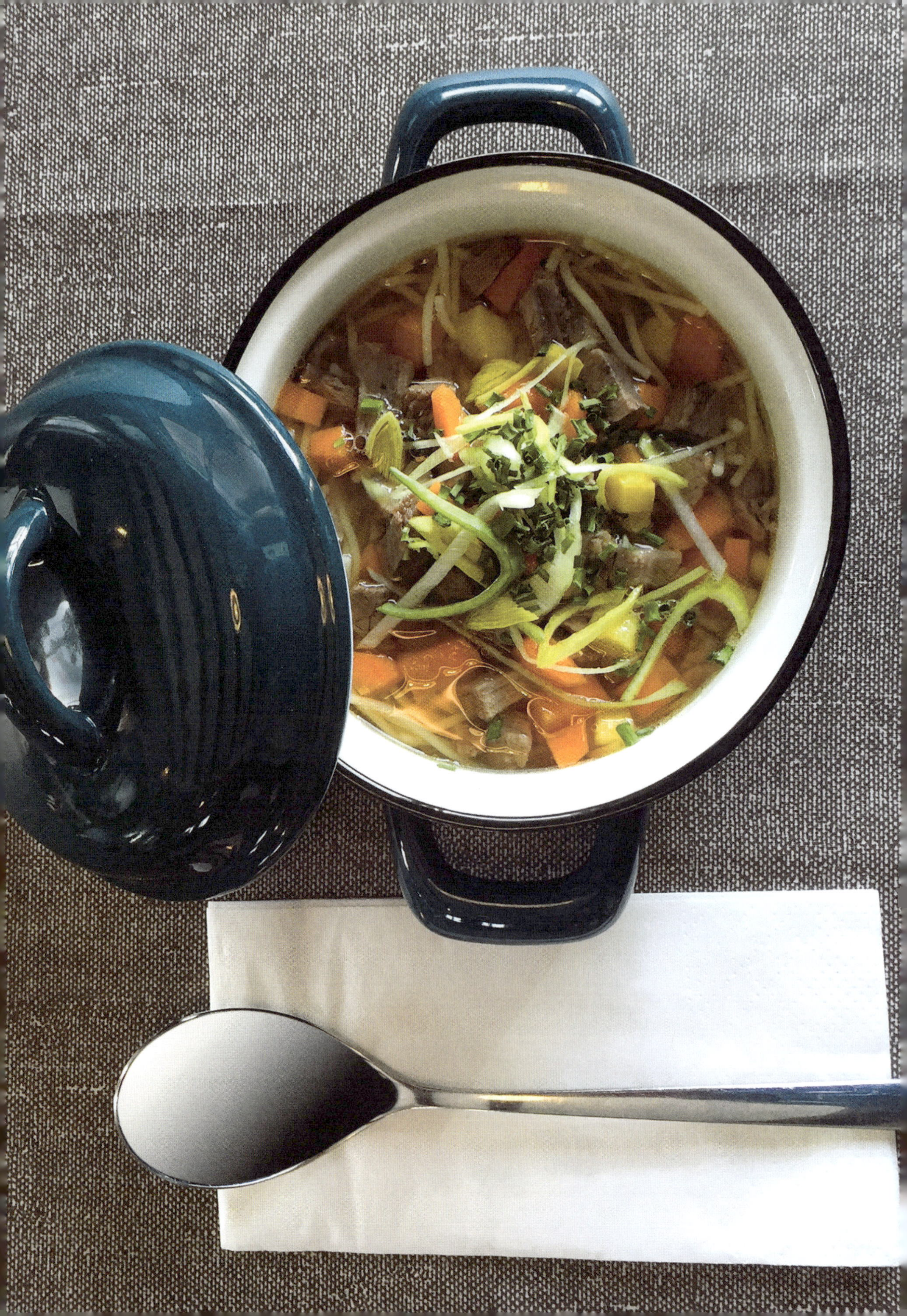

Suppentopf mit Rindfleisch, Nudeln und Gemüse

Wärmend und nahrhaft an kalten Tagen

ZUTATEN FÜR 4 PERSONEN • ZUBEREITUNGSZEIT: 20 MINUTEN PLUS 1½ STUNDEN KOCHEN

1 Karotte
1 gelbe Rübe (gelbe Karotte)
¼ Knolle Sellerie
¼ Stange Lauch
½ Zwiebel
Salz
400 g Bio-Rindfleisch (Siedfleisch von der Schulter oder vom Bein)
2 Lorbeerblätter
einige schwarze Pfefferkörner
frisch gemahlener schwarzer Pfeffer
100 g Suppennudeln
Schnittlauchröllchen zum Garnieren

Die Karotte, die gelbe Rübe, die Sellerieknolle schälen (Schalen beiseitelegen). Den Lauch putzen, die äußerste Schicht entfernen (ebenfalls beiseitelegen) und die Zwiebel abziehen (Schalen beiseitelegen). Alles klein würfeln.

Salzwasser in einem großen Topf zum Kochen bringen. Das Siedfleisch im Ganzen mit den Gemüseschalen, den Lorbeerblättern und den Pfefferkörnern zugeben und etwa 1½ Stunden köcheln lassen, bis das Fleisch gar ist. Das Fleisch aus der Brühe nehmen und würfeln. Die Brühe abseihen, mit Salz und Pfeffer abschmecken und warm halten.

In einem kleineren Topf Wasser aufkochen, die Gemüsewürfel darin 2–3 Minuten kochen und unter kaltem Wasser abschrecken, damit sie ihre Farbe behalten.

Suppennudeln im selben Kochwasser in etwa 6 Minuten (oder nach Packungsanweisung) gar kochen. Fleisch, Nudeln und Gemüse in den Topf mit der Brühe geben und mit Schnittlauch garniert sehr heiß servieren.

SCHÖN ZU WISSEN

Die Österreicher unterscheiden Karotten und gelbe Rüben, während in Deutschland beides oft gleichgesetzt wird. In Österreich ist die gelbe Rübe im Unterschied zur Karotte gelblicher und geschmacklich eine Mischung aus Karotte und Pastinake.

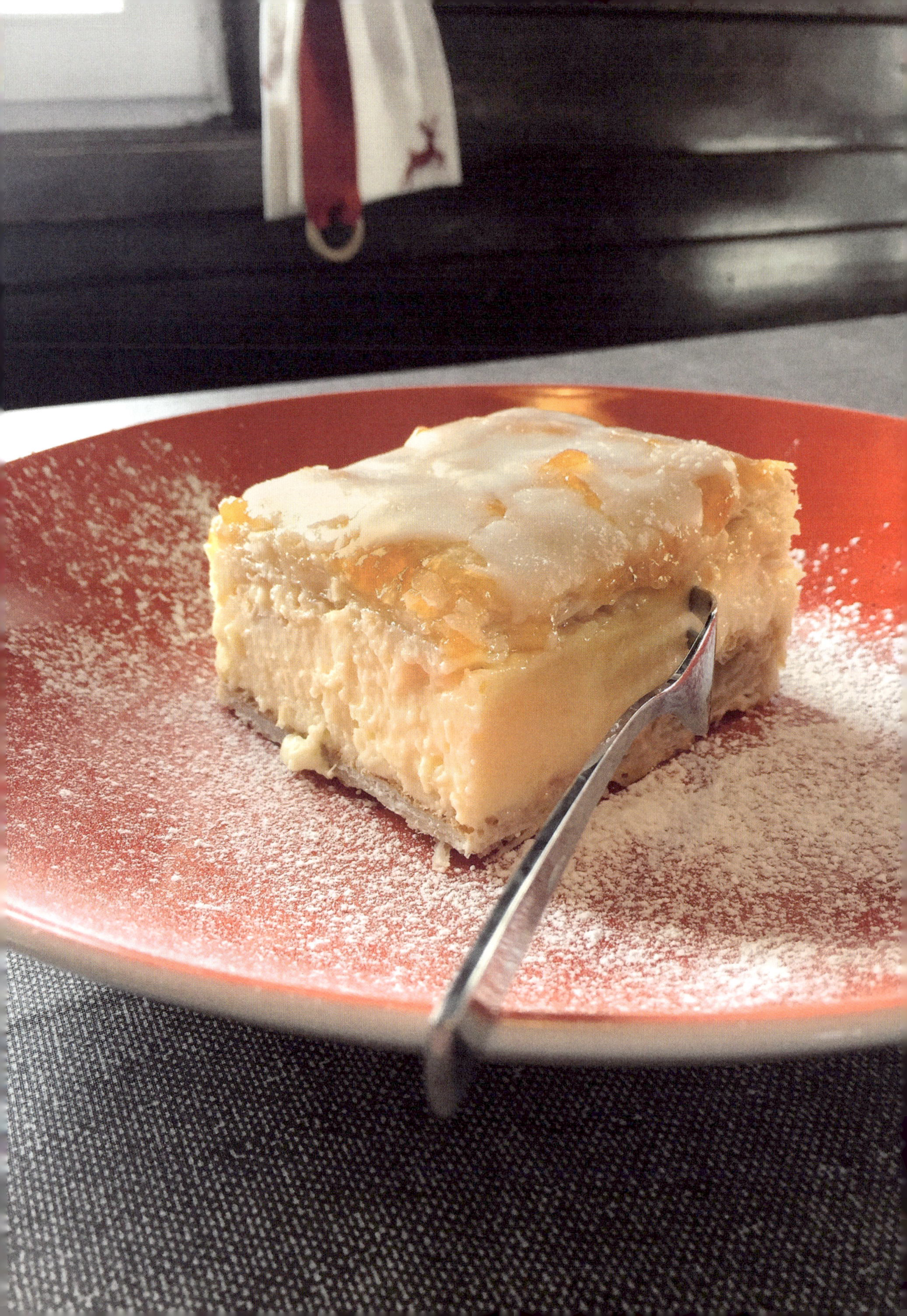

Karins Cremeschnitte

Leicht. Schnell. Lecker.

ZUTATEN FÜR EIN BLECH
ZUBEREITUNGSZEIT: 45 MINUTEN PLUS 15 MINUTEN BACKEN UND 2 STUNDEN KÜHLEN

Butter für die Bleche
2 Pck. Blätterteig (aus dem Kühlregal)
100 g Vanillepuddingpulver (zum Kaltanrühren)
1 l Milch
6 Blatt Gelatine
500 g süße Sahne
2 Pck. Vanillezucker
120 g Zucker
Marillenkonfitüre zum Bestreichen
1 Schuss Rum
50 g Puderzucker, plus mehr zum Bestauben

Den Backofen auf 240 °C Ober- und Unterhitze vorheizen. Zwei Backbleche gut einfetten. Den einen Blätterteig für den Boden auf einem Backblech ausrollen und einen hohen Rand formen. Den zweiten Blätterteig in zwölf Quadrate schneiden und auf dem anderen Blech verteilen. Beide Bleche für etwa 5 Minuten in den Backofen geben. Die Temperatur auf 160 °C reduzieren und weitere 10 Minuten backen, bis der Teig goldbraun ist. Herausnehmen und abkühlen lassen.

Für die Creme das Puddingpulver nach Packungsanweisung in die Milch einrühren. Die Gelatine in kaltem Wasser einweichen, gut ausdrücken und unter den Pudding rühren. Die Sahne mit dem Vanillezucker und dem Zucker steif schlagen und unter den Pudding heben. Die Puddingmasse auf den abgekühlten Boden geben und die Quadrate obenauf legen.

Die Marillenkonfitüre in einem kleinen Topf erwärmen und den Rum hineingeben. Die Quadrate damit bestreichen. Puderzucker in eine Schüssel geben und mit ein wenig Wasser vermischen. Den Zuckerguss auf dem Kuchen verteilen und diesen mindestens 2 Stunden im Kühlschrank kalt werden lassen.

Den Kuchen in Stücke schneiden, mit etwas Puderzucker bestauben und servieren.

TIPP

Selbstverständlich kann man auch jede andere Konfitüre verwenden. Je säuerlicher sie ist, desto besser passt sie zu der süßen Creme.

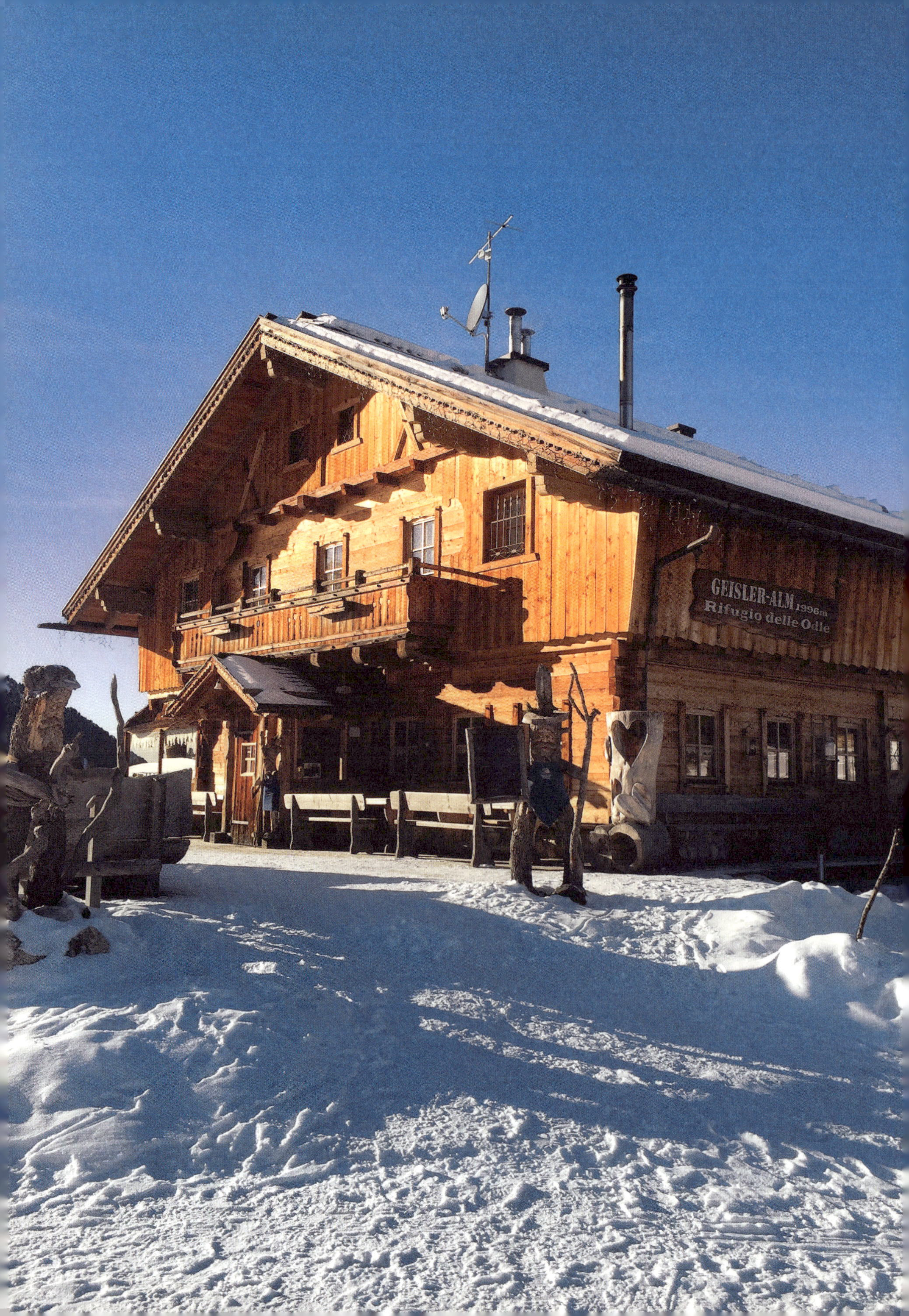
GEISLER-ALM 1996m
Rifugio delle Odle

Die Geisleralm im Villnößtal in Südtirol

ADRESSE
St. Johann 2, 39040 Villnöß, Italien
TELEFON
+39 333 7569029
E-MAIL
info@geisleralm.com
WEBSEITE
www.geisleralm.com
DAV-HÜTTE
nein
ÖFFNUNGSZEITEN
Sommersaison: Mitte Mai bis Anfang November (Montag Ruhetag, Juli und August durchgehend geöffnet); Wintersaison: 26. Dezember bis Mitte März (Dienstag und Mittwoch Ruhetag, Silvester und Fasching durchgehend geöffnet)
ÜBERNACHTUNGSMÖGLICHKEIT
nein
HÖHENMETER
1996 m
HÜTTENWIRTE
Gerhard und Laura Runggatscher
SPEZIALITÄTEN
Geisler Spitzenküche

So kommt man zur Geisleralm

Sowohl im Sommer als auch im Winter ist das Gebiet ein Eldorado für Wanderer, Bergsteiger, Schneeschuhwanderer, Skitourengeher und Rodler. Zahlreiche Wege führen zur Hütte:

- Der wohl spektakulärste Weg startet am gebührenpflichtigen Parkplatz der Zanser Alm. Es geht rechts weg über die Brücke, kurz dahinter nach links zum Adolf-Munkel-Weg, dem Sie 1½ Stunden bis zur Abzweigung Geisleralm folgen – von hier sind es noch 15 Minuten.
- Der zweite Weg vom Parkplatz der Zanser Alm ist im Sommer prima geeignet für Kinderwagentouren. Es geht auch hier rechts über die Brücke und dann erst leicht bergab. Der Forststraße folgend, orientiert man sich an den Beschilderungen zur Geisleralm. In knapp 1½ Stunden erreicht man so die Alm. Der Weg ist gleichzeitig eine Rodelbahn.
- In 2 Stunden erreicht man die Alm vom Parkplatz Ranui aus. Man folgt dem Weg 29 Richtung Adolf-Munkel-Weg. Bei der Kreuzung zum Adolf-Munkel-Weg geht es links ab zur Gschnagenhardt-Wiese, die man überquert. Etwas unterhalb der gleichnamigen Alm liegt die Geisleralm.
- Auch vom Parkplatz Ranui gibt es einen Weg, der für Kinderwagen geeignet ist. Einfach den Beschilderungen Geisleralm über die unbefahrene Forststraße folgen. Man gelangt in etwa 2 Stunden zur Hütte.
- Vom Nachbartal Gröden geht es in 3 Stunden auf die Geisleralm. Mit der Standseilbahn, die mit der Gästekarte Dolomitenmobilcard kostenlos ist, gelangt man auf die Raschötz-Alm. Von hier geht es auf dem Höhenweg 35 über die Brogleshütte zur Geisleralm.

Ein bescheidener Spitzenkoch

Im Villnößtal in Südtirol hat der sanfte Tourismus noch seine ursprüngliche Bedeutung. Weit ab vom Skitourismus im Winter und mit einem wunderbaren Wanderwegenetz im Sommer ruft es alle Gäste, die in der Ruhe der Natur neue Kraft tanken wollen. Die Geisleralm begrüßt sie mit kulinarischen Kreationen, die Hüttenwirt und Chefkoch Gerhard Runggatscher mit viel Liebe und Leidenschaft zubereitet.

Ein Ort zum Entspannen und Genießen

Nach dem Anstieg auf die Geisleralm lässt die Aussicht alle körperlichen Anstrengungen vergessen. Der Blick auf die Geisler-Spitzen im Naturpark Puez-Geisler ist atemberaubend – im Sommer wie im Winter. Der große Außenbereich mit Spielplatz und einer Lounge lädt zum Verweilen ein. Und im Geislerkino kann man das spektakuläre Panorama so lange auf sich wirken lassen, bis die Entspannung vollends einkehrt ist.

Die Alm ist gemeinsam mit dem im Tal liegenden Hof schon seit zehn Generationen und über 260 Jahren im Besitz der Familie Runggatscher. Bis vor 30 Jahren war die Alm noch nicht bewirtschaftet, sondern diente lediglich als Sommerstall für die auf den Weiden verweilenden Kühe. 1988 öffnete Gerhard die Hütte für Wanderer, Mountainbiker, Schneeschuhgeher und alle Gäste, die hier oben die Natur erleben wollten. Er kümmerte sich fortan um die Hütte und überließ dem Vater den landwirtschaftlichen Betrieb auf dem Hof. Mit 82 Jahren kümmert dieser sich bis heute um die 17 Milchkühe und das Jungvieh. Eine Aufteilung, die gut funktioniert. Mit den vier Töchtern leben auf dem Hof insgesamt also drei Generationen zusammen und jeder weiß, was er zu tun hat. Es zeichnet sich schon ab, dass die älteste Tochter Interesse an der Arbeit ihrer Eltern auf der Alm hat – so packt sie gerade in der Küche tatkräftig mit an, wann immer es geht.

Gerhard – der Mann hat kulinarische Finesse

Sein Händchen für die Küche hat Gerhard von seiner Mutter geerbt, davon ist er überzeugt. Auf dem Hof interessierte er sich schon früh für ihre Kochkünste. Viel Übung, Kreativität und einige Fortbildungen brachten ihn zu dem, was er heute ist: Ein bescheidener, kreativer Koch aus Leidenschaft, dem man unverhofft auf 2000 Metern Höhe begegnet. Seine Lust am Ausprobieren ist die Basis für eine häufig wechselnde Speisekarte. Und bei Gruppenevents oder auch Hochzeiten ist klar, dass Gerhard sich rundum besondere Spezialitäten einfallen lässt. Dabei achtet er wie alle Hüttenwirte auf regionale und saisonale Zutaten. Und was der Hof abgibt, findet sich selbstverständlich auch in seinen Gerichten wieder.

Der Ranuihof

Der Ranuihof in St. Magdalena ist ehemaliger Jagdsitz aus dem 12. Jahrhundert. Die Familie Runggatscher kümmert sich seit zehn Generationen um den Hof. Gerhards Vater bestellt die Landwirtschaft, seine Mutter pflegt das Haus und die Gästezimmer. Fünf Doppelzimmer laden zu einem ruhigen, besinnlichen Urlaub auf dem Land ein. Highlight ist sicher das bis heute erhaltene historische Gemäuer. Die kleine Kapelle St. Johann auf dem Grund ist sogar Teil des UNESCO-Weltkulturerbes. Mit besonderen Angeboten wie dem Mondscheinrodeln von der Geisleralm direkt bis hinunter zum Hof laden die Runggatschers ihre Gäste zu besonderen Attraktionen ein.

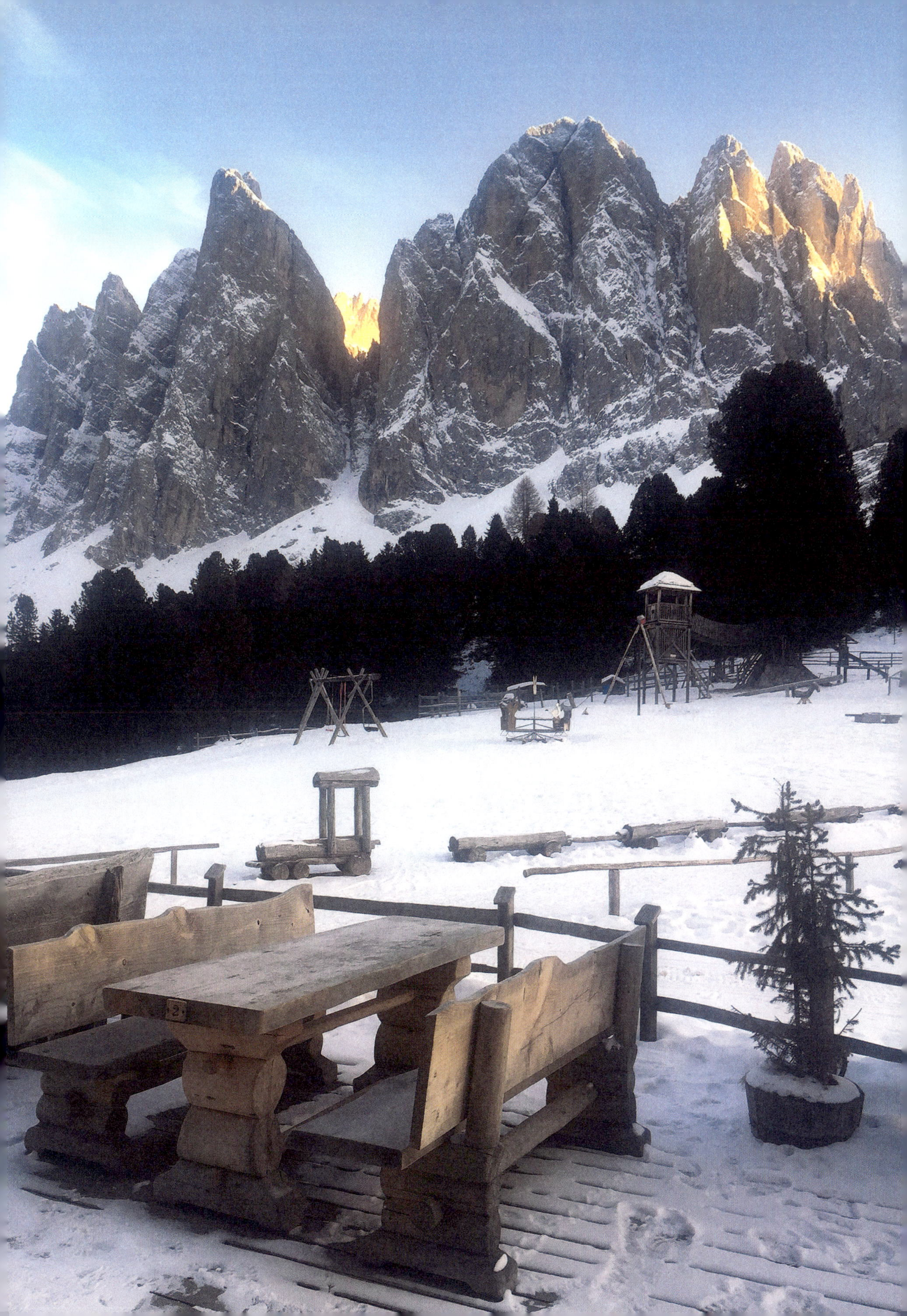

Kartoffelteigtaschen mit Gemüsefüllung, Parmesan und Kräuterbutter

Das vegetarische Highlight

ZUTATEN FÜR 4–6 PERSONEN
ZUBEREITUNGSZEIT: 30 MINUTEN PLUS ETWA 30 MINUTEN KOCHEN PLUS KÜHLEN

Für den Teig
400 g Kartoffeln
Salz
2 Eigelb
1 EL weiche Butter
140 g Weizenmehl (Type 405), plus mehr zum Arbeiten
frisch gemahlener schwarzer Pfeffer
etwas frisch geriebene Muskatnuss

Für die Füllung
½ Karotte, geschält
½ Zucchini, geputzt
½ Stange Lauch, geputzt
¼ Knolle Sellerie, geschält
½ Knolle Fenchel, geputzt
½ Zwiebel, abgezogen
½ Knoblauchzehe, abgezogen
etwas Olivenöl zum Anbraten
etwas süße Sahne
Salz
frisch geriebener schwarzer Pfeffer
etwas getrockneter Majoran

Außerdem
etwas Kräuterbutter, geschmolzen
etwas Parmesan, gerieben
1–2 Tomaten, gehackt (nach Belieben)

Für den Teig die Kartoffeln mit Schale in reichlich Salzwasser kochen, abseihen und abkühlen lassen. Anschließend pellen und in einer Schüssel gut zerstampfen oder durch eine Kartoffelpresse geben. Mit dem Eigelb, der Butter und dem Mehl vermengen. Den Kartoffelteig mit Salz, Pfeffer und Muskatnuss abschmecken, in Frischhaltefolie wickeln und kalt stellen.

Für die Füllung das Gemüse fein würfeln. Die Zwiebel fein hacken und den Knoblauch durchpressen. Etwas Olivenöl in einer Pfanne erhitzen und Zwiebel sowie Knoblauch darin glasig anschwitzen. Das Gemüse zugeben und alles einige Minuten garen. Mit wenig Sahne ablöschen und mit Salz, Pfeffer und Majoran abschmecken. Abkühlen lassen.

Den Kartoffelteig aus dem Kühlschrank nehmen und auf der bemehlten Arbeitsfläche dünn ausrollen. Runde Kreise ausstechen und jeweils etwas Füllung daraufgeben. Halbmondförmig zusammenklappen und an den Rändern gut mit den Händen oder einer Gabel festdrücken.

In einem Topf reichlich Salzwasser zum Kochen bringen und die Teigtaschen darin etwa 4 Minuten garen. Die Teigtaschen auf Tellern anrichten, mit flüssiger Kräuterbutter begießen und mit Parmesan bestreut servieren. Nach Belieben mit frisch gehackten Tomaten bestreuen.

TIPPS

- Den Teig kann man gut zu Kartoffelnocken verarbeiten.
- Die Teigtaschen können auch mit anderen Zutaten gefüllt werden, zum Beispiel mit Pilzen, Sauerkraut, Spinat oder Wildragout.
- Das typische Südtiroler Schüttelbrot passt wunderbar zu den Taschen.

SCHÖN ZU WISSEN

Dieses Gericht bietet Gerhard nur in der Wintersaison an, da er die frische Zubereitung garantiert. Das ist in der Sommersaison zeitlich nicht immer zu organisieren. Aber auf Anfrage macht er alles möglich.

Schlutzer mit Spinatfüllung an Tomaten-Paprika-Creme

Eine Südtiroler Spezialität – raffiniert ergänzt

ZUTATEN FÜR 4 PERSONEN • ZUBEREITUNGSZEIT: 1½ STUNDEN PLUS 4 MINUTEN KOCHEN

Für den Teig
150 g Roggenmehl (Type 815)
100 g Weizenmehl (Type 405), plus mehr zum Arbeiten
1 Prise Salz
1 Ei
1 EL Olivenöl

Für die Füllung
1 Zwiebel, abgezogen
1 Knoblauchzehe, abgezogen
1 EL Butter
300 g Spinat, gewaschen
100 g Topfen (Quark)
1 EL geriebener Parmesan
1 EL Schnittlauchröllchen
etwas frisch geriebene Muskatnuss
Salz
frisch gemahlener schwarzer Pfeffer

Für die Espuma
1 Blatt Gelatine
100 g süße Sahne
1 EL fein gehackte gemischte Kräuter
Salz
frisch geriebener schwarzer Pfeffer

Außerdem
etwas Butter, geschmolzen
etwas Parmesan, gerieben
1 Tomate, gehackt (nach Belieben)

Für den Teig das gesamte Mehl mit dem Salz in einer großen Schüssel vermischen. Das Ei mit 50–60 ml lauwarmem Wasser und dem Öl verquirlen und zum Mehl geben. Alles mit den Knethaken des Handrührgeräts zu einem glatten Teig verarbeiten und mit den Händen abschließend durchkneten. Den Teig zugedeckt etwa 30 Minuten ruhen lassen.

In der Zwischenzeit für die Füllung Zwiebel und Knoblauch klein schneiden und in einer Pfanne in der Butter anschwitzen. Den Spinat zugeben und zerfallen lassen, anschließend vom Herd nehmen und abkühlen lassen. In einer Schüssel mit dem Topfen und dem Parmesan vermischen, mit Muskatnuss, Salz und Pfeffer abschmecken.

Für die Espuma die Gelatine in kaltem Wasser einweichen. Dann in einem kleinen Topf bei geringer Temperatur schmelzen lassen und in einer Schüssel mit den übrigen Zutaten vermischen. Die Mischung in eine Espumaflasche füllen, eine Gaskapsel einlegen und die Flasche kalt stellen. Kurz vor dem Servieren eine zweite Gaskapsel einlegen.

Den Teig ganz flach auf der leicht bemehlten Arbeitsfläche oder mit einer Nudelmaschine dünn ausrollen. Runde Kreise ausstechen und mit etwas Wasser bepinseln. Jeweils etwas Füllung daraufgeben und halbmondförmig zusammenklappen. Den Rand gut mit den Fingern oder einer Gabel festdrücken.

In einem Topf reichlich Salzwasser zum Kochen bringen und die Teigtaschen darin etwa 4 Minuten garen. Die Schlutzer auf Tellern anrichten. Mit zerlassener

Butter begießen, mit Parmesan bestreuen und mit der Kräuter-Espuma servieren. Nach Belieben mit frisch gehackten Tomaten bestreuen.

SCHÖN ZU WISSEN

Diese Kreation macht Gerhard gern auf Bestellung oder in einem Menü. Sprechen Sie ihn einfach an, dann kreiert er Ihnen die Schlutzer auch mit der Füllung Ihrer Wahl.

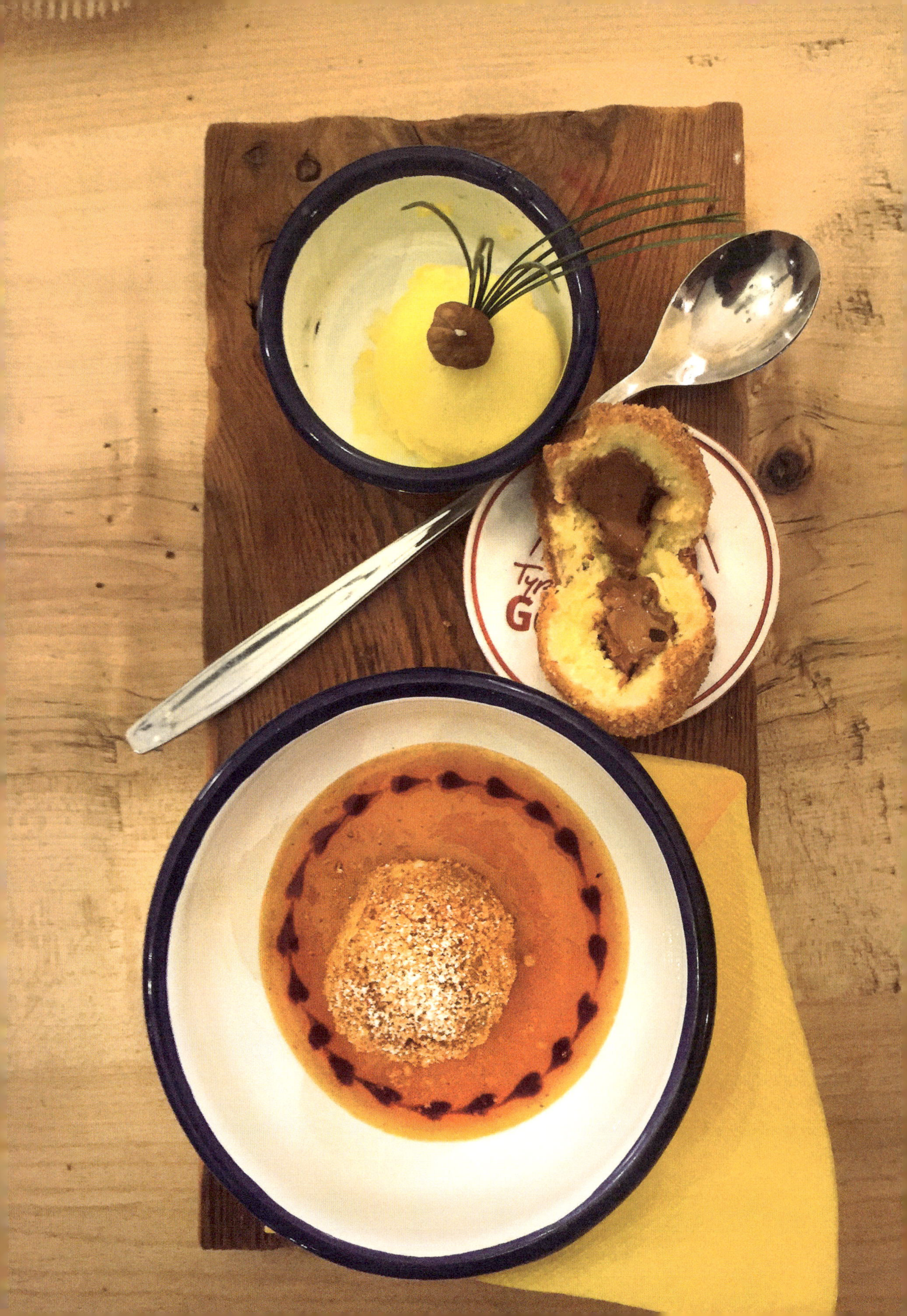

Topfenknödel mit Nougatfüllung und Vanilleeis

Fluffiges Arrangement aus Südtirol

ZUTATEN FÜR 4 PERSONEN • ZUBEREITUNGSZEIT: 30 MINUTEN PLUS 20 MINUTEN KÜHLEN

100 g weiche Butter
50 g Puderzucker
½ Pck. Vanillezucker
etwas Abrieb von 1 unbehandelten Zitrone
2 Eigelb
250 g Topfen (Quark)
175 g Weizenmehl (Type 405)
etwa 100 g Nougat, in Würfel geschnitten
Salz
etwas Butter zum Anbraten
3 EL Semmelbrösel
etwas gemahlener Zimt
500 ml Vanilleeis

In einer Schüssel Butter mit Puderzucker, Vanillezucker und Zitronenabrieb schaumig rühren. Das Eigelb nach und nach unterrühren. Den Topfen und zum Schluss das Mehl unterrühren. Den Teig für etwa 20 Minuten kalt stellen.

Aus dem Teig kleine Knödel formen. In jeden Knödel ein kleines Stück Nougat einschlagen, sodass es gut umschlossen ist. In einem Topf reichlich Salzwasser zum Kochen bringen. Die Knödel darin etwa 10 Minuten köcheln lassen.

In der Zwischenzeit in einer Pfanne etwas Butter erhitzen und die Semmelbrösel darin rösten. Mit Zimt abschmecken.

Die fertigen Knödel aus dem Wasser heben und in den Semmelbröseln wenden. Warm zum Vanilleeis servieren.

SCHÖN ZU WISSEN

Auf der Geisleralm macht man von fast jedem Knödelrezept mindestens die fünffache Menge. Die ungekochten Knödel kann man portionsweise auch gut einfrieren und dann nach Bedarf kochen und frisch servieren.

So kommt man auf die Edelweisshütte
Von Colfosco (Kolfuschg) aus geht es im Sommer zu Fuß in ½ Stunde auf dem breiten Wanderweg 4 gemütlich durch das Edelweißtal bergauf. Im Winter kann man mit der Colfosco-Bergbahn in wenigen Minuten hochfahren. Dann geht es nach rechts und parallel zur Skipiste etwa 200 Meter auf einem geräumten Wanderweg hinab zur Hütte.

Eine Hütte für Genießer und Wanderer
Dies ist bei Weitem nicht nur eine Après-Ski-Hütte: In der Edelweisshütte am Fuße des Sassonghers (2665 Meter) und des Sass da Ciampac (2667 Meter) versteckt sich eine Stube, in der wahre Köstlichkeiten kredenzt werden. Ob à la carte oder bei Events – der Koch und Hüttenwirt Alois Kostner kreiert für sein Leben gern.

Paul Kostner, Skilehrer und Bergführer, erfüllte sich im Jahre 1966 mit dem Bau der Edelweisshütte einen Traum. Es sollte ein Ort sein, an dem er im Sommer Wanderer willkommen heißen und im Winter für spektakuläre Après-Ski-Abende sorgen konnte. Die Philosophie der Hütte: Hier kommt jeder auf seine Kosten. Und zwar sowohl die Zwischenstopp-Wanderer und -Skifahrer als auch die Genießer.

So gab es von Beginn an einen Bereich für den Selfservice, wo schnelle Gerichte wie Suppen, Pizza, Pommes und Lasagne angeboten werden. In der Stüa hingegen wartet auf den Gast mit etwas mehr Zeit eine exquisite Küche aus Zutaten, die täglich frisch auf diese Höhe transportiert werden.

Die Edelweisshütte in Alta Badia in Südtirol

ADRESSE
Via Altonn 18, 39030 Colfosco, Italien
TELEFON
+39 0471 836024
E-MAIL
rif.edelweiss@hotmail.it
WEBSEITE
www.rifugioedelweiss.it
DAV-HÜTTE
nein
ÖFFNUNGSZEITEN
tägl. 9:00-22:00
(Mitte April bis Ende Mai geschlossen)
ÜBERNACHTUNGSMÖGLICHKEIT
20 Lager (nur im Sommer)
HÖHENMETER
1832 m
HÜTTENWIRTE
Maria und Alois Kostner
SPEZIALITÄTEN
Gourmetrestaurant La Stüa

Paul Kostner schuf mit der Hütte gleichzeitig ein Haus, in dem sich seine Familie wohlfühlt. Heute lebt hier Maria mit ihrem Sohn Alois. Maria hat den Hüttenalltag fest im Griff und freut sich über den florierenden Erfolg ihrer Wirtschaften. Die quirlige Südtirolerin wird die Hütte irgendwann ihrem Sohn übergeben – doch noch ist es nicht so weit.

Auch Gäste können hier übernachten. Im Sommer hält Maria 20 Lagerplätze bereit und freut sich über Wanderer und Feierlustige, die nach einem zünftigen Hüttenabend die Nacht auf knapp 2000 Metern Höhe verbringen möchten.

Gourmetküche à la Gigio

Marias Sohn Alois, von allen Gigio genannt, ist ein begnadeter Koch, schon mit seinen jungen Jahren. Beim Erzählen von seinen Gerichten leuchten seine Augen. Die von mir ausgewählten Rezepte für dieses Buch rattert er blitzschnell und auf vier Personen optimiert herunter, dass klar wird, mit welcher Routine und Leidenschaft er hinter allem steckt, was in der Küche passiert. Über das Stüa hinaus kümmert er sich um sechs Köche, die in zwei Küchen alle Gäste der Hütte bedienen. Die Aufteilung der beiden Küchen in Selfservice und Restaurant funktioniert. Und wenn besondere Feiern, insbesondere Hochzeiten, stattfinden, dann freut er sich. Denn dann kann er seiner Kreativität freien Lauf lassen.

Kastaniencremesuppe mit Jakobsmuscheln und schwarzer Trüffel

Crema alle castagne con capesante e tartufo nero

ZUTATEN FÜR 4 PERSONEN
ZUBEREITUNGSZEIT: 25 MINUTEN PLUS 2 STUNDEN KOCHEN PLUS KÜHLEN

Salz
1 Prise Zucker
500 g Esskastanien
100 g Butter
1 l Gemüsebrühe
30 g Marzipan
150 g süße Sahne
1 EL Trüffelöl
frisch gemahlener schwarzer Pfeffer
8 Jakobsmuscheln (küchenfertig)
10 g frische schwarze Trüffel, hauchdünn gehobelt, plus mehr zum Garnieren
etwas Olivenöl zum Braten
1 Zweig Thymian

In einem Topf reichlich Salzwasser mit dem Zucker aufkochen, die Kastanien darin mit der Schale 1½ Stunden kochen. Anschließend abgießen und abkühlen lassen. Dann halbieren und mit einem Teelöffel das weiche Innere herausschaben und in eine Schüssel geben.

Die Butter in einem Topf schmelzen und das Innere der Kastanien unterrühren. Mit der Brühe aufgießen, das Marzipan unterrühren und alles 30 Minuten köcheln lassen. Die Suppe mit dem Stabmixer fein pürieren und mit Sahne, Trüffelöl, Salz und Pfeffer abschmecken.

Die Jakobsmuscheln unter kaltem Wasser abspülen und trocken tupfen. Waagerecht halbieren, dabei jedoch nicht ganz durchschneiden, sodass sie an einer Seite noch zusammenhängen. Die Muscheln mit der Trüffel füllen.

In einer Pfanne etwas Öl erhitzen, den Thymian hineingeben und die Jakobsmuscheln darin einige Minuten von jeder Seite anbraten.

Die Suppe auf Teller verteilen, je zwei Muscheln darauf anrichten und mit einigen Trüffelhobeln garniert servieren.

SCHÖN ZU WISSEN

Kastanien sind kleiner als Maronen und haben eine rundere Herzform. Gigio schwört auf die kleinen ursprünglichen Kastanien, selbstverständlich kann man jedoch auch Maronen, eine Weiterzüchtung, verwenden.

Kürbisgnocchi mit Spinatcreme und Parmesanfondue

Gnocchi di zucca con crema di spinaci e fonduta al Parmigiano

ZUTATEN FÜR 4 PERSONEN • ZUBEREITUNGSZEIT: 1½ STUNDEN PLUS 40 MINUTEN BACKEN PLUS ÜBER NACHT ABTROPFEN

Für die Gnocchi
500 g Kürbis (etwa Violina)
2–3 Thymianzweige
1 Prise Rohrzucker
1 Knoblauchzehe, abgezogen
2 EL Olivenöl
6 Eigelb
300 g Weizenmehl (Type 405)
20 g Nussbutter
Salz
frisch gemahlener schwarzer Pfeffer

Für die Spinatcreme
1 kg Spinat
Salz
1 Schalotte
etwa 50 ml Olivenöl
etwa 1 EL süße Sahne
frisch gemahlener schwarzer Pfeffer
etwas frisch gemahlene Muskatnuss

Für das Parmesanfondue
20 g Butter
20 g Weizenmehl (Type 405)
200 g Parmesan, gerieben
100 g süße Sahne
etwas Abrieb von 1 unbehandelten Orange

Den Backofen auf 180 °C Umluft vorheizen. Den Kürbis putzen, schälen und in grobe Würfel schneiden. Diese in ein großes Stück Alufolie legen. Thymian, Zucker, Knoblauchzehe und Olivenöl darübergeben, alles fest einwickeln und im vorgeheizten Backofen 40 Minuten backen. Den Kürbis in eine Schüssel geben und mit dem Stabmixer fein pürieren. Die Masse in ein sauberes Küchentuch geben, eindrehen, dass nichts rauslaufen kann, und mit einem Gewicht (z. B. einem Topf) beschweren. Über Nacht über der Spüle abtropfen lassen, sodass die Masse ihre gesamte Flüssigkeit verliert.

Am nächsten Tag in eine Schüssel geben und mit Eigelb, Mehl und Butter vermengen. In einem großen Topf reichlich Salzwasser zum Kochen bringen. Aus der Masse Gnocchi formen und in kochendes Salzwasser geben. Wenn sie oben schwimmen, sind sie fertig (nach etwa 1 Minute). Dann abseihen und warm beiseitestellen.

Für die Spinatcreme den Spinat waschen. In einem Topf Salzwasser zum Kochen bringen und den Spinat darin kurz blanchieren. In Eiswasser abschrecken und gut ausdrücken. Die Schalotte abziehen und würfeln. Das Olivenöl in einer Pfanne erhitzen und die Schalotte darin anschwitzen, den Spinat hinzugeben und alles in einem Mixer pürieren. Nach Bedarf etwas Wasser oder Öl hinzufügen, damit die Konsistenz schön cremig wird. Mit Sahne, Pfeffer und Muskatnuss abschmecken.

Für das Fondue Butter und Mehl in einem Topf erhitzen, dabei mit einem Schneebesen verrühren. Die Sahne zugeben und 10 Minuten köcheln lassen. Den Topf vom Herd nehmen, den Parmesan einrühren und das Ganze mit Orangenabrieb abschmecken. Die Gnocchi auf der Spinatcreme und dem Parmesanfondue anrichten.

Latschenkieferrisotto mit Wachtelbrust in eigenem Jus

Risotto al pino mugo con petto di quaglia e la sua salsa

ZUTATEN FÜR 4 PERSONEN
ZUBEREITUNGSZEIT: 1½ STUNDEN PLUS 35 MINUTEN BACKEN UND 1½ STUNDEN KOCHEN

Für die Wachteln
8 Wachteln
1 Zwiebel, abgezogen
1 Karotte, geschält
1 Stange Sellerie, geputzt
etwas Olivenöl zum Anbraten
2 EL Tomatenmark
1 Schuss Weißwein
2½ l Gemüsebrühe
1 Lorbeerblatt
einige Pfefferkörner

Für das Risotto
Salz
50 g Petersilie
100 g Latschenkiefernnadeln
   (frisch oder als Pulver)
2 Schalotten, abgezogen
100 g Butter
etwas Knoblauchöl
280 g Carnaroli-Reis
1 Schuss Weißwein
150 ml Gemüsebrühe
70 g Parmesan, gerieben
frisch gemahlener schwarzer Pfeffer

Den Backofen auf 180 °C Ober- und Unterhitze vorheizen. Die Wachteln putzen, Brüste und Schenkel auslösen und beiseitelegen. Die Innereien entfernen. Die Knochen auf ein mit Backpapier ausgelegtes Backblech legen und im Ofen 20 Minuten rösten.

Zwiebel, Karotte und Sellerie klein würfeln. In einem Topf etwas Öl erhitzen und das Gemüse darin anschwitzen. Die Knochen und das Tomatenmark zugeben und etwas mitbraten. Dann mit Weißwein ablöschen, die Brühe und die Gewürze hinzufügen und 1½ Stunden köcheln lassen. Die Brühe durch ein feines Sieb passieren und bis auf ein Viertel einkochen. Dann warm beiseitestellen.

Für das Risotto in einem Topf etwas Salzwasser zum Kochen bringen und die Petersilie sowie die Latschenkiefernadeln darin kurz blanchieren und in Eiswasser abschrecken. Eine Schalotte würfeln. Etwas Butter und Öl in einem kleinen Topf erhitzen. Die Schalotte darin anschwitzen, Petersilie und Latschenkiefer hinzugeben und alles mit einem Stabmixer fein pürieren. Mit der restlichen Butter vermengen und kalt stellen.

Die zweite Schalotte würfeln. Etwas Öl in einem großen Topf erhitzen und den Reis sowie die Schalotte darin anrösten. Mit Weißwein ablöschen, nach und nach die Gemüsebrühe einrühren. Unter Rühren auf diese Weise 18 Minuten kochen lassen. Je mehr man rührt, desto cremiger wird das Risotto. Kurz vor Garende vom Herd nehmen, die Latschenkieferbutter und den Parmesan hinzugeben und mit Salz und Pfeffer verfeinern. Warm beiseitestellen.

Den Backofen auf 130 °C Ober- und Unterhitze vorheizen. Die Wachtelbrustfilets und die Schenkel in etwas Öl scharf anbraten. Die Schenkel für 10 Minuten, die Brustfilets für 4 Minuten in den Ofen geben.

Das Risotto auf Teller verteilen. Das Wachtelfleisch dekorativ darauf anrichten und etwas Wachtelbrühe darübergeben.

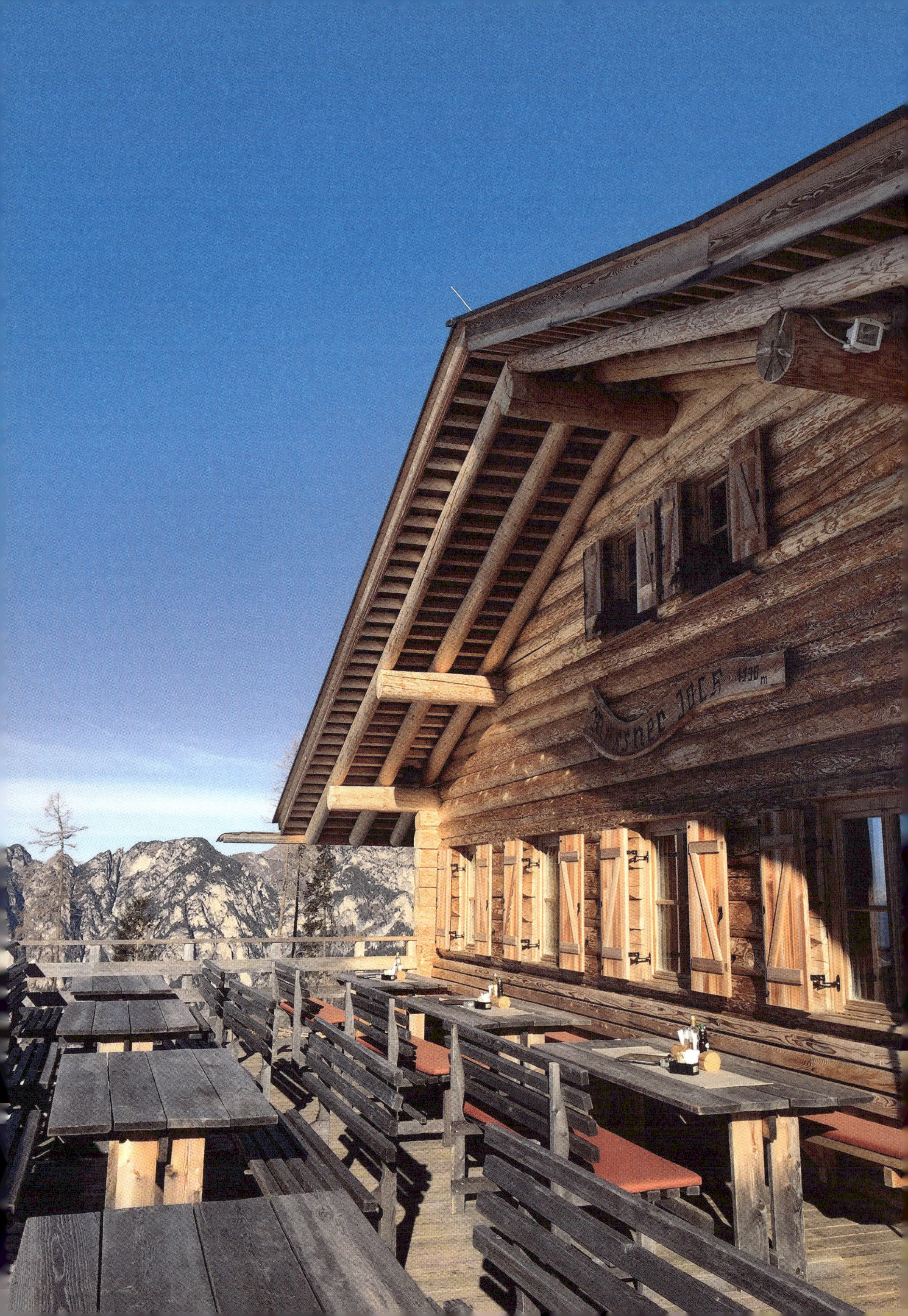
JOCH

Die Almhütte Messnerjoch im Rosengarten in Südtirol

ADRESSE
Nigerstr. 22, 39050 Tiers, Italien
MOBIL
+39 340 4734652
E-MAIL
info@messnerjoch.com
WEBSEITE
www.messnerjoch.com
DAV-HÜTTE
nein
ÖFFNUNGSZEITEN
Sommersaison: Mitte Mai bis Mitte Oktober, Wintersaison: 25.12. bis Ende März
ÜBERNACHTUNGSMÖGLICHKEIT
nein
HÖHENMETER
1930 m
HÜTTENWIRT
Matthias Damian
SPEZIALITÄTEN
typische Südtiroler Küche

So kommt man zur Almhütte Messnerjoch
Vom Parkplatz des Cyprianerhofs in Zyprian aus entweder über den Nigerpass in 2½ Stunden oder über die Plafötschalm, die Angelwiesen und Jochseite in 4 Stunden.

Alternativ geht es von der Frommeralm in Karersee 40 Minuten oder vom Gasthaus Jolanda in 45 Minuten hinauf.

Vom Karerpass wandert man den alten Tierser Weg entlang in 2 Stunden zur Hütte, oder vom Parkplatz des Hotels Rosengarten über die Frommeralm ebenfalls in 2 Stunden.

Im Skigebiet Carezza liegt die Hütte direkt an der Skipiste Laurin II.

Teil eines alten Familienbetriebs
Das Messnerjoch funktioniert so gut, weil die ganze Familie mit anpackt. Auf knapp 2000 Metern Höhe liegt sie auf den Messnerwiesen gleich an der schwarz-roten Piste des Carezza-Skigebiets. Die Hütte, das Land und der Messnerhof im Tal sind seit über 200 Jahren im Besitz der Familie Damian. Jede Generation hat hier ihre eigenen Aufgaben, die sich auf die Tiere, die Felder und nicht zuletzt die Gäste aufteilen.

Die ursprüngliche Hütte lag einige Höhenmeter weiter unten. 2011 entschied sich die Familie, die Hütte komplett neu zu bauen, und errichtete sie an aussichtsreicher Stelle an der Skipiste. Hütten- und Landwirt Matthias und seine Helfer machten dabei fast alles selbst. Das Holz stammt aus dem familieneigenen Wald, außen verwendeten sie Fichte, innen Lärche. Gemäß der alten Tradition echter Bauernhäuser hat die Hütte eine Stube aus reinem Zirbenholz, das ebenso aus den eigenen Wäldern kommt. Die technisch moderne Ausstattung erleichtert den Hüttenbetrieb.

Auf der Hütte helfen seine Mutter, seine Schwester und eine Angestellte bei den täglichen Arbeiten. Mutter Rosi und Schwester Miriam kochen, die junge Angestellte kümmert sich um den Service. In der Hochsaison unterstützen ihn weitere Aushilfen. So kann Matthias tagsüber immer wieder auch in den Wald und auf seine Weiden fahren, um dort Arbeiten zu erledigen. Morgens und abends ist er unten im Stall, um gemeinsam mit seinem Vater Anton die 20 Milchkühe zu versorgen. Neben der Milchwirtschaft gibt es auf dem Hof 30 Hühner, vier Schweine und einen großen Gemüsegarten. Während sich die Männer um die Tiere kümmern, pflegen Mutter Rosi und Ehefrau Edith den Garten und den großen Hof, der Gästen Urlaub auf dem Bauernhof ermöglicht.

Saisonal und immer frisch vom Hof
Mit der Milch, den Eiern, dem Speck und der Wurst sowie dem Gemüse und den Kartoffeln versorgt Familie Damian ihre Gäste. Saisonal und immer frisch verarbeiten Rosi und Miriam Ernte und Tierprodukte. Daraus entstehen tolle Rezepte in Südtiroler Tradition, die schon über viele Generationen weitergegeben werden.

Urlaub auf dem Messnerhof
Vier Ferienwohnungen für zwei bis sechs Personen vermietet die Familie Damian auf dem Hof. Edith, die Frau von Matthias, kümmert sich das ganze Jahr über um die Gäste. Mit den vielen Tieren und dem urtypischen Alltag auf dem Hof sind vor allem Familien mit Kindern jederzeit herzlich willkommen.

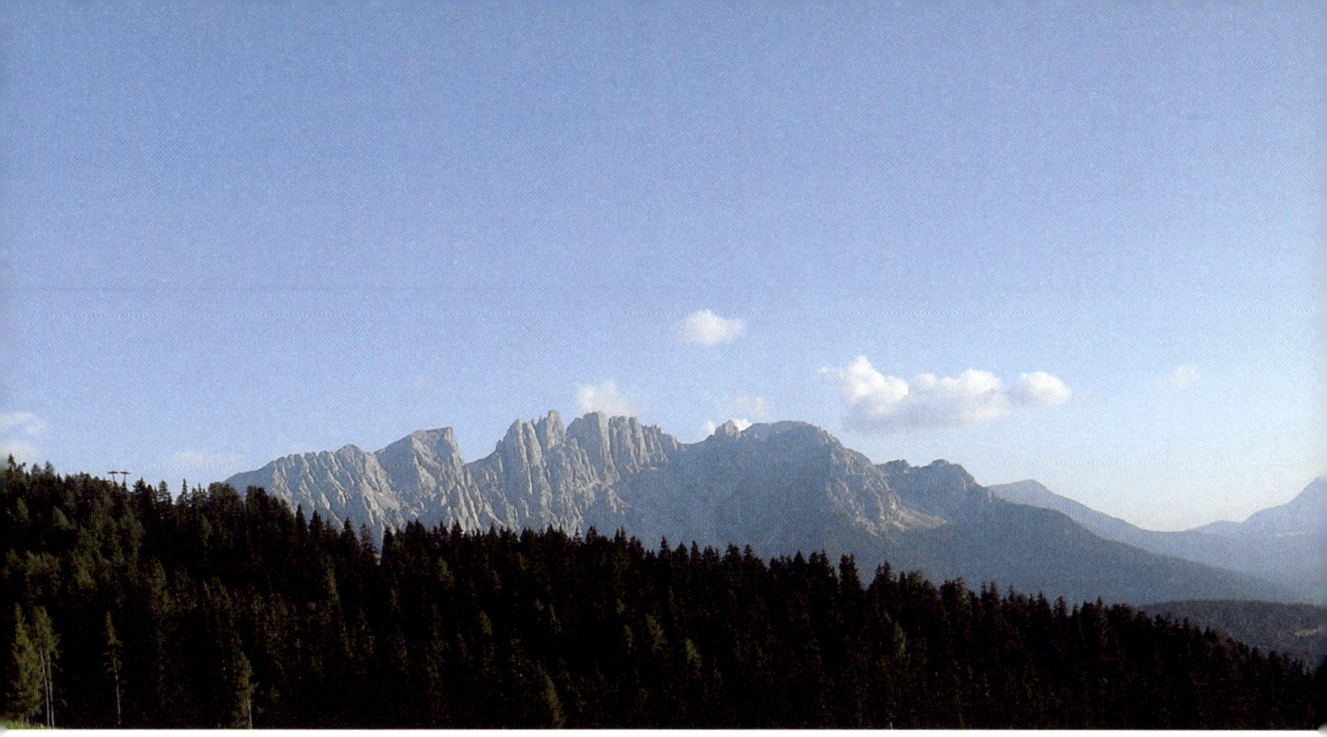
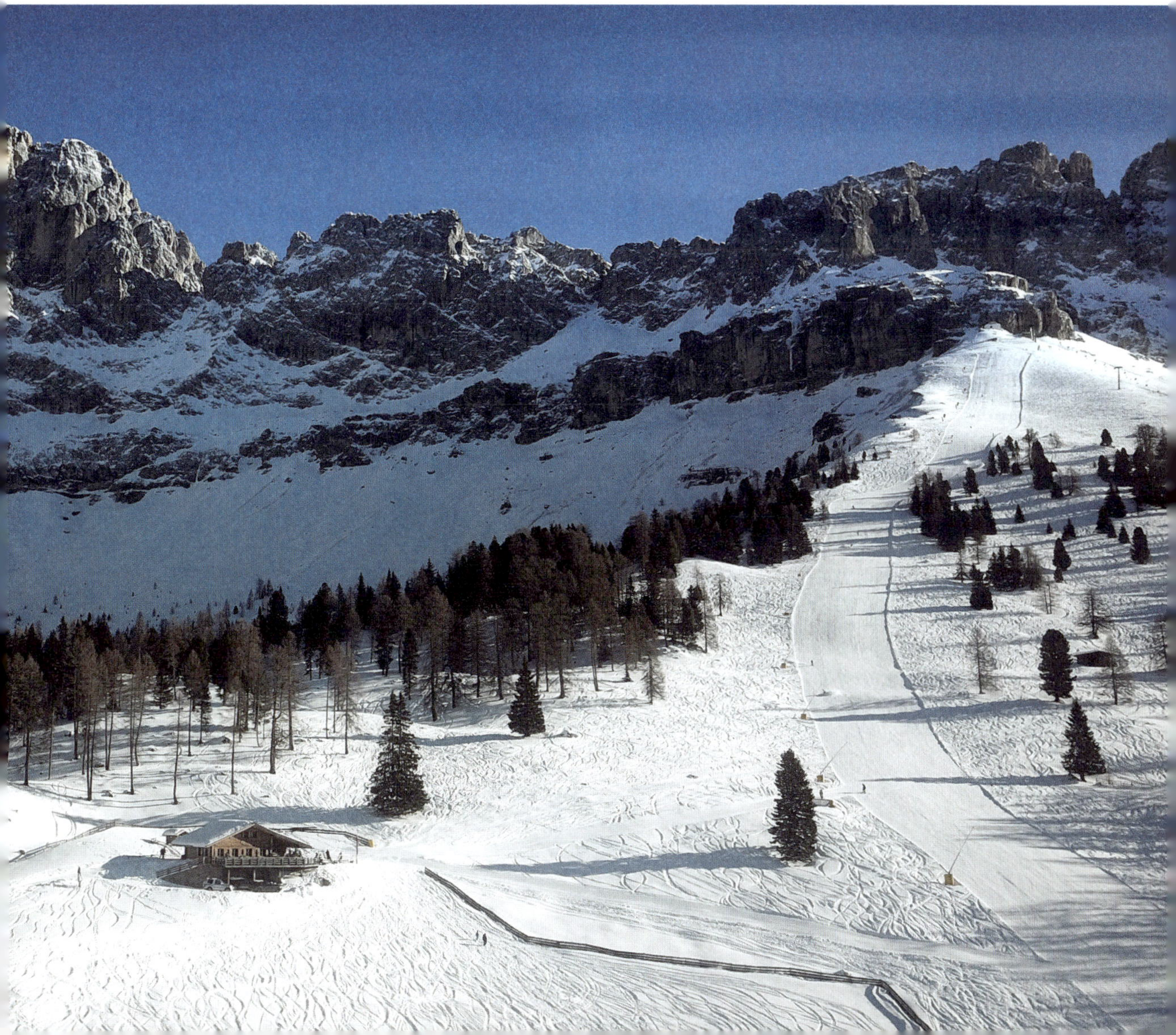

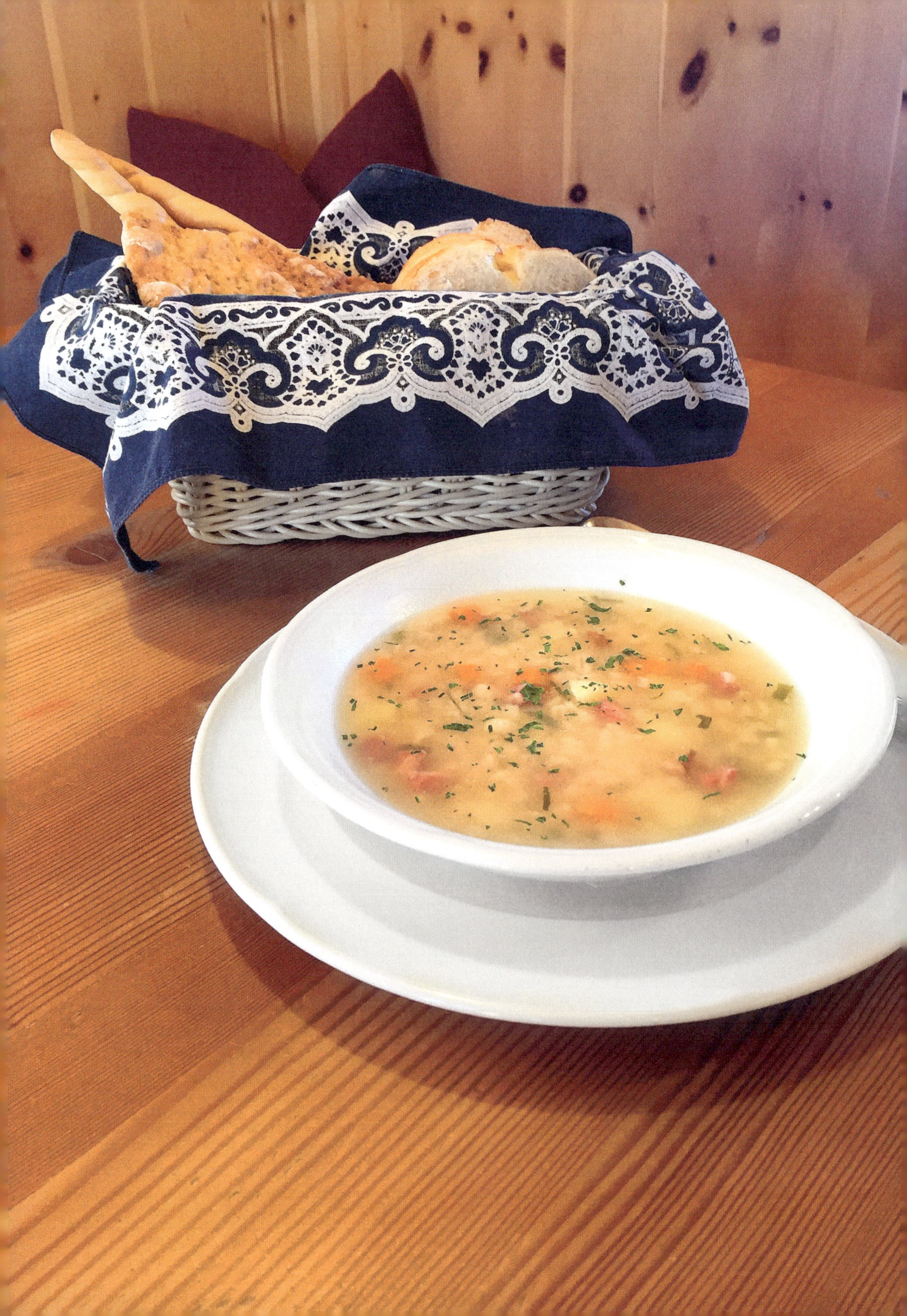

Gerstsuppe

Zuppa d'orzo – Südtiroler Delikatesse

ZUTATEN FÜR 4 PERSONEN • ZUBEREITUNGSZEIT: 15 MINUTEN PLUS 50 MINUTEN KOCHEN

250 g Gerste (Graupen)
300 g Räucherschopf vom Schweinehals
3 Karotten
3–4 mittelgroße Kartoffeln
1 Stange Sellerie
Salz

Den Räucherschopf mit der Gerste in einen großen Topf geben. 3 l Wasser hinzufügen, aufkochen und alles 30 Minuten kochen lassen.

Den Räucherschopf herausnehmen und klein würfeln. Die Karotten und Kartoffeln schälen und ebenso in Würfel schneiden. Den Sellerie putzen und fein hacken. Fleisch und Gemüse in den Topf geben und weitere 20 Minuten köcheln lassen.

In Tellern anrichten und heiß servieren.

SCHÖN ZU WISSEN

Gerste hat sehr viel weniger Gluten als Weizen und wirkt cholesterinsenkend. Neben dem Einsatz in der Futterindustrie und zur Malzherstellung für Bier ist sie in Form von Graupen somit auch in der Suppe stets bekömmlich und zu empfehlen.

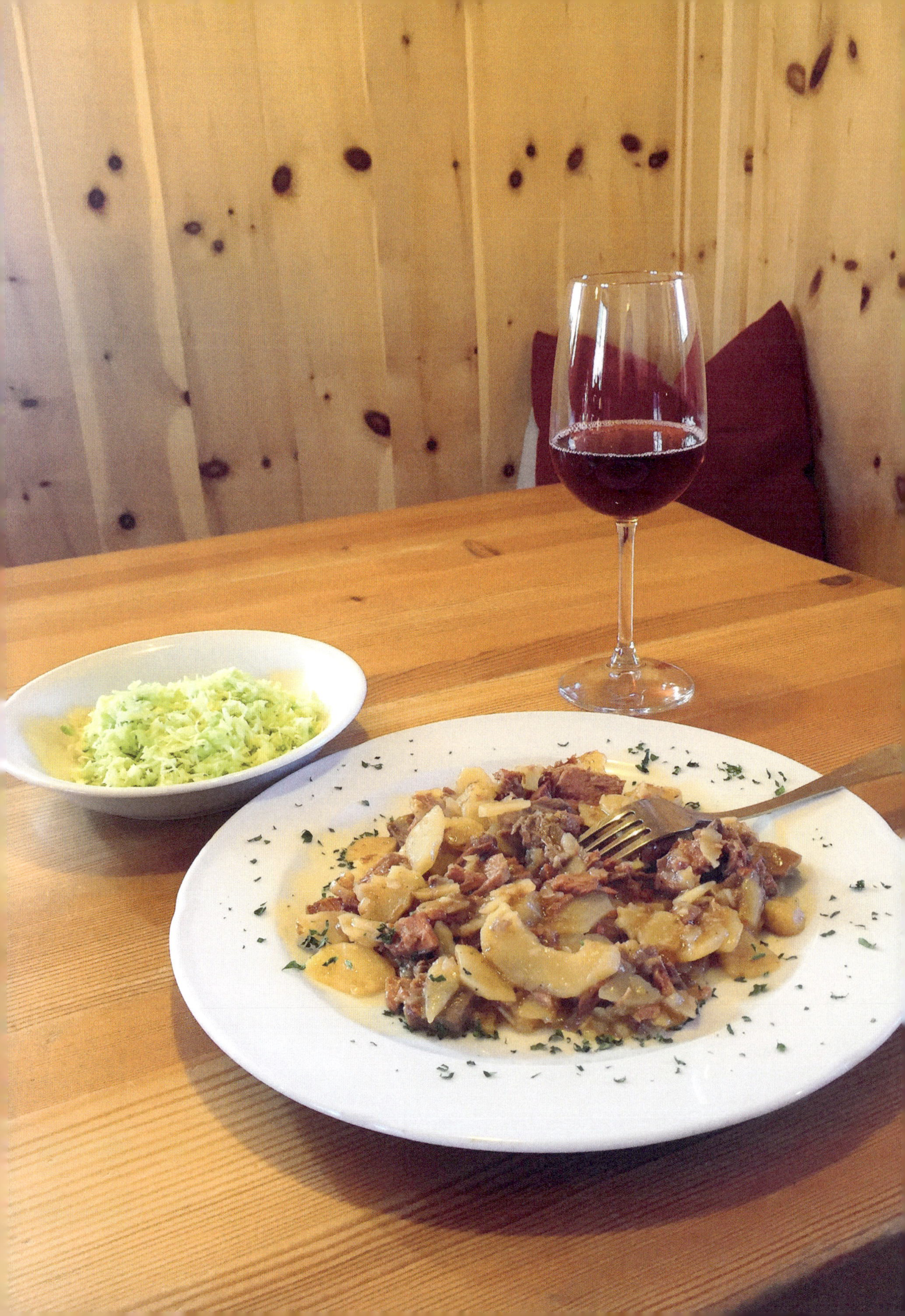

Jochgröstel mit Krautsalat

Gröstel di patate con manzo lesso e insalata di cappuccio

ZUTATEN FÜR 4 PERSONEN
ZUBEREITUNGSZEIT: 1 STUNDE PLUS VORBEREITEN DER KARTOFFELN

Für das Jochgröstel
6 mittelgroße Kartoffeln
1 mittelgroße Zwiebel
600 g Rindfleisch (Tafelspitz)
etwas Öl zum Anbraten
2 Lorbeerblätter
Salz
frisch geriebener schwarzer Pfeffer
etwa 500 ml Fleischbrühe

Für den Krautsalat
1 kleiner Kopf Weißkohl
Salz
frisch geriebener schwarzer Pfeffer
etwas Weißweinessig
etwas Pflanzenöl

Die Kartoffeln für das Gröstel am besten schon am Vortag waschen und mit Schale gar kochen. Abkühlen lassen und pellen.

Für den Krautsalat den Kohl putzen und fein hobeln. In eine Schüssel geben und Salz, Pfeffer, Essig und Öl zugeben und alles gut vermengen. Mindestens 1 Stunde ziehen lassen.

Für das Gröstel die Zwiebel abziehen und fein hacken. Das Fleisch in dünne Scheiben und dann in Quadrate schneiden. Etwas Öl in einer Pfanne erhitzen und die Zwiebel darin goldbraun anbraten. Das Fleisch und die Lorbeerblätter zugeben. Das Ganze salzen und pfeffern. Alles rösten, bis kein Fett mehr in der Pfanne ist. Mit der Fleischbrühe aufgießen und 10 Minuten köcheln lassen. Die Kartoffeln in Scheiben schneiden, ebenfalls in die Pfanne geben und 10 Minuten mitgaren. Nach Bedarf noch etwas Brühe hinzufügen.

Das Gröstel auf Teller anrichten und den Salat separat dazu reichen.

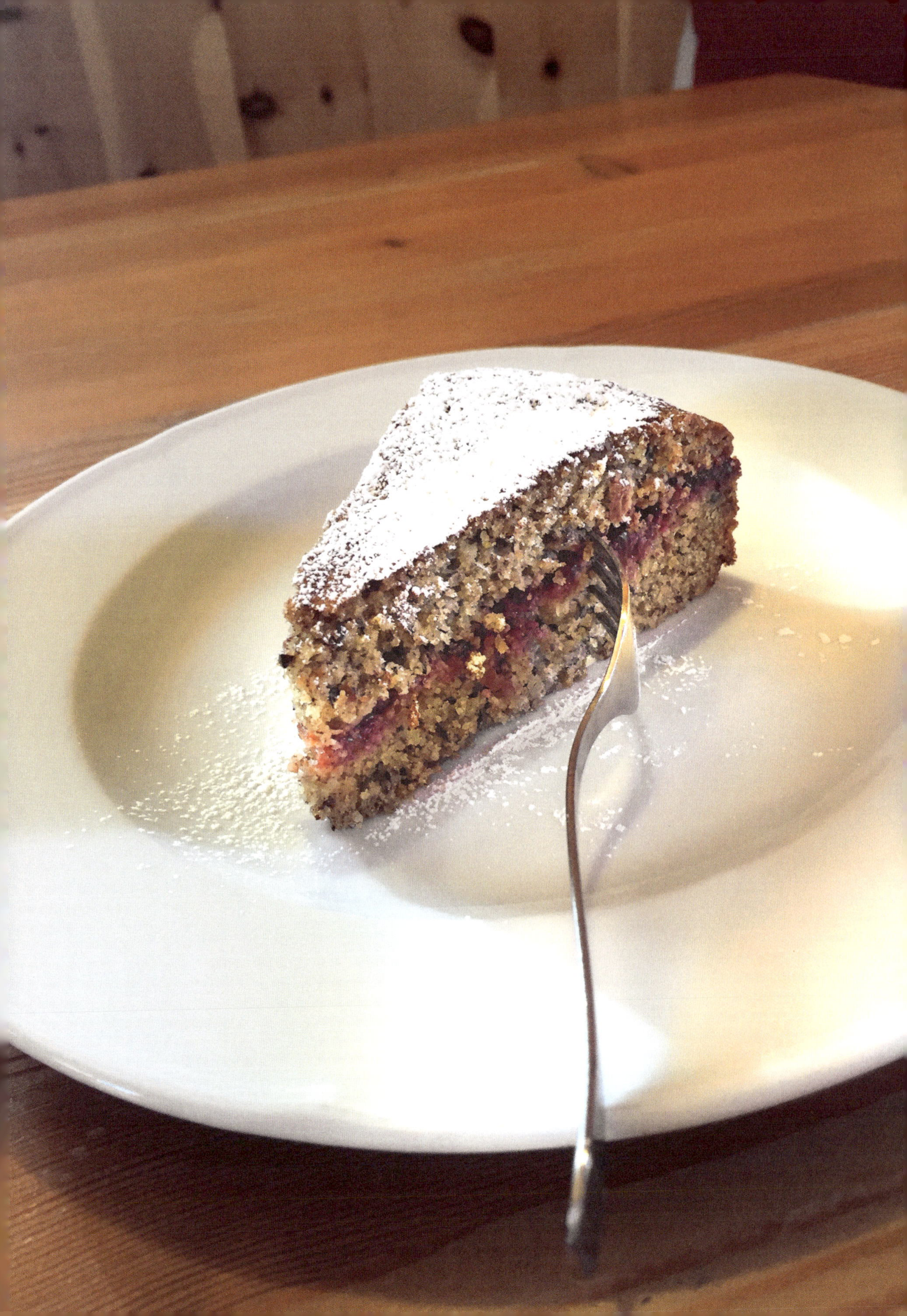

Buchweizentorte

Torta di grano saraceno

ZUTATEN FÜR EINE SPRINGFORM (Ø 28 CM)
ZUBEREITUNGSZEIT: 20 MINUTEN PLUS 38 MINUTEN BACKEN

6 Eier
200 g Zucker
200 g Margarine, plus mehr für die Form
200 g Buchweizenmehl
1 Pck. Backpulver
200 g gemahlene Haselnüsse
300 g Preiselbeerkonfitüre
etwas Puderzucker zum Bestauben

Den Backofen auf 175 °C Umluft vorheizen. Die Eier trennen. Zucker, Margarine und das Eigelb in einer großen Schüssel schaumig rühren. Das Eiweiß steif schlagen. Mehl, Backpulver, Haselnüsse und den Eischnee unter die Zuckermasse heben.

Die Springform fetten. Den Teig hineingeben und im Backofen 38 Minuten backen. Den Kuchen herausnehmen, auskühlen lassen, aus der Form lösen und in der Mitte durchschneiden.

Den unteren Boden mit der Preiselbeerkonfitüre bestreichen und die obere Hälfte darauflegen. Den fertigen Kuchen mit Puderzucker überstauben.

SCHÖN ZU WISSEN
Buchweizen wird bis heute in Südtirol angebaut. Früher war er das Hauptnahrungsmittel der Region, man nannte ihn **Blenteles**, das typische Buchweizen-Mehl.

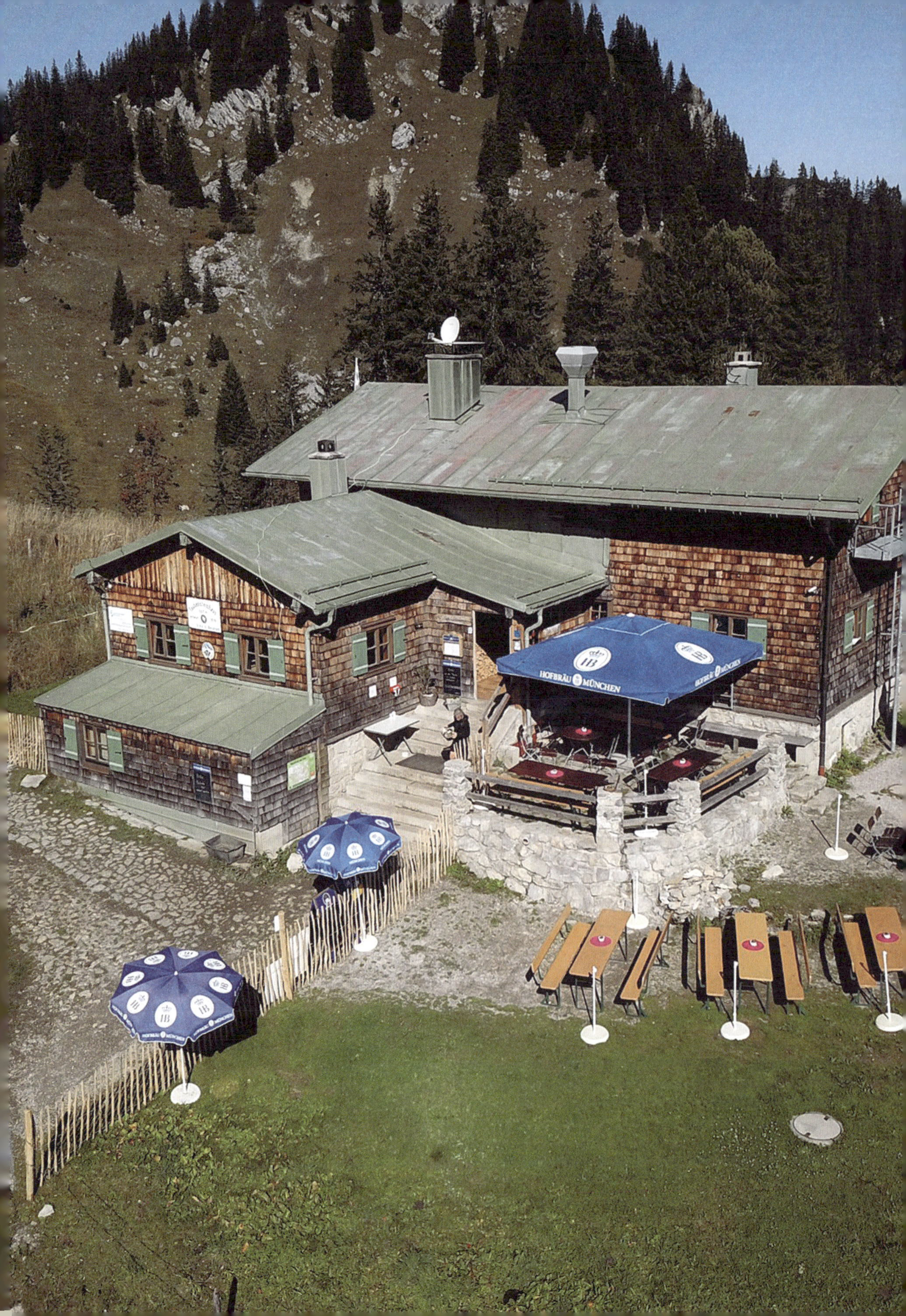
HOFBRÄU MÜNCHEN

Das Taubensteinhaus in den Bayerischen Hausbergen

ADRESSE
Taubensteinstraße 1, 83727 Schliersee, Deutschland
TELEFON
+49 8026 7070
E-MAIL
mail@taubenstein.de
WEBSEITE
www.taubensteinhaus.de
DAV-HÜTTE
ja
ÖFFNUNGSZEITEN
Wintersaison: ab 10:30, Montag Ruhetag; Sommersaison: ab 10:30, Mittwoch Ruhetag; Zwischensaisons geschlossen (abhängig von den Schneelagen)
ÜBERNACHTUNGSMÖGLICHKEIT
ja
HÖHENMETER
1567 m
HÜTTENWIRTE
Martina und Tom Speicher
SPEZIALITÄTEN
Bio-Lebensmittel von regionalen Betrieben

So kommt man zum Taubensteinhaus

Im Sommer kann man gemütlich mit der Taubensteinbahn hinauffahren und in etwa 15 Minuten zum Taubensteinhaus laufen.

Zu Fuß geht es vom Spitzingsattel in knapp 2 Stunden, von der Taubenstein Talstation in gut 1½ Stunden, von der Wurzhütte in knapp 2 Stunden hinauf. Von Aurach aus läuft man in gut 2½ Stunden auf die Hütte.

Längere Touren starten in Geitau auf zwei Wegen: Über die Geitauer Alm, dann über die Aiplspitz und den Rauhkopf. Dafür benötigt man 3¼ Stunden, wenn man ein sehr geübter Wanderer ist; Achtung: Diese Wanderung kann ansonsten gefährlich sein!

Über die Mieseben-Diensthütte erreicht man das Taubensteinhaus in knapp 3 Stunden.

Hüttengaudi im Spitzingsee-Rotwand-Gebiet

Die einzige bewirtschaftete Hütte der Sektion Bergbund München des Deutschen Alpenvereins wird vom Ehepaar Speicher seit Mai 2017 unterhalten. Die Hotelfachfrau Martina und der Handwerksmeister Tom bringen auf gut 1500 Metern Höhe ihr Können perfekt in Einklang – für die Gäste, die sie hier tagein tagaus verwöhnen.

Ursprünglichkeit in den Bergen

Das Taubensteinhaus liegt inmitten herrlicher Natur. Zehn Gipfel kann man in unmittelbarer Nähe erklimmen, Kletterrouten warten auf Anfänger und Profis. Leicht mit der Bahn erreichbar, lockt die Hütte im Sommer auch viele Ausflügler und Familien mit kleinen Kindern auf den

Berg. Und im Winter bietet sie Skitourengehern oder auch Schneeschuhwanderern eine erholsame Verschnaufpause in traumhafter Kulisse. Eine Übernachtung im Mehrbettzimmer oder Lager lohnt sich somit im Sommer genauso wie im Winter.

Neben dem laufenden Hüttenbetrieb kümmert sich das Paar auch um die Versorgung der Hütte von Grund auf selbst. Im Sommer hilft ihnen ein Quad, Lebensmittel, Getränke und Brennholz über die acht Kilometer lange Forststraße auf den Berg zu befördern. Doch im Winter tragen die drei auf Skiern alles in Rucksäcken zur Hütte hinauf. Das erfordert Kraft, aber auch eine gehörige Portion Leidenschaft.

Die Familienpower macht's

Die beiden wissen, was zu tun ist – die Arbeitsteilung funktioniert. Während sich Martina um die Küche und die Planung kümmert, hat Tom die Instandhaltung der Hütte und alle Dinge, die anbrennen könnten, fest im Griff. Die beiden sind ein eingespieltes Team, das die Berge und Herausforderungen liebt. Martinas jüngster Sohn Dennis ist die dritte feste Größe im Bunde. Und wenn Not am Mann ist, helfen die beiden weiteren Söhne Peter und Robin mit ihren Freundinnen ebenso tatkräftig mit. So erlebt man im Taubensteinhaus einen regen Familienbetrieb, in dem sich jeder auf jeden verlassen kann. Denn das Ziel hat jeder im Blick: Sie wollen ihren Gästen ein Leben auf der Hütte bieten, das Sinn spendet.

Dass die Hüttenwirte bei der Zubereitung ihrer Gerichte ausschließlich auf Bio-Produkte setzen, versteht sich bei der Philosophie quasi von selbst. So beziehen sie ihr Fleisch von einer Bio-Metzgerei aus dem Ort, Käse, Milch, Quark, Joghurt und Eier holen sie von einer Bio-Käserei. Frisch und regional soll es sein. Und das sommers wie winters – egal, wie beschwerlich der Transportweg auch sein mag.

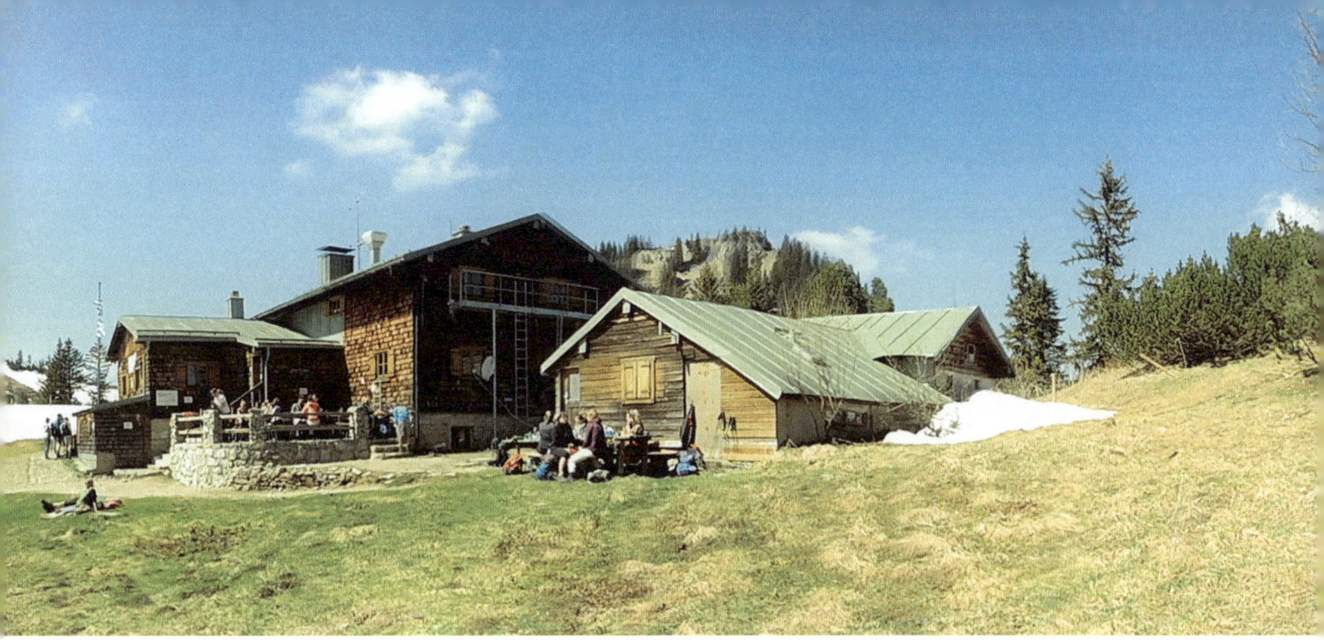

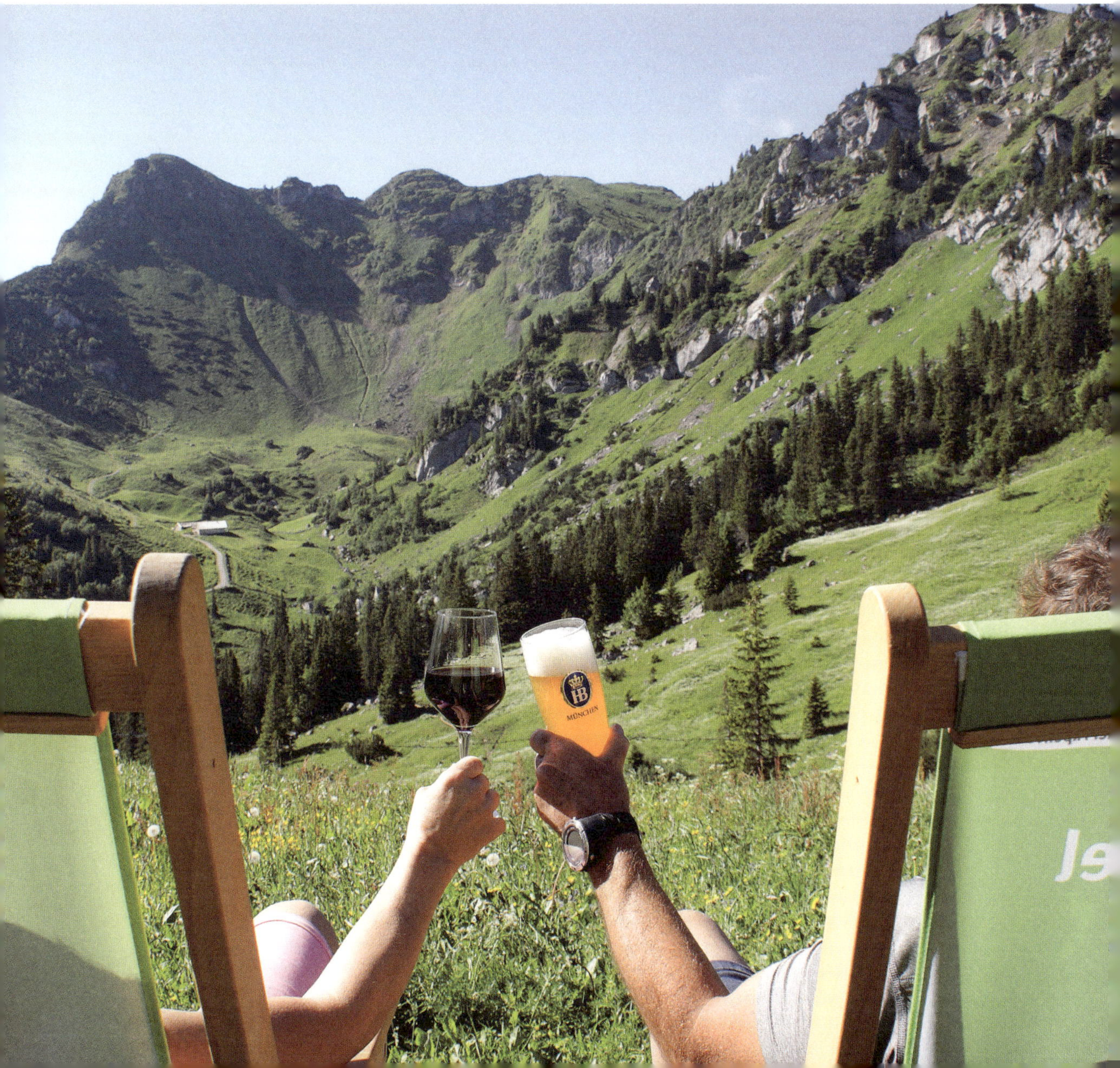

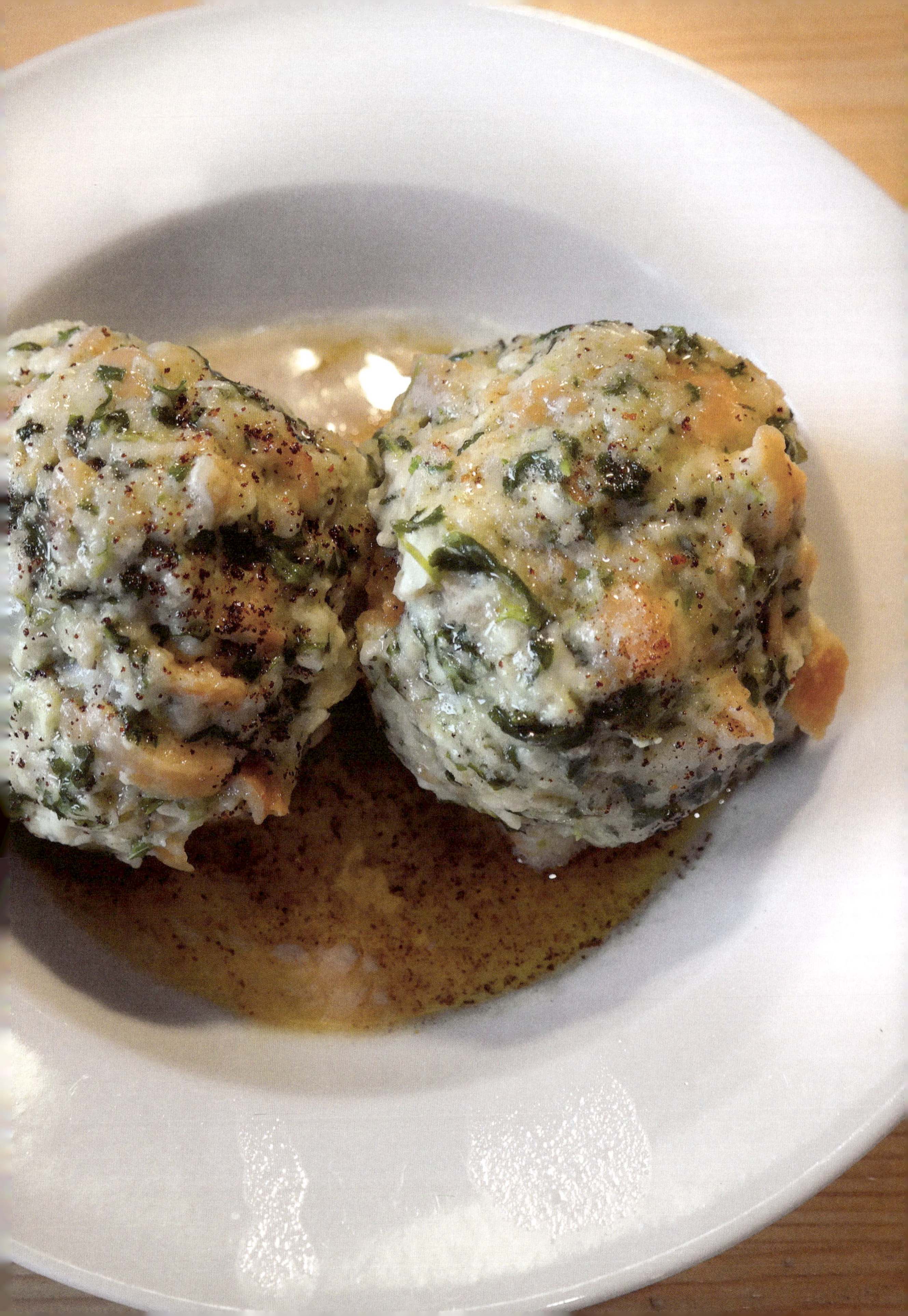

Spinatknödel mit zerlassener Butter und Parmesan

Ein Hüttenklassiker

ZUTATEN FÜR 8–10 KNÖDEL
ZUBEREITUNGSZEIT: 45 MINUTEN PLUS 15–20 MINUTEN KOCHEN

300 g Knödelbrot
125 ml Milch
400 g Blattspinat (frisch oder TK)
30 g Butter, plus etwas mehr zum Servieren
1 Knoblauchzehe
1 Zwiebel
2 Eier
1 EL Weizenmehl
2 EL Semmelbrösel
Salz
frisch gemahlener schwarzer Pfeffer
frisch geriebene Muskatnuss
etwas Parmesankäse, gerieben
Schnittlauchröllchen zum Garnieren

Das Knödelbrot in eine Schüssel geben und mit der Milch übergießen.

Den tiefgekühlten Spinat auftauen lassen und durch ein feines Sieb passieren. Frischen Spinat putzen, waschen und in etwas kochendem Wasser kurz blanchieren, bis er zusammenfällt. Dann abseihen, gut ausdrücken und durch ein feines Sieb passieren. Die Knoblauchzehe und die Zwiebel abziehen und beides fein hacken.

Die Butter in einer Pfanne erhitzen und Knoblauch sowie Zwiebel darin glasig anschwitzen. Den Spinat zugeben und etwa 5 Minuten garen. Eier, Mehl, Semmelbrösel, 1 Prise Salz, etwas Pfeffer, Muskatnuss und die Spinatmischung zum Knödelbrot geben und gut vermischen. Aus der Masse mit angefeuchteten Händen Knödel formen.

Reichlich Salzwasser in einem großen Topf zum Kochen bringen und die Knödel darin 15–20 Minuten garen, bis sie nach oben steigen. Mit einem Schaumlöffel aus dem Wasser heben.

Etwas Butter in einer Pfanne zerlassen. Die Knödel auf Tellern anrichten, mit der Butter beträufeln und Parmesan darüberstreuen. Mit Schnittlauch garniert servieren.

TIPP
Zum Garnieren des Tellers eignen sich ein paar Spritzer Balsamicocreme, da sie geschmacklich gut zu den Knödeln passt.

Original Sauerkraut

Nach dem böhmischen Rezept von Martinas Mutter

ZUTATEN FÜR 4 PERSONEN • ZUBEREITUNGSZEIT: 15 MINUTEN PLUS 30–40 MINUTEN KOCHEN

1 Zwiebel
etwas Öl zum Anbraten
500 g fertiges Sauerkraut
einige Kümmelsamen
Salz
frisch gemahlener schwarzer Pfeffer
2 EL Zucker
2–4 Lorbeerblätter
3–5 Wacholderbeeren
2–3 mittelgroße Kartoffeln
80 g Bauchspeck
etwas Essig (nach Belieben)

Die Zwiebel abziehen und würfeln. In einem Topf etwas Öl erhitzen und die Zwiebel darin glasig anschwitzen. Das Kraut hinzugeben und den Topf zu zwei Dritteln mit Wasser füllen. Kümmel, Salz, Pfeffer, Zucker, Lorbeerblätter und Wacholderbeeren zugeben und das Kraut bei mittlerer Temperatur unter gelegentlichem Rühren in 30–40 Minuten weich garen. Die Kartoffeln schälen und grob raspeln. Kurz vor Ende der Garzeit unter das Kraut rühren.

Den Speck würfeln und in einer Pfanne ohne Fett kross anbraten. Zum Kraut geben. Dieses nochmals mit Zucker, Kümmel und Pfeffer abschmecken. Die Lorbeerblätter und Wacholderbeeren entfernen und das Kraut heiß servieren.

TIPP

Dazu passen grobe Bratwürste wie Thüringer oder Schweinsbratwürstel und ein Graubrot.

Käsekuchen vom Blech

Das Geheimrezept von Tom

ZUTATEN FÜR 1 BLECH • ZUBEREITUNGSZEIT: 20 MINUTEN PLUS 80–90 MINUTEN BACKEN

Butter für das Blech
1 EL Semmelbrösel
250 g Butter
280 g Zucker
4 Eier
1 kg Quark
1 Pck. Backpulver
2 Pck. Vanillezucker
2 Pck. Vanillepuddingpulver
etwas Zitronensaft
20 g gehobelte Mandeln
Puderzucker zum Bestauben

Den Backofen auf 160–170 °C Ober- und Unterhitze vorheizen. Ein Blech gut einfetten und mit Semmelbröseln bestreuen.

Butter, Zucker und Eier mit den Quirlen des Handrührgerätes schaumig rühren. Alle übrigen Zutaten außer Mandeln und Puderzucker rasch unterrühren, bis die Masse sämig ist. Diese auf dem Blech verteilen und die gehobelten Mandeln darüberstreuen. Den Kuchen auf der mittleren Schiene 80–90 Minuten backen, bis die Oberfläche goldbraun ist. Im Backofen abkühlen lassen, damit der Kuchen nicht zusammenfällt.

Den Kuchen in Stücke schneiden und auf den Tellern mit Puderzucker überstauben.

TIPP

Je nach Saison kann man den Käsekuchen auch mit Obst belegen, zum Beispiel mit Äpfeln oder Pflaumen im Herbst und Kirschen im Sommer. Dazu erst das Obst auf der rohen Käsekuchenmasse verteilen und dann die Mandeln darüberstreuen. Anschließend wie angegeben im Ofen backen.

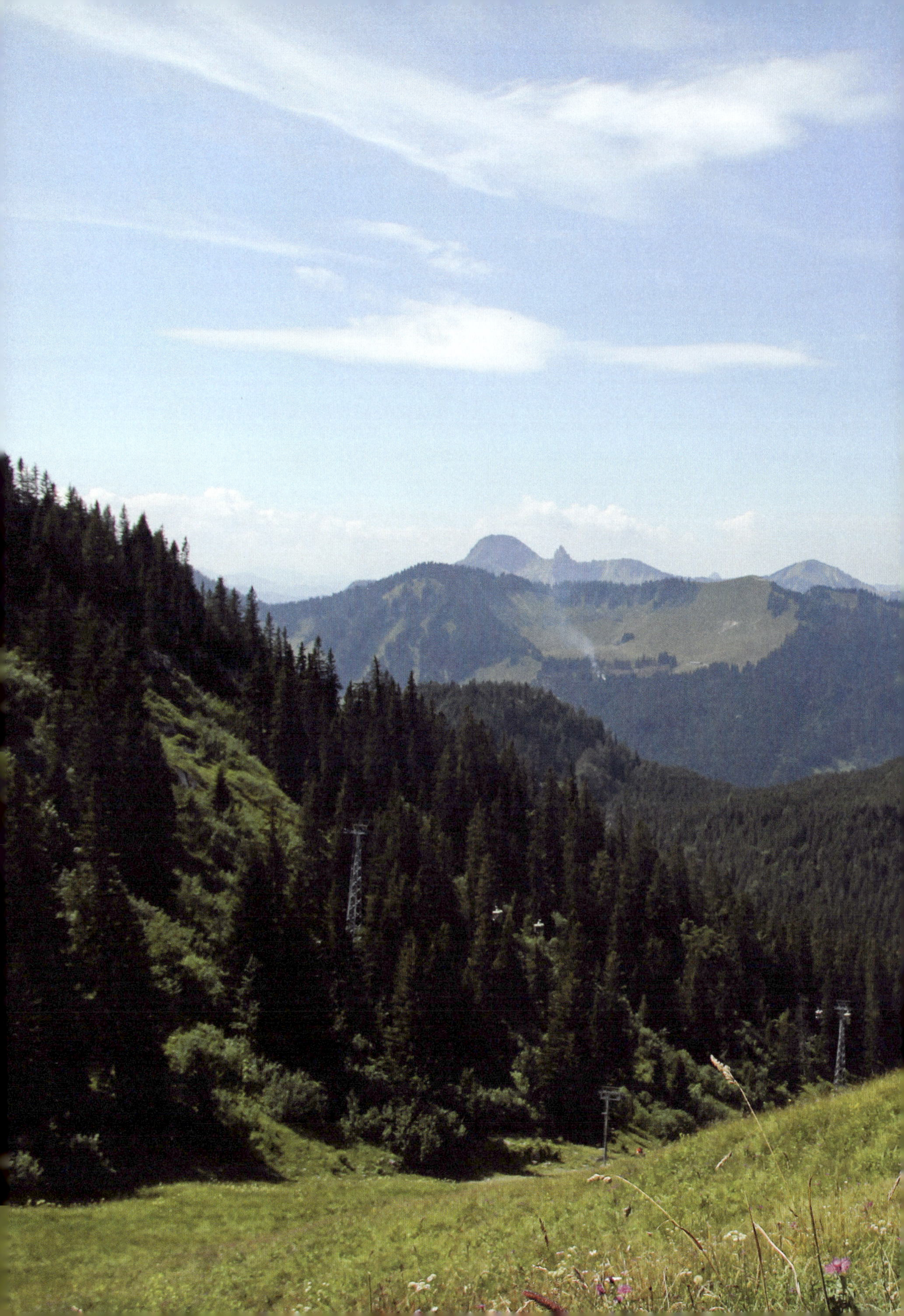

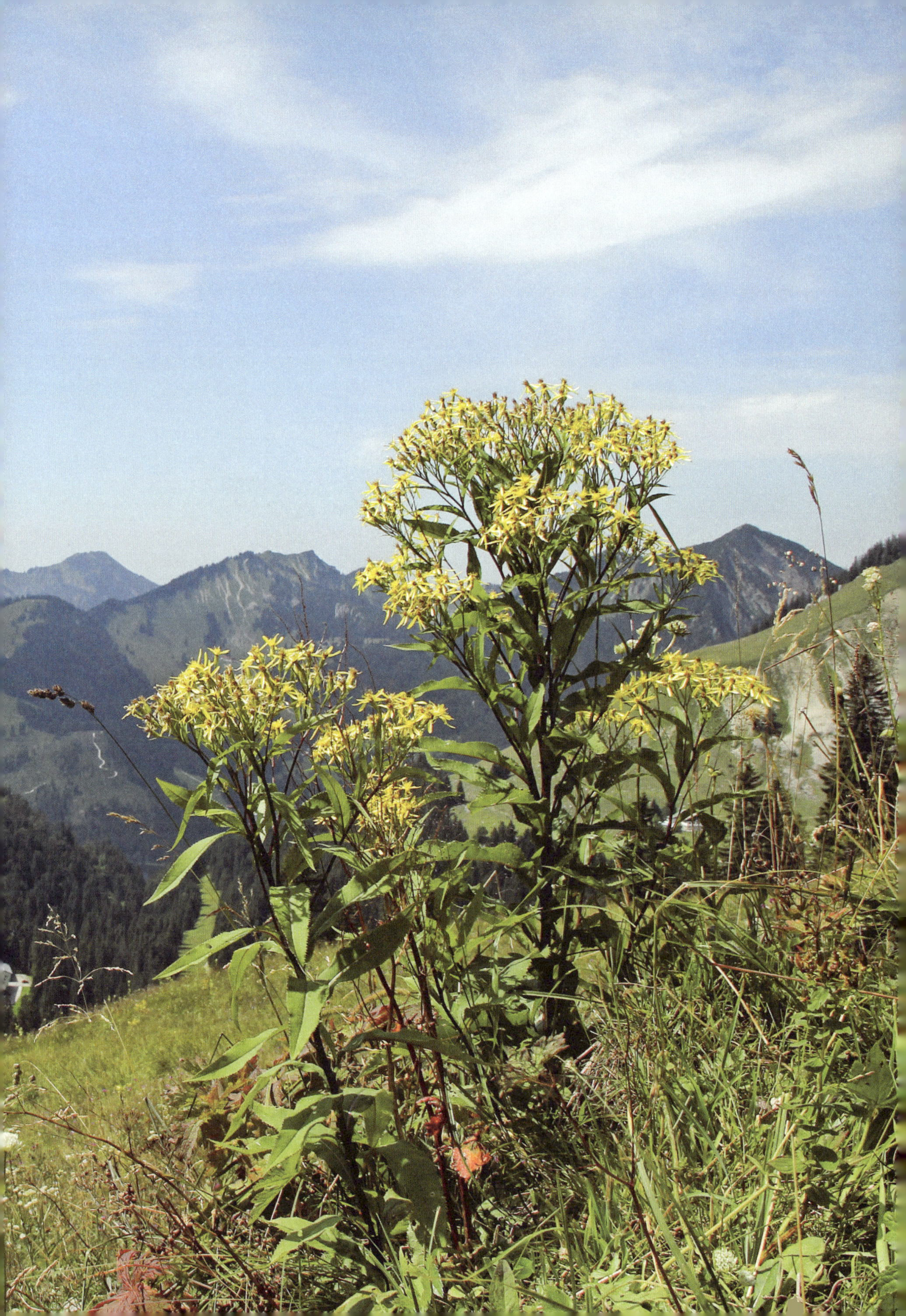

Dr. BECK HAUS

Das Dr.-Hugo-Beck-Haus am Königssee

ADRESSE
Jenner 5, 83471 Schönau am Königssee, Deutschland
TELEFON
+49 8652 2727
E-MAIL
dahoam@hugobeckhaus.de
WEBSEITE
www.hugobeckhaus.de
DAV-HÜTTE
nein
ÖFFNUNGSZEITEN
Ganzjährig; die aktuellen Öffnungszeiten finden Sie auf der Webseite.
HÖHENMETER
1260 m
HÜTTENWIRT
Patrick Walser
SPEZIALITÄTEN
eigener Bäcker vor Ort

So kommt man zum Dr.-Hugo-Beck-Haus
Im Sommer geht es zu Fuß vom Parkplatz Hinterbrand in 30–45 Minuten auf einem kinderwagengerechten Forstweg hinauf. Vom Parkplatz Königssee führt der Hochbahnweg über die Königsbachalmen in etwa 2½ Stunden auf die Hütte. Im Winter liegt die Hütte im Skigebiet Jenner, das über die Jennerbahn und den Sessellift der Krautkaserbahn direkt erreichbar ist. Von der Mittelstation der Jennerbahn läuft man in etwa 5–10 Minuten zum Haus.

Ein junger Pächter erfüllt sich seinen Traum
Gerade einmal 27 Jahre jung ist der seit zwei Jahren neue Pächter im Dr.-Hugo-Beck-Haus. Und die Hütte ist seine Leidenschaft aus Überzeugung. Schon mit sechs Jahren sprach er davon, einmal eine Hütte bewirtschaften zu wollen. So erzählt es seine Großmutter. Dass sein Traum so schnell in Erfüllung gehen sollte, hätte er kaum gehofft. Doch wer sich so einsetzt für sein Tun, der wird eben auch belohnt.

Die Hütte mit Blick auf den Watzmann
Mit ihren insgesamt 38 Betten ist die Hütte vor der herrlichen Kulisse des Watzmanns und den Berchtesgadener Alpen der ideale Ausgangspunkt für sportliche Abenteuer im Jennergebiet. Im Winter direkt an der Piste gelegen, im Sommer auf wunderschönen Wander- und Rundwegen zu erreichen. Übernachtungsgäste sind immer willkommen. Ihnen kredenzen Patrick und sein Koch jeden Abend ein Menü mit drei Hauptgängen zur Auswahl.

1965 erwarb der Skiklub Berchtesgaden das ehemalige Untere Jennerhaus vom Bergsportverein Karlstein. Zu Ehren des Skipioniers und langjährigen Vorstands des Skiklubs gab man der Hütte seinen neuen Namen – das Dr.-Hugo-Beck-Haus. Die längsten Pächter, Josef und Maria Schick, prägen die Geschichte der Hütte bis heute. Sie bewirtschafteten das Dr.-Hugo-Beck-Haus weit über ein Vierteljahrhundert – von 1966 bis 2004. Ob der junge Patrick Walser das auch schafft? Genug Motivation bringt er in jedem Fall mit.

So hat sich der Hüttenwirt sein Leben vorgestellt. Patrick Walser sagt von sich selbst, dass er ziemliches Glück hatte. Der gelernte Gastronomiefachmann ist in Freilassing bei Salzburg geboren und aufgewachsen. Schon kurz nach seiner Ausbildung bekam er über eine Junggastronomenförderung die Chance, die Rolle als Geschäftsführer in einem Bistro in Anger bei Bad Reichenhall in Bayern zu übernehmen. Durch Zufall ergab sich nach einigen Jahren die Möglichkeit, auf die er seit seiner Kindheit gewartet hatte. Und tatsächlich schaffte er es, die Ausschreibung als Pächter des Dr.-Hugo-Beck-Hauses zu gewinnen.

Seit zwei Jahren lebt er hier oben – und ist glücklich. Mit seinem Koch und seit diesem Jahr mit seiner Mutter im Service stemmt er alles, was zu tun ist. In den Hauptsaisons unterstützen das kleine Team 15 verschiedene Springer, die er zeitweise engagiert – kurzfristig und spontan, wie das Leben auf einer Berghütte es eben verlangt. Besonders wichtig ist für Patrick Walser trotz seiner jungen Jahre, dass das Hüttenflair bewahrt wird. Daher gibt es für die Gäste keinen WLAN-Zugang. Wie viele andere Hüttenwirte ist er überzeugt, dass die echte Kommunikation zwischen den Gästen eine wichtige Größe auf der Hütte ist. Denn nur dann können diese wirklich entspannen, entschleunigen und die Natur genießen.

Der Bäcker
Eine Besonderheit auf der Hütte ist ein Bäcker, der ein- bis zweimal in der Woche raufkommt, um Brot und Kuchen zu backen. Immer frisch und selbst gemacht kümmert sich der »Spezl« Patrick, ein guter Freund vom Hütten-Patrick, um das süße Wohl der Gäste. Eine große Hilfe für den Wirt. Seine persönlichen Kontakte und Freundschaften prägen das Flair auf der Hütte. So ist er selbst auch bei seinen Gästen präsent, setzt sich gern einmal an den Tisch dazu und kümmert sich neben dem leiblichen auch um das menschliche Wohl der Menschen, die ihn besuchen.

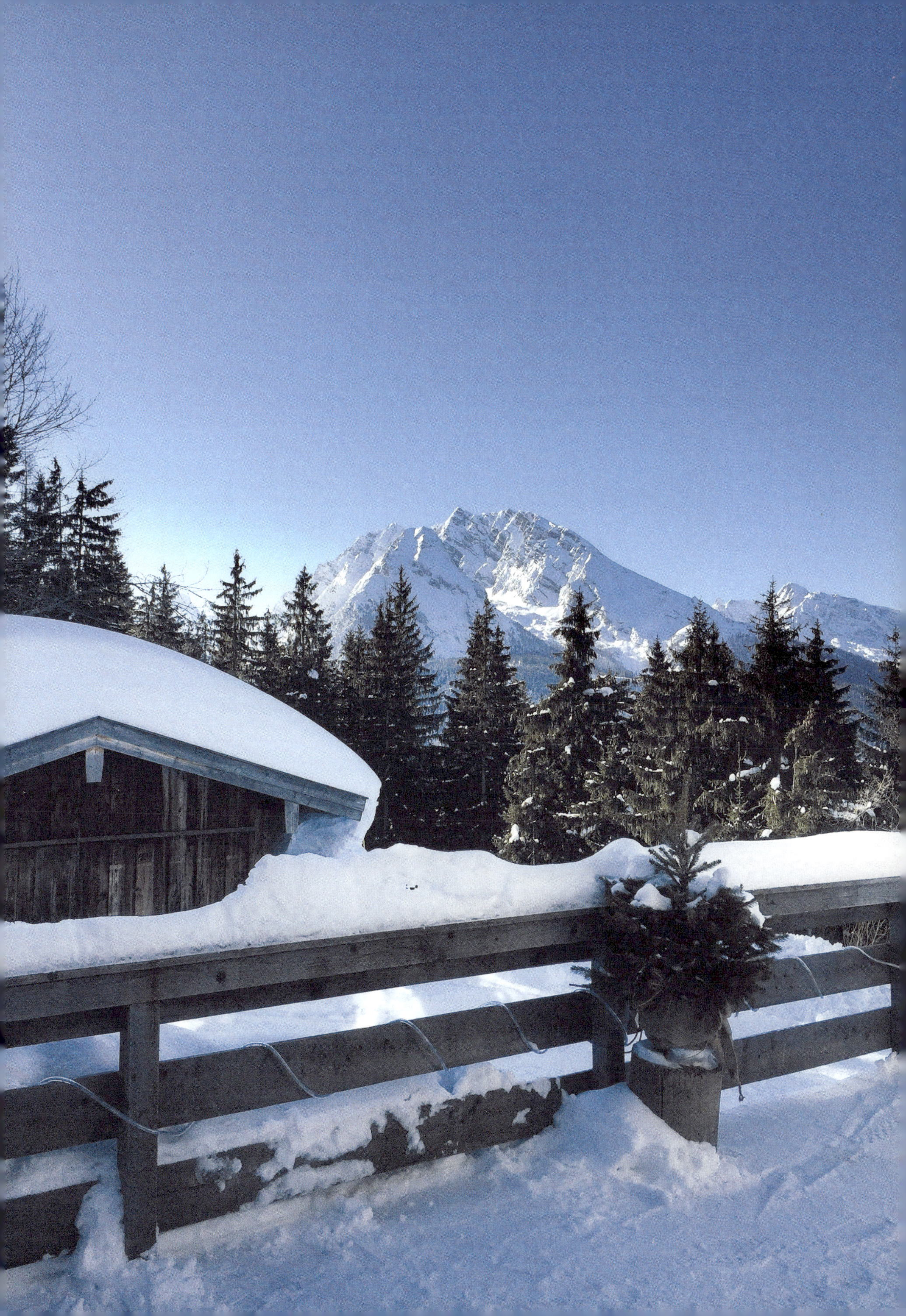

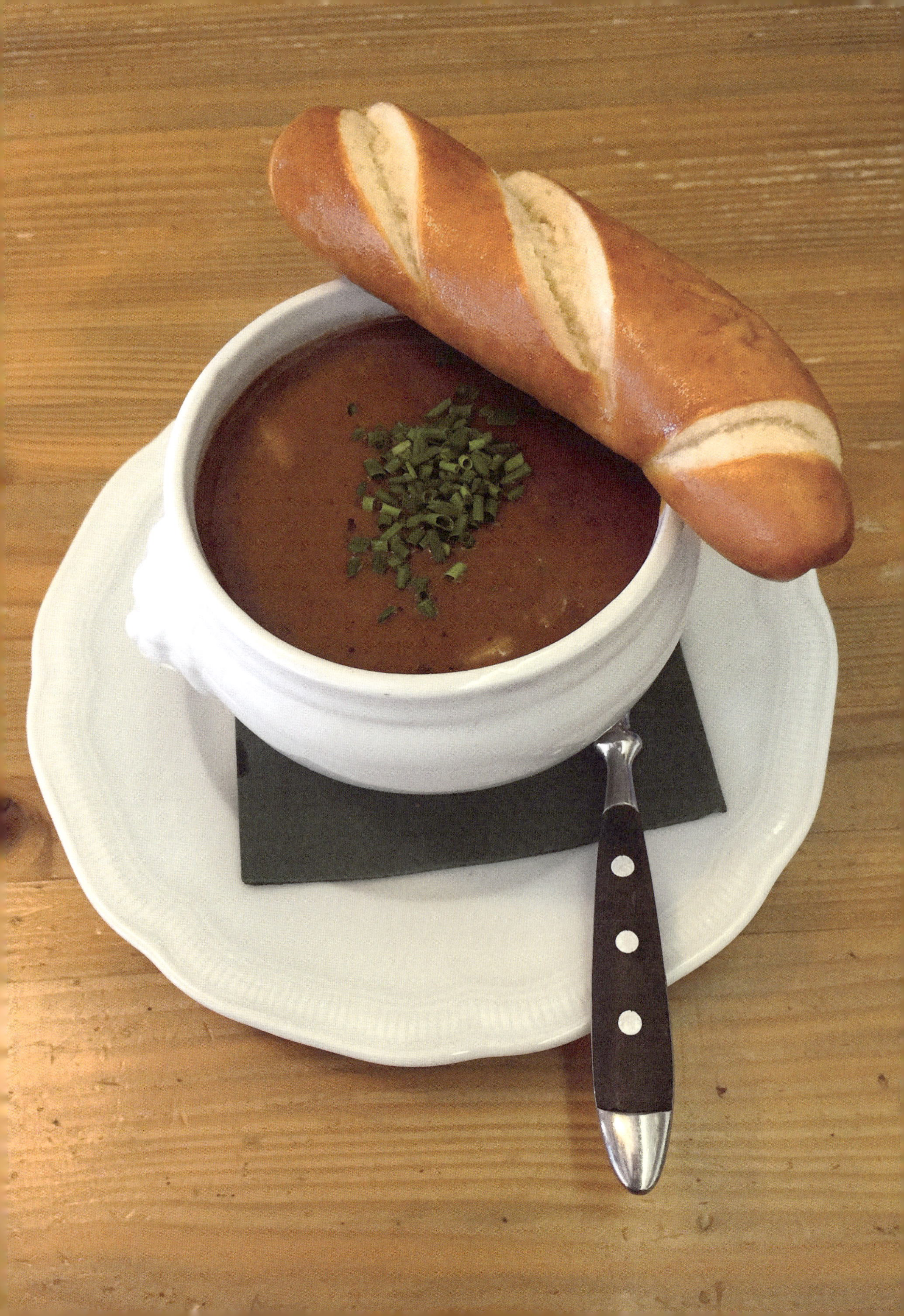

Gulaschsuppe nach Patricks Art

So schmeckt eine warme Skifahrt-Stärkung

ZUTATEN FÜR 4 PERSONEN • ZUBEREITUNGSZEIT: 30 MINUTEN PLUS 50 MINUTEN KOCHEN

250 g mageres Rindfleisch
200 g Zwiebeln
50 g Rapsöl
3 TL Paprikapulver edelsüß
1 Spritzer Apfelessig
200 g Tomatenmark
1¼ l Rinderbrühe
½ TL Kümmelsamen
2 Stängel Majoran
1 Lorbeerblatt
1 Knoblauchzehe, abgezogen
Salz
200 g vorwiegend festkochende Kartoffeln
2 rote Paprikaschoten
½ Chilischote (nach Belieben)
Schnittlauchröllchen zum Servieren

Das Rindfleisch trocken tupfen und in Würfel schneiden. Die Zwiebeln abziehen und ebenfalls würfeln. Das Öl in einem großen Topf erhitzen und die Zwiebeln darin glasig anschwitzen. Das Fleisch dazugeben und kräftig mit anbraten. Das Paprikapulver unterrühren und mit dem Apfelessig ablöschen. Tomatenmark hinzufügen, ein wenig mit anrösten und mit der Rinderbrühe aufgießen. Die Gewürze zusammen mit der Knoblauchzehe in ein Teesieb geben und in den Topf hängen. Alles salzen und bei mittlerer Temperatur etwa 50 Minuten köcheln lassen.

Anschließend die Kartoffeln schälen und in kleine Würfel schneiden. In die Suppe geben und so lange mitkochen, bis sie weich sind (etwa 5 Minuten). Die Paprikaschoten in der Zwischenzeit waschen, halbieren, entkernen und würfeln. Dann ebenfalls dazugeben und 2 Minuten mitgaren. Nach Belieben die Chilischote längs halbieren, entkernen, in feine Ringe schneiden und unter die Suppe rühren.

Die Suppe heiß und mit Schnittlauch garniert servieren.

TIPP
Dazu passt ein bayerisches Laugenstangerl und ein gutes Bier.

Germknödel mit Vanillesauce

Der Hüttenrenner als Haupt- oder Nachspeise

ZUTATEN FÜR 4 PERSONEN • ZUBEREITUNGSZEIT: 1 STUNDE PLUS 1 STUNDE GEHEN

Für den Germknödel
250 g griffiges Weizenmehl, plus etwas mehr zum Anrühren der Milch und zum Arbeiten
20 g frische Hefe
125 ml Milch
30 g Zucker
1 Prise Salz
2 Eigelb
25 g weiche Butter
etwas Zitronenabrieb
neutrale Speiseöl
4 EL Zwetschenkonfitüre

Für die Vanillesauce
2 Vanilleschoten
100 g Zucker
500 ml Milch
500 g süße Sahne
6 Eigelb
4 Eier
1 Prise Salz

Außerdem
100 g Butter
1 EL Mohnzucker

Das Mehl in eine Schüssel sieben. Die Hefe zerbröseln und zugeben. Die Milch in einem kleinen Topf lauwarm erwärmen. Die Hälfte mit etwas Mehl verrühren. Unter das Mehl in der Schüssel rühren. Mit einem sauberen Küchentuch zugedeckt etwa 30 Minuten gehen lassen.

Die restliche Milch nach der Gehzeit nochmals erwärmen. Zusammen mit dem Zucker, dem Salz, dem Eigelb, der Butter und dem Zitronenabrieb in den aufgegangenen »Dampfl-Teig« geben und zu einem glatten Teig verarbeiten.

Den Teig in vier Teile teilen. Ein Brett mit Mehl bestauben. Die Knödel darauf rollen, bis sie eine glatte Oberfläche haben. Auf einem geölten Backblech wiederum abgedeckt 30 Minuten gehen lassen. Die Knödel auseinanderziehen und mit je 1 EL Zwetschenkonfitüre füllen. Jeden Knödel gut verschließen und alle zusammen in einem Dampfgarer 15–20 Minuten garen.

In der Zwischenzeit die Vanillesauce zubereiten. Dazu das Vanillemark aus den Schoten kratzen. Die Hälfte des Zuckers, das Vanillemark, die Schalen der Vanilleschoten, die Milch und die Sahne in einem Topf aufkochen lassen. Dabei immer gut rühren, damit es nicht anbrennt! Vom Herd nehmen und die Vanilleschoten entfernen.

Eigelb, ganze Eier, den restlichen Zucker und das Salz in einer hitzebeständigen Schüssel mit den Quirlen des Handrührgerätes schaumig rühren. Die noch heiße Milch-Sahne-Mischung langsam und unter ständigem Rühren hinzugeben. In einem Topf

Wasser erhitzen und die Schüssel über das Wasserbad geben. Das Wasser darf auf keinen Fall kochen, da das Eigelb sonst gerinnen kann. Die Sauce unter ständigem Rühren in etwa 10 Minuten eindicken lassen. Die Sauce durch ein feines Sieb geben und abkühlen lassen.

Die Butter in einem kleinen Topf schmelzen. Die Vanillesauce in tiefe Teller geben. Die Knödel darauf anrichten und mit der geschmolzenen Butter übergießen. Den Mohnzucker darüberstreuen.

TIPPS
Selbstverständlich können Sie die Knödel auch mit einer anderen Konfitüre füllen – hier sind der Kreativität keine Grenzen gesetzt.

Die Vanillesauce zieht man zur Rose ab, das bedeutet, dass sie im Wasserbad so lange eingedickt wird, bis sie eine so sämige Konsistenz erlangt, dass sie auf einem Löffel Wellen schlägt, wenn man darauf pustet.

SCHÖN ZU WISSEN
Sollten Sie keinen Dampfgarer zur Hand haben, eignet sich auch die Mikrowelle. Sie sollten dafür jedoch einen speziellen Behälter haben, der das Garen unter Wasserdampf ermöglicht.

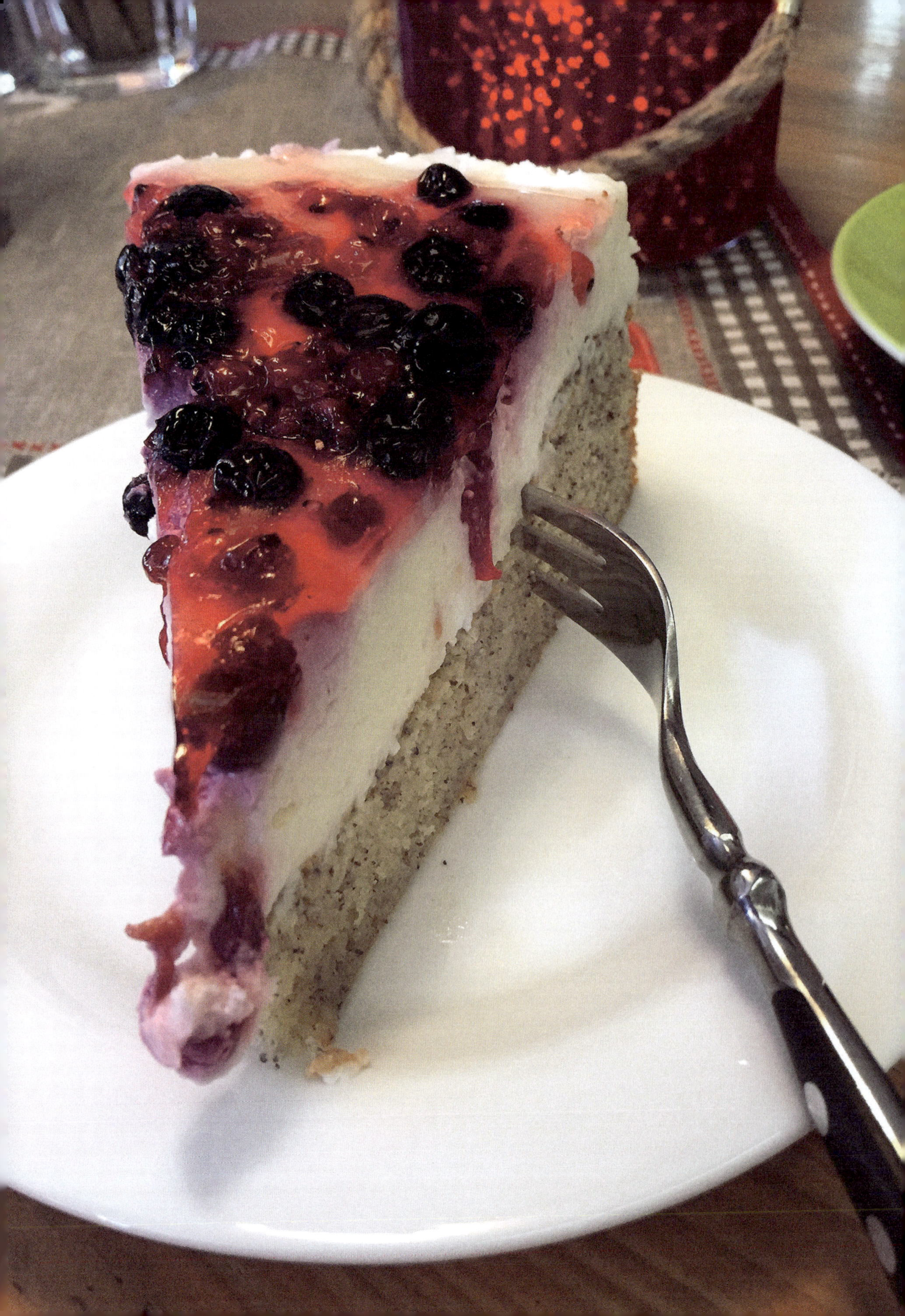

Mohn-Quark-Beerentorte

Ein Special vom hütteneigenen Bäcker

ZUTATEN FÜR EINE SPRINGFORM (Ø 28 CM)
ZUBEREITUNGSZEIT: 45 MINUTEN PLUS 35–40 MINUTEN BACKEN UND 1 STUNDE KÜHLEN

Für den Boden
250 g weiche Butter
250 g Zucker
5 Eier
200 g Weizenmehl (Type 405)
1 TL Backpulver
Abrieb von 1 unbehandelten Zitrone
    (Saft für die Füllung!)
1 Pck. Vanillezucker
100 g gemahlener Mohn
etwas Butter für die Form

Für die Füllung
1 kg Magerquark
150 g Zucker
5 Blatt Gelatine
etwas Speiseöl für die Form
500 g Beeren (nach Saison)
1 Pck. Tortenguss

Den Backofen auf 180 °C Umluft vorheizen. In einer Schüssel die Butter mit den Quirlen des Handrührgeräts schaumig rühren. Den Zucker und nach und nach die Eier hinzufügen. Zum Schluss das Mehl, das Backpulver, den Zitronenabrieb, den Vanillezucker und den Mohn unterrühren. Eine Springform (Ø 28 cm) fetten und den Teig hineingeben. Im Backofen 35–40 Minuten backen. Herausnehmen und abkühlen lassen.

Für die Füllung den Magerquark mit dem Zucker und dem Saft der Zitrone verrühren. Die Gelatine-Blätter in kaltem Wasser einweichen, gut ausdrücken und in einem Kochtopf kurz erwärmen. Einen kleinen Teil der Quarkmasse schnell in die flüssige Gelatine einrühren. Dabei sollten keine Klumpen entstehen. In die restliche Quarkmasse geben und gut verrühren.

Den abgekühlten Boden aus der Form nehmen, den Kuchenring reinigen, leicht einölen, wieder auf den Boden setzen und die Quarkmasse darauf verteilen. Die Beeren verlesen, waschen, trocken tupfen und auf die Quarkmasse geben.

Den Tortenguss nach Anleitung zubereiten und auf den Beeren verteilen. Die Torte vor dem Servieren für mindestens 1 Stunde kühl stellen.

TIPP

Die Unterseite des Kuchens mit etwas geschmolzener Butter einpinseln, dann bleibt er schön saftig.

Alpen-Gasthof Gaisalpe

Der Berggasthof Gaisalpe in den Allgäuer Alpen

ADRESSE
Gaisalpe 3, 87561 Oberstdorf, Deutschland
TELEFON
+49 8326 7917
E-MAIL
zobel.gaisalpe@t-online.de
WEBSEITE
https://gasthof-gaisalpe.de/
DAV-HÜTTE
nein
ÖFFNUNGSZEITEN
Sommersaison: von 9:00 bis zum Einbruch der Dunkelheit, kein Ruhetag; Wintersaison: 10:00-17:00, Montag und Dienstag Ruhetag; Nach Ostermontag bis Anfang Mai und vom 1. November bis 25. Dezember geschlossen
ÜBERNACHTUNGSMÖGLICHKEIT
nein
HÖHENMETER
1165 m
HÜTTENWIRTE
Max und Silvia Zobel
SPEZIALITÄTEN
Der Sohn der Hüttenwirte kocht die Familienrezepte.

So kommt man zum Berggasthof Gaisalpe
Von Oberstdorf fährt man mit dem Auto nach Reichenbach. Der Parkplatz Gaisalpe ist im Ort gut beschildert und bietet ausreichend Platz. Über den privaten Wirtschaftsweg geht es winters wie sommers in knapp 1 Stunde hinauf auf die Gaisalpe. Er ist auch für Kinderwagen und motorisierte Rollstühle gut geeignet.

Im Sommer ist der neu angelegte Tobelweg vor allem für Familien mit Kindern zu empfehlen. Er zweigt nach kurzer Strecke vom Wirtschaftsweg ab und führt in etwa 45 Minuten über naturbelassene Staustufen und Steintreppen zum Gasthof hinauf.

Im Winter bietet die täglich von Hüttenwirt Max präparierte Naturrodelbahn eine erlebnisreiche Abfahrt. Und die Schlitten verleiht der Berggasthof gerne.

Wie eine Familie Tradition mit Moderne verbindet
Seit fünf Generationen lebt Familie Zobel auf dem Berggasthof Gaisalpe. Auf 1165 Metern Höhe begrüßen sie ihre Gäste zu jeder Jahreszeit und verwöhnen sie mit regionalen Produkten aus der eigenen Landwirtschaft. Da gibt es neben der Gastwirtschaft eine Menge zu tun – und die ganze Familie packt mit an.

Zwei Generationen stemmen die Hütte

»Auf der Gaisalpe muss jeder alles können, sonst funktioniert es nicht«, davon ist Hüttenwirtin Silvia überzeugt. Im Sommer beispielsweise packt auf dem Feld jeder mit an. Und trotzdem hat natürlich jeder seine Hauptaufgaben. Während Silvia sich um den Service und die Wirtschaft kümmert, ist ihr Mann, der Hüttenwirt Max, als gelernter Zimmermann für die Landwirtschaft und die Instandhaltung des Hauses und der Zuwege zuständig. Und ihr mittlerer Sohn Joachim verantwortet seit zwei Jahren die Küche des Gasthofs. Der gelernte Koch ist 26 Jahre jung und hat tatsächlich alle Rezepte, die aus einer langen Hüttentradition stammen, im Kopf. Mengen, Zubereitungen, Tipps – der in sich ruhende Küchenchef weiß, wie seine Küche funktioniert. Max und Silvia haben zwei weitere Kinder, die immer da sind, wenn Not am Mann ist. Der 27-jährige Maurer Luitpold hilft ebenso wie die Jüngste, Veronika. Die 24-Jährige ist gelernte Schreinerin. So vererbt sich das handwerkliche Können in der Familie stetig weiter – eine gute Voraussetzung für die Fortsetzung der langen Tradition des Hauses.

Ein Selbstversorger-Haus

Fünf Kühe und zwei Schweine hält die Familie zur Selbstversorgung ihres Gasthauses. So stammen alle Gerichte mit Rindfleisch direkt vom Hof. Ebenso die Rezepte, die Schweinefleisch enthalten. Einzig für die Schnitzel muss Joachim regionales Schweinefleisch vom Dorf zukaufen, denn bei den Mengen an Schnitzeln, die er für seine Gäste benötigt, bräuchten sie eine Vielzahl an Schweinen auf dem Hof.

Max kümmert sich neben den Tieren auch sonst darum, dass das Haus möglichst autark bewirtschaftet ist. So haben sie eine eigene Stromversorgung, die aus Wasserkraft gewonnen wird. Ein Ofen in der Stube und in der Küche geben zusätzliche Wärme. Und dennoch kann es passieren, dass der Strom einmal nicht ausreicht, wenn der nahegelegene Bergfluss nicht genug Wasser hat. Dann achten sie einfach besonders darauf, die verschiedenen Maschinen nicht gleichzeitig laufen zu lassen. Auch hier ist es einfach eine Frage der Absprache im Familienteam.

Im Sommer sind neben etwa 40 Pensionsrindern ein Esel, Ziegen und Hühner auf den Wiesen rund um die Alpe unterwegs. Mit der Alpfahrt Anfang Juli bis zum Viehscheid am 21. September ist auf der Alpe neben der Hochsaison im Gasthaus allerhand los. Max genießt diese Zeit, auch wenn es ab und an einmal stressig zugeht. Da vermisst er nur manchmal die Zeit und Gelassenheit, mit der die Gäste früher auf die Alpe kamen. Heute bemerkt er immer wieder, dass die Leute sehr getrieben sind und keine Ruhe mehr haben, sich richtig zu erholen und die Natur zu genießen.

Die Rodler – von Beginn an

Seit fünf Generationen steht das Rodeln im Lebensmittelpunkt der Familie. Schon der Urgroßvater war ein passionierter Rodler. Er errichtete die erste Naturrodelbahn vom Haus runter ins Tal. Bei vielen Wettkämpfen waren sie dabei und gewannen viele große Preise. Bis heute kümmert Max sich um die Instandhaltung der Rodelbahn, die im Winter auch allen Gästen zur Verfügung steht. Und wer keinen eigenen Schlitten hat: Kein Problem, die Familie hält mit ihrem Rodelverleih für jeden den passenden Schlitten bereit. Für eine perfekte Abfahrts-Gaudi über 3 Kilometer.

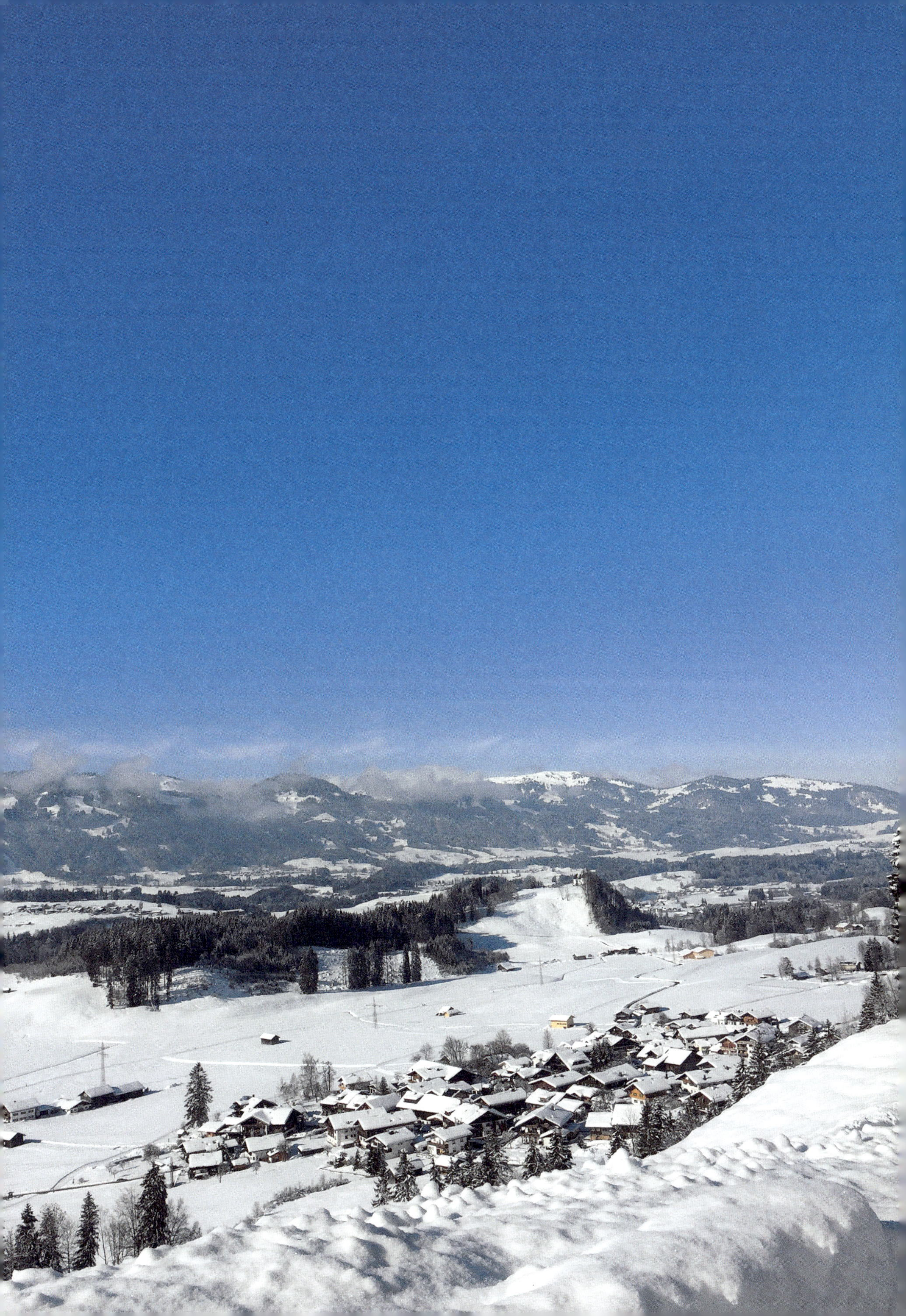

Tafelspitz auf Suppengemüse mit Schwenkkartoffeln

Ein Schmankerl vom eigenen Bio-Rind

ZUTATEN FÜR 4 PERSONEN • ZUBEREITUNGSZEIT: 45 MINUTEN PLUS 2½ STUNDEN KOCHEN

Öl zum Anbraten
2 Zwiebeln
800 g Tafelspitz vom Bio-Rind
5 Karotten
½ Knolle Sellerie
1 Stange Lauch
Salz
frisch gemahlener schwarzer Pfeffer
1 Prise frisch geriebene Muskatnuss
1 EL gehackter Liebstöckel
1 EL gehackte Petersilie
800 g festkochende Kartoffeln
1 Stange Staudensellerie
Butter zum Anbraten
etwas Meerrettich, frisch gerieben
1 EL Schnittlauchröllchen

In einem Topf etwas Öl erhitzen. Die Zwiebeln abziehen und halbieren. Im Öl anbraten. Den Tafelspitz im Ganzen dazugeben und kurz mit anbraten. Mit 2 l Wasser aufgießen und aufkochen lassen. Das aufsteigende Eiweiß mit einer Schaumkelle abschöpfen, wenn es sich oben absetzt.

Eine Karotte schälen und in Würfel schneiden. Die Sellerieknolle schälen und den Lauch putzen. Jeweils die Hälfte in Würfel schneiden. Alles zusammen in den Topf geben und 2½ Stunden köcheln lassen. Zum Schluss mit Salz, Pfeffer und Muskat würzen. Ebenso Liebstöckel und Petersilie zugeben. Den Tafelspitz aus dem Topf nehmen und warm stellen.

In der Zwischenzeit die Kartoffeln in Salzwasser etwa 30 Minuten kochen, abgießen und abkühlen lassen.

Das restliche Gemüse in Streifen schneiden. Öl in einer hohen Pfanne erhitzen und die Gemüsestreifen darin anbraten. Das Gemüse aus dem Topf samt verbliebenem Sud zugeben und damit ablöschen. Die gekochten Kartoffeln schälen, in Spalten schneiden und in einer Pfanne mit Butter goldgelb braten. Mit Salz und Pfeffer würzen.

Das Pfannengemüse mit dem Sud auf den Tellern anrichten, jeweils drei Scheiben vom warmen Tafelspitz daraufgeben und mit geriebenem Meerrettich servieren. Die Kartoffelspalten separat und mit Schnittlauch bestreut servieren.

TIPPS

Sie können anstatt des Tafelspitzes auch andere Teile vom Rind verwenden, die sich gut weich kochen lassen.

Sollte viel Brühe übrig bleiben, auch, weil man zwischendurch nachgegossen hat, kann man sie portionsweise gut einfrieren und hat damit jederzeit eine selbst gemachte Fleischbrühe.

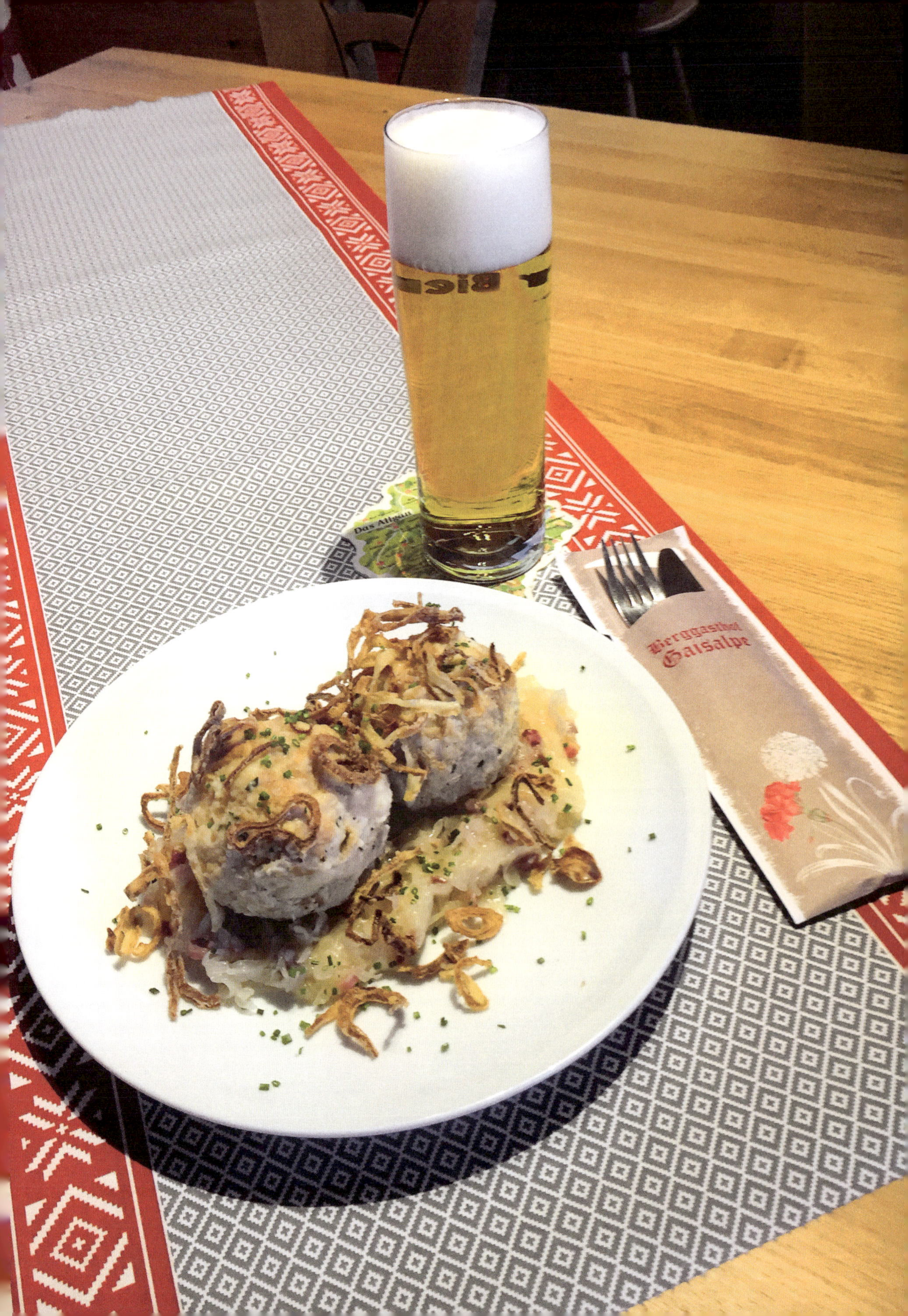
Das Allgäu
Berggasthof
Gaisalpe

Käseknödel auf Speck-Sauerkraut

Nach Hüttentradition

ZUTATEN FÜR 4 PERSONEN • ZUBEREITUNGSZEIT: 30 MINUTEN PLUS 20 MINUTEN KOCHEN

6 Semmeln vom Vortag
1 Prise frisch geriebene Muskatnuss
Salz
frisch gemahlener schwarzer Pfeffer
1 EL gehackter Liebstöckel
etwas Senf
3 Eier
1 Zwiebel
50 g Butter
120 ml Milch
160 g Bergkäse, gerieben
100 g Speck
Öl zum Anbraten
500 g Sauerkraut
Schnittlauchröllchen zum Garnieren

Semmeln in Würfel schneiden und in eine große Schüssel geben. Mit den Gewürzen und dem Senf würzen. Die Eier untermengen.

Die Zwiebel abziehen und würfeln. Butter in einer Pfanne erhitzen und die Zwiebelwürfel darin glasig anschwitzen. Die Temperatur reduzieren und die Milch angießen. Die Milch-Zwiebel-Brühe zu den Semmeln in die Schüssel geben. Alles gut verrühren. Dann den Bergkäse unterheben und die Masse 10 Minuten ziehen lassen.

In der Zwischenzeit den Speck würfeln. Etwas Öl in einem Topf erhitzen, den Speck darin anbraten. Dann die Temperatur reduzieren, das Sauerkraut zugeben und erwärmen.

Etwa 2½ l Wasser in einem großen Topf zum Kochen bringen. Aus der Knödelmasse Knödel formen und in dem siedenden Wasser etwa 20 Minuten ziehen lassen. Dann mit einer Schaumkelle herausheben. Sauerkraut und Knödel auf Tellern anrichten und mit Schnittlauch garniert servieren.

TIPP

Toll dazu schmecken selbst gemachte Röstzwiebeln: Dazu einfach Zwiebeln in Scheiben schneiden und in Mehl wenden. In einer Pfanne in Öl anbraten. Nach Geschmack salzen und pfeffern.

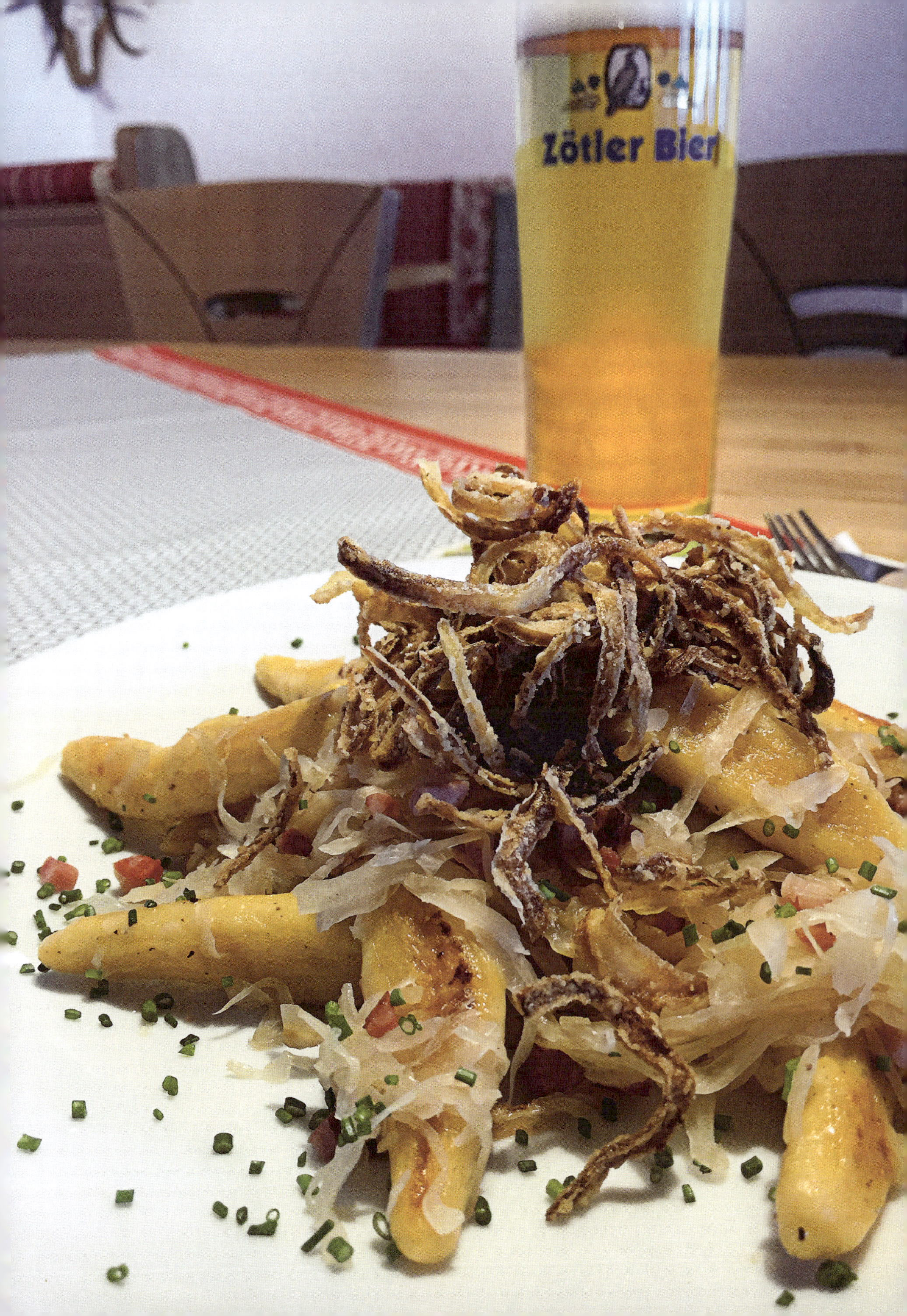
Zötler Bier

Krautschupfnudeln mit Speck

So schmeckt das Allgäu

ZUTATEN FÜR 4 PERSONEN • ZUBEREITUNGSZEIT: 45 MINUTEN PLUS 25 MINUTEN KOCHEN UND EXTRA ZEIT ZUM ABKÜHLEN

500 g mehligkochende Kartoffeln
Salz
6 Eigelb
6–8 EL Mehl, plus etwas mehr für die Zwiebelringe
frisch gemahlener schwarzer Pfeffer
1 Prise frisch geriebene Muskatnuss
350 g Sauerkraut
150 g Speck
1 Zwiebel
Öl zum Anbraten

Die Kartoffeln waschen und in reichlich Salzwasser etwa 25 Minuten kochen. Abkühlen lassen, schälen und mit einer Kartoffelpresse in eine Schüssel pressen. Das Eigelb und das Mehl unterrühren. Nach Bedarf so viel Mehl ergänzen, bis eine homogene Masse entsteht. Mit Salz, Pfeffer und frischem Muskat würzen.

In einem Topf Salzwasser zum Kochen bringen. Aus dem Teig fingerdicke, 6–10 cm lange Schupfnudeln rollen. Portionsweise 5 Minuten im Wasser kochen und jeweils mit einer Schaumkelle herausschöpfen. Die Zwiebel abziehen, in Ringe schneiden und in Mehl wälzen. Reichlich Öl in einer Pfanne erhitzen und die Zwiebelringe darin goldbraun frittieren.

In einer großen Pfanne etwas Öl erhitzen, die Schupfnudeln darin anbraten. Den Speck würfeln und dazugeben. Das Sauerkraut hinzufügen und langsam erhitzen.

Das Pfannengericht mit den gerösteten Zwiebeln auf Tellern anrichten.

TIPP

Das Grundrezept für Schupfnudeln lässt sich auch süß gestalten. So können Sie die fertigen Schupfnudeln mit Puderzucker bestauben und mit Ihrer Lieblingskonfitüre servieren.

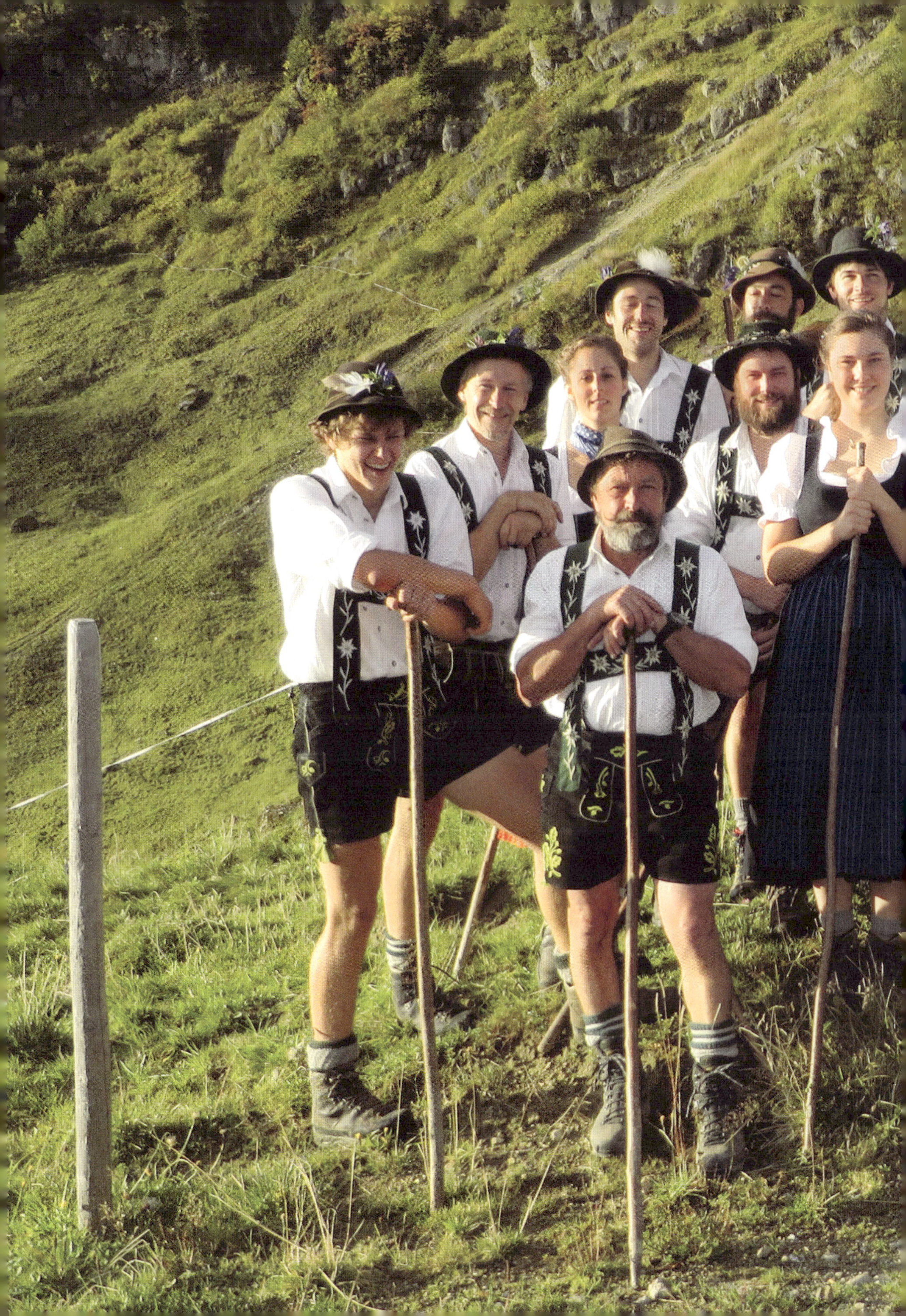

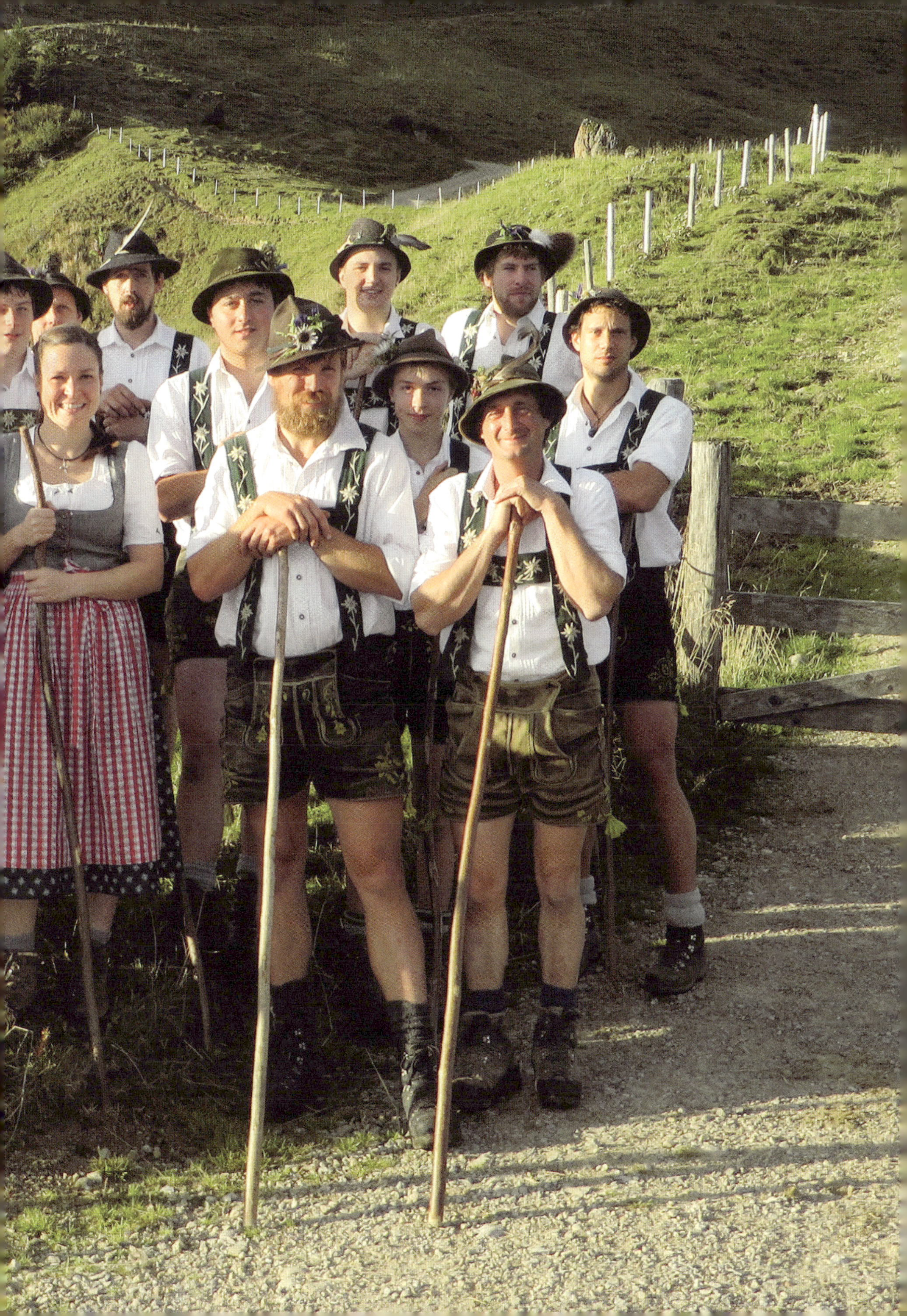

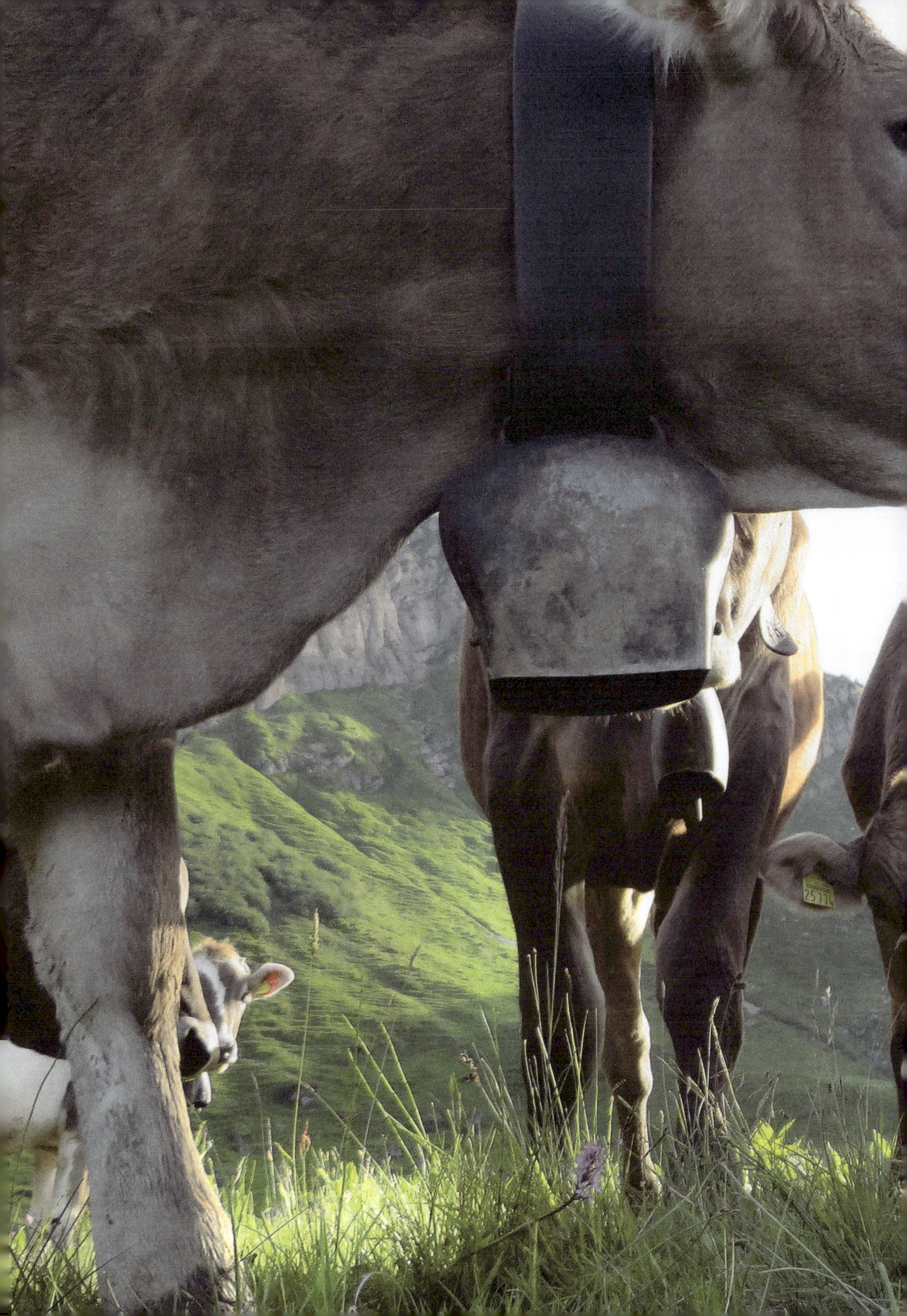

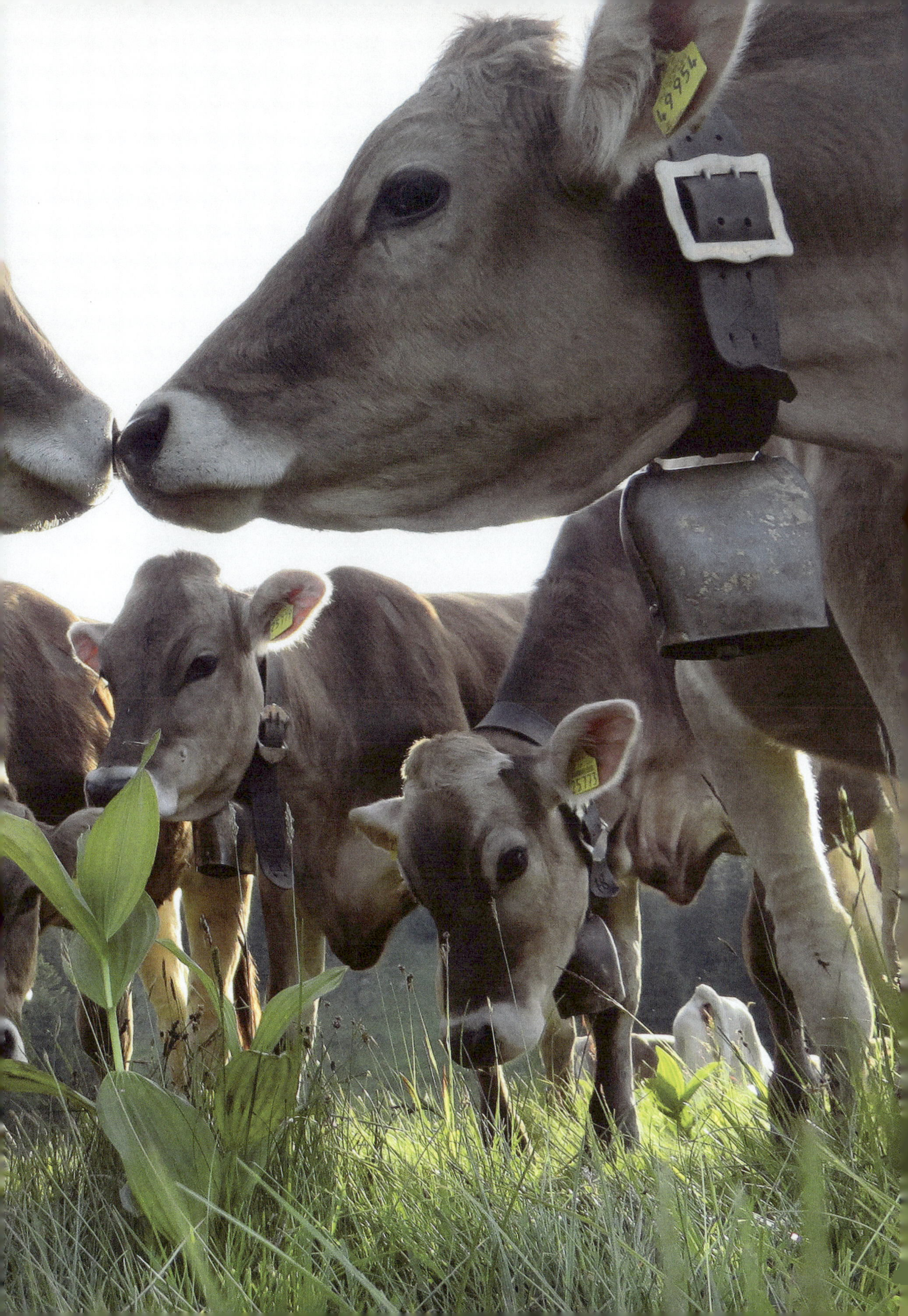

Bilderläuterungen

U1: Die Oberlandhütte in den Kitzbüheler Alpen
Seite 4: Das Edelweiß – die wohl bekannteste Pflanze der Alpen, hier im Garten der Inneren Wiesalpe im Kleinwalsertal.
Seite 7: Blick von der Inneren Wiesalpe auf das Walmendinger Horn im Kleinwalsertal.
Seite 8: Die Innere Wiesalpe im Kleinwalsertal sucht immer Helferinnen und Helfer für den Sommer – ich habe die Zeit dort im August 2018 genossen. Hier bin ich beim Beeren sammeln aus dem Garten für die nächsten Kuchen.
Seite 10: Auf der Alpe Gund im Allgäu weiden in den Sommermonaten bis zu 200 Rinder.
Seite 11: Die jungen Hüttenwirte, Bernhard und Katrin Hage, genießen ihr Leben mit ihren beiden kleinen Kindern auf der Alpe in den Sommermonaten.
Seite 12 (oben und unten): Die Rinder auf der Alpe Gund nennt man auch Pensionsvieh, weil Bernhard sie von vielen Bauern aus dem Tal mit auf die Alpe nimmt.
Seite 13: Auf der Alpe Gund können die Kühe ganz frei herumlaufen – und nähern sich auch ab und an der Hütte.
Seite 14: Katrins Glücksschmaus ist ein selbst erfundenes Rezept, das gut ankommt bei den Gästen.
Seite 16: Die Schafgarbe für den guten Sirup stammt von den Wiesen rund um die Alpe.
Seite 18: Der Johannisbeer-Heidelbeer-Schmandkuchen hat Tradition.
Seite 20 oben: Der Viehscheid ist für Bernhard Hage das Highlight des Jahres.
Seite 20 unten: Im Dorf angekommen, wird der Viehscheid mit allen gefeiert.
Seite 21 oben: Im Winter kümmert sich Bernhard im Tal mit seinen Pferden um den Wald.
Seite 21 unten: Die Kühe genießen das bergige Land im Allgäu.
Seite 22: Während der Sommermonate lebt der Hüttenwirt mit seiner Frau, seinem Bruder und einer Helferin auf der Inneren Wiesalpe.
Seite 23: Nach den vielen Gipfeltouren, die sich von hier aus anbieten, kann man auf der Inneren Wiesalpe hervorragend entspannen.
Seite 24: Burkhard, Monika und Reinhard Köll (v.l.) genießen ihr Leben auf der Alpe, das mitunter sehr anstrengend ist.

Seite 25 links: Blick auf die Innere Wiesalpe vom Weg, der zur nächsten Hütte, der Fluchtalpe, führt.
Seite 25 rechts: Im Garten vor der Hütte wachsen Johannisbeeren, Josterbeeren und Brennnesseln – für Kuchen und Tee.
Seite 26: Das Rezept des Wiesalpe-Apfelkuchens stammt von der Mutter des Hüttenwirts.
Seite 28: Schnittlauch darf auf der Leberknödelsuppe nicht fehlen.
Seite 30 oben: Die Milchkühe von Burkhard samt einigem Pensionsvieh werden morgens und abends im Stall oberhalb der Hütte gemolken.
Seite 30 unten: Der Wiesalp-Teller ist die perfekte Brotzeit für zwei Personen.
Seite 32: Jedes Jahr bringt Burkhard auch Kälbchen mit auf die Wiesen rund um die Wiesalpe.
Seite 33: Über die Sommermonate zieht Burkhard drei bis vier Schweine auf. Sie leben in einem Stall neben dem Kuhstall.
Seite 34: Die Tannenhütte in Garmisch-Partenkirchen wurde erst im Herbst 2018 eröffnet. Sie besteht komplett aus Holz der Bayerischen Staatsforsten.
Seite 35: Auch im Innenbereich der Hütte besteht alles aus einheimischen Hölzern.
Seite 36 oben: Aus der Stube hat man einen herrlichen Blick auf Garmisch-Partenkirchen und die Berge rundherum.
Seite 36 mitte: Den Wank erreicht man von hier aus in gut 2,5 Stunden.
Seite 36 unten: Das helle Tannenholz der Tannenhütte leuchtet einladend in der Bergwelt.
Seite 37: Oftmals liegt die Tannenhütte über den Wolken – in strahlendem Sonnenschein.
Seite 39: Blick von der Tannenhütte auf Garmisch-Partenkirchen.
Seite 30 oben: Die Milchkühe von Burkhard samt einigem Pensionsvieh werden morgens und abends im Stall oberhalb der Hütte gemolken.
Seite 30 unten: Der Wiesalp-Teller ist die perfekte Brotzeit für zwei Personen.
Seite 32: Jedes Jahr bringt Burkhard auch Kälbchen mit auf die Wiesen rund um die Wiesalpe.

Seite 33: Über die Sommermonate zieht Burkhard drei bis vier Schweine auf. Sie leben in einem Stall neben dem Kuhstall.
Seite 34: Die Tannenhütte in Garmisch-Partenkirchen wurde erst im Herbst 2018 eröffnet. Sie besteht komplett aus Holz der Bayerischen Staatsforsten.
Seite 35: Auch im Innenbereich der Hütte besteht alles aus einheimischen Hölzern.
Seite 36 oben: Aus der Stube hat man einen herrlichen Blick auf Garmisch-Partenkirchen und die Berge rundherum.
Seite 36 mitte: Den Wank erreicht man von hier aus in gut 2,5 Stunden.
Seite 36 unten: Das helle Tannenholz der Tannenhütte leuchtet einladend in der Bergwelt.
Seite 37: Oftmals liegt die Tannenhütte über den Wolken – in strahlendem Sonnenschein.
Seite 39: Blick von der Tannenhütte auf Garmisch-Partenkirchen.
Seite 41: Abwechslungsreich – Auf der Tageskarte stehen oft wechselnde Gerichte, meist aus regionalen Zutaten.
Seite 43: Blick von der Tannenhütte auf die Bergkulisse gegenüber von Garmisch-Partenkirchen.
Seite 44: Das Brünnsteinhaus mit dem Brünnstein im Hintergrund.
Seite 45: Yvonne und Sepp Tremml haben sich mit Leidenschaft in ihre Arbeit als Hüttenwirt und -wirtin gestürzt und lieben die neue Herausforderung.
Seite 46: Auf dem Brünnstein-Gipfel erwartet die sportlichen Wanderer eine kleine Kapelle und ein hervorragender Ausblick auf die Bayerischen Voralpen.
Seite 47 oben: Insgesamt 21 Betten und 42 Lager hat die gemütliche Hütte.
Seite 47 unten: Sonnenaufgang über dem Brünnsteinhaus im Herbst.
Seite 48: Nahrhaft und gut – das Bergsteigeressen von Sepp.
Seite 50: Für vegetarische Wanderer – die Rote Linsensuppe
Seite 52: Richtig gut wird der Nusskuchen mit der Original Oberaudorfer Ur-Weisse.
Seite 54: Der Aar-Wirt in den Zillertaler Alpen hat im Winter Hauptsaison.
Seite 55: Martina, die junge Hüttenwirtin, hat immer ein Lächeln im Gesicht.
Seite 56 oben: Urig-traditionell ist die Hütte eingerichtet.
Seite 56 unten: -Das Team um Martina hat Spaß und hält immer zusammen.
Seite 57: Blick vom Aar-Wirt rüber zu einer der vielen Skipisten der Region.
Seite 59: Der Aar-Wirt serviert seine Kässpatzn ganz traditionell in gusseisernen Pfännchen.
Seite 61: Die Kaspressknödel werden im Zillertal mit dem regionalen Graukäse und Zieger zubereitet.
Seite 62: Die Holzknechtkrapfen aus Kartoffeln, Graukäse, Mehl und Eiern sind sehr sättigend und am besten nach der Skitour zu genießen.
Seite 64: Die Oberlandhütte in den Kitzbüheler Alpen
Seite 65: Die Hüttenwirte Max und Jacky Maksimovic sind vor einem Vierteljahrhundert aus Serbien nach Österreich geflüchtet und haben hier eine wahre Erfolgsgeschichte schreiben können.
Seite 66: Um die Hütte herum beginnen viele Wanderwege zu herrlichen Gipfeln.
Seite 67: Die Oberlandhütte lädt auch zum Übernachten ein.
Seite 68: Das Zanderfilet lässt sich schnell und einfach zubereiten.

Seite 70: Herzhaft und deftig – das T-Bone-Steak mit Kartoffelecken.
Seite 72: Blunzngröstl ist das wohl typischste Tiroler Gericht auf der Karte der Oberlandhütte.
Seite 74: Die Wormser Hütte im Montafon
Seite 75: Feuer zur Sonnwende Mitte Juni
Seite 76/77: Die Oberlandhütte: im Sommer ein Paradies für Wanderer, im Winter für Skifahrer.
Seite 78: Das Rezept für die Rote-Bete-Knödel mit Gorgonzolasauce stammt vom Hüttenwirt selbst.
Seite 80: Die Penne werden als Schneemannteller angeboten – das Bergsteigeressen für DAV-Mitglieder.

Seite 83: Der Apfelstrudel vom Hüttenwirt ist weit über Vorarlberg hinweg bekannt.
Seite 84: Bernhards Gemstelalpe im Kleinwalsertal
Seite 85: Bernhard Heim ist nicht nur Hüttenwirt, sondern auch Senner aus Leidenschaft.
Seite 86: Urig-heimelig geht es zu auf Bernhards Gemstelalpe
Seite 87: Bernhards Milchkühe leben in einem Laufstall in den Wintermonaten. Sein Bauernhof ist bio-zertifiziert.
Seite 88: Auch den Frischkäse macht Bernhard selbst und in den Sommermonaten fast täglich frisch.
Seite 90: Die Käsesuppe wird aus Bernhards Gemstler, dem eigenen Bergkäse, gemacht.
Seite 92: Weit über das Kleinwalsertal hinaus bekannt – Bernhards Kaiserschmarrn.
Seite 94/95: Während der Sommermonate sind die Kühe von Bernhard im Gemstel unterwegs und streifen durch die Wälder und Wiesen.
Seite 96: Die Dornbirner Hütte im Bregenzerwald.
Seite 97: Die Pächter Judith und Robert Schuster sind wahre Kochkünstler.
Seite 99: Knöpfle – das Original aus Vorarlberg
Seite 101: Speckknödel und Bayerisch Kraut – selten habe ich so etwas Gutes gegessen.
Seite 102: Himmlische Torte – mal wieder ein Rezept aus Mutters Schatztruhe
Seite 104: Die Albert-Link-Hütte am Spitzingsee
Seite 105: Im Hofladen gibt es die Brotspezialitäten aus der eigenen Bäckerei und regionale Köstlichkeiten.
Seite 106 oben: Hüttenwirt Uwe Gruber ist Bäckermeister, sein Brot vertreibt er von der Hütten-Bäckerei an ausgewählte Großkunden in Bayern.
Seite 106 links: Hütte mit Herz – das findet sich auf jedem Cappuccino hier. So viel Zeit muss sein.
Seite 106 rechts: Auch zum draußen Sitzen bietet die Albert-Link-Hütte viel Platz.
Seite 107: Die erst 25-jährige Konditorin ist die größte Hoffnung des Hüttenwirts.
Seite 109: Die Müsliecken verkauft der Hüttenwirt auch in Münchner Kletterhallen.
Seite 111: Jede Torte wird mit Liebe verziert.
Seite 112: Der Käse-Blaubeer-Kuchen ist der Renner auf der Hütte.
Seite 114: Deko in Perfektion auf der Wochenbrunner Alm
Seite 115: Im Gasthaus ist Platz für viele Gäste.
Seite 116 links: Ursprüngliche Milchkannen und Pfannen dienen heute der Deko.
Seite 116 mitte: Selbst auf den Toiletten passt die Deko zum Gesamtbild.
Seite 116 rechts: Manchmal kommt das Wild bis ans Haus heran.
Seite 116 unten: Die Wochenbrunner Alm im Winterwonderland.
Seite 117: Neben der Wochenbrunner Alm betreibt ein eigenständiger Pächter seinen Hofladen mit vielen regionalen und touristischen Besonderheiten.

Seite 118: Erbsensuppe nach Hütten-Art.
Seite 120: Breznsuppe – So bleibt keine Breze trocken.
Seite 123: Spezialität des Kochs – Hirschragout aus eigenem Wildfleisch.
Seite 124: Wirtin Silli vor ihrer Hündeleskopfhütte im Allgäu.
Seite 125: Die Hündeleskopfhütte vor herrlichem Winterpanorama.
Seite 126: Urig – herzlich – vegetarisch. Das Motto von Silli und ihrem Team.
Seite 127: Lecker, der Saure Käs mit Zwiebeln.
Seite 129: Krautkrapfen – das Allgäuer Original war schon immer vegan.
Seite 130: Alb Leisa – So isst man Linsensuppe im Allgäu.
Seite 133: Ein Sonntagszopf, wie man ihn schon von der Großmutter kennt.
Seite 134 oben: Silli mit ihren Kindern – ein perfektes Familienteam, das zusammenhält.
Seite 134 unten: Urig, klein und einfach zum Wohlfühlen – das sagen auch die Gäste über die Hütte.
Seite 135 oben: Das Motto der Hütte findet man nicht nur an der Hauswand, sondern auch auf dem kleinen Quad von Silli, mit dem sie im Winter Getränke und Lebensmittel transportiert.
Seite 135 unten: Im Sommer blüht um die Hütte ein Meer aus Löwenzahn.
Seite 136: Barockkirche an der Ramsauer Ache im Berchtesgadener Land.
Seite 138: Geheimrezept vom Hirschkaser – Wildgulasch.
Seite 140: Deftiger Linseneintopf – ganz anders als auf der Hündeleskopfhütte.
Seite 143: Rohrnudeln mit Zwetschgen – ein Genuss der Alpen.
Seite 144: Die Hamburger Skihütte im Salzburger Land.
Seite 145: Andreas und Christian Wiesmann stemmen die Hütte mit viel Spaß und Enthusiasmus.
Seite 146: Die Hamburger Skihütte liegt direkt an der Piste.
Seite 147: Powder-Fun im Salzburger Land.
Seite 149: Das Rezept für seine Burger hat Hüttenwirt Andi aus Kanada mitgebracht.
Seite 150: Dekorativ serviert: Die Suppen kommen hier in kleinen Töpfchen auf den Tisch.
Seite 152: Diese Cremeschnitte hat Andi´s Frau Karin erfunden.
Seite 154: Die Geisleralm in Südtirol
Seite 155: Gerhard und Laura Runggatscher lieben ihre Hütte im noch nicht überlaufenen Villnösstal sehr.
Seite 156 links: Abendstimmung auf der Geisleralm.
Seite 156 rechts: Wenn diese Bar mal nicht zu einem Getränk einlädt!
Seite 157: Der Blick auf die Dolomiten ist von hier aus so traumhaft, dass es sogar ein Geisler-Kino gibt.
Seite 159: Was ist besser, der Anblick oder der Geschmack dieser Kartoffelteigtaschen?
Seite 160: Ob Schlutzer Krapfen oder Dessert – Der Hüttenwirt gibt bei jedem Teller alles.
Seite 162: Topfenknödel mit selbstgemachter Nougatfüllung – Ein Genuss.
Seite 164: Die Edelweisshütte in Südtirol
Seite 165 oben: Blick von der Terrasse der Edelweisshütte auf das Skigebiet.
Seite 165 unten: Ein Teil der Hütte ist Selbstbedienungsbereich, um dem Ansturm der Skitouristen gerecht zu werden.
Seite 167: Im Restaurant sind die Rezepte ausgewählt: Kastaniencremesuppe als Vorspeise ...
Seite 169: ... dann Kürbisgnocchi hinterher ...

Seite 171: ... oder doch ein Latschenkiefferrisotto? Zu empfehlen ist hier alles.
Seite 172: Das Messnerjoch in Südtirol
Seite 173: Der Eingangsbereich der Hütte ist frisch renoviert und modern ausgestattet.
Seite 174/175: Das Messnerjoch im Schatten der Berge im Sommer.
Seite 174 unten: Panoramablick von der Terrasse im Winter.
Seite 175 unten: Direkt an der Piste liegt das Messnerjoch im Winter.
Seite 176: Gerstsuppe – eine Südtiroler Delikatesse.
Seite 178: Jochgröstl – Mit Tafelspitz besonders lecker.
Seite 180: Buchweizentorte – Stärkt und schmeckt zwischendurch.
Seite 182: Das Taubensteinhaus in den Bayerischen Hausbergen.
Seite 183: Martina und Tom Speicher nach erfolgreicher Bergbesteigung des Kilimanjaro.
Seite 184/185: Das Taubensteinhaus im Frühjahr während der Schneeschmelze.
Seite 184 mitte und unten: Gemütlich geht es zu auch in der Hütte.
Seite 185: Prost nach erfolgreicher Wanderung: Entspannung auf der Terrasse des Taubensteinhauses.
Seite 186: Spinatknödel werden auf den Hütten immer beliebter.
Seite 188: Sauerkraut nach böhmischer Art.
Seite 190/191: Abstieg vom Taubenstein
Seite 192: Das Dr. Hugo Beck Haus am Königssee.
Seite 193: Hüttenwirt Patrick (mitte) mit seinem Team.
Seite 194 links: Bilder von Kühen und aus alten Zeiten zieren die Hütte innen.
Seite 194 rechts: Im überdachten Außenbereich lässt es sich auch bei kälteren Temperaturen gut aushalten.
Seite 195: Blick von der Hütte auf den Watzmann.
Seite 196: Gulaschsuppe nach dem Pistengaudi.
Seite 199: Germknödel – als Haupt- und Nachspeise ein Gaumenschmaus.
Seite 200: Die Torten für die Hütte macht ein Spezl von Patrick direkt vor Ort.
Seite 202: Die Gaisalpe in den Allgäuer Alpen.
Seite 203: Hüttenwirte Max und Silvia Zobel mit ihrem Sohn Joachim (links).
Seite 204: Schlitten kann auf der Hütte leihen und die Naturrodelbahn bis ins Tal sausen.
Seite 205: Blick ins Tal nahe Oberstdorf.
Seite 207: Tafelspitz vom eigenen Rind.
Seite 208: Käseknödel nach Hüttentradition.
Seite 210: Allgäuer Krautschupfnudeln – So schmeckt das Allgäu.
Seite 212/213: Viele Leute helfen Bernhard und Katrin Hage beim Viehscheid der Alpe Gund im Allgäu.
Seite 214/215: Kühe sind Herdentiere – und sie genießen die Sommermonate auf den Almen und Alpen, hier im Gemstel im Kleinwalsertal.
Seite 216: Wenn in den Sommermonaten auf der Alpe ein Rind kalbt, bringen die Hüttenwirte das Kalb mit ihrer Mutterkuh in den Stall neben der Hütte, um sie dort weiter zu versorgen.
Seite 222: Simone Calcagnotto im August auf der Inneren Wiesalpe.

Register

Register der Rezepte nach Almen

Alpe Gund im Allgäu
Johannisbeer-Heidelbeer-Schmandkuchen 19
Katrins Glücksschmaus 15
Schafgarbensirup 17

Innere Wiesalpe im Kleinwalsertal
Der Wiesalpe-Apfelkuchen 27
Der Wiesalpe-Teller 31
Leberknödelsuppe 29

Tannenhütte in Garmisch-Partenkirchen
Herzhaftes Kalbsbeuschel mit Semmelknödel 40
Rehragout mit Tannenhonig glasiert auf gebratenen Serviettenknödeln 38
Somlauer Nockerl 42

Brünnsteinhaus in den Bayerischen Voralpen
Boisei-Nusskuchen 53
Hüttennudeln 49
Rote Linsensuppe 51

Aar-Wirt Hochfügen im Zillertal
Kasspatzn 58
Kaspressknödel an Salat mit Sauerrahmsauce 60
Holzknechtkrapfen 63

Oberlandhütte in den Kitzbüheler Alpen
Blunzngröstl mit Krautsalat 73
T-Bone-Steak vom Schwein an Kartoffelecken 71
Zanderfilet auf Dillrahmsauce mit Gemüsereis 69

Wormser Hütte im Montafon
Hausgemachter Apfelstrudel 82
Penne an Pilzrahmsauce 81
Rote-Bete-Knödel auf Gorgonzolasauce 79

Bernhards Gemstelalp im Kleinwalsertal
Kaiserschmarrn mit Apfelmus 92
Kassupple 91
Trilogie aus Frischkäse 89

Dornbirner Hütte im Bregenzerwald
Himmlische Torte 103
Knöpfle 98
Tiroler Knödel auf Bayrisch Kraut 100

Albert-Link-Hütte am Spitzingsee
Käse-Blaubeer-Kuchen 113
Müsliecken 108
Quark-Sahne-Torte mit Himbeeren 110

Wochenbrunner Alm am Wilden Kaiser
Brezensuppe 121
Erbsensuppe 119
Hirschragout mit Semmelknödeln und Rotkraut 122

Hündeleskopfhütte im Ostallgäu
Alb-Leisa-Linsensuppe 131
Allgäuer Krautkrapfen 128
Sillis Sonntagszopf 132

Berggaststätte Hirschkaser im Berchtesgadener Land
Hirschgulasch 139
Linseneintopf 141
Rohrnudeln mit Vanillesauce 142

Hamburger Skihütte im Salzburger Land
Alm-Bacon-Cheeseburger aus Bio-Rind mit Zwiebeln, Tomaten, Gurken und Salat 148
Karins Cremeschnitte 153
Suppentopf mit Rindfleisch, Nudeln und Gemüse 151

Geisleralm im Villnößtal in Südtirol
Kartoffelteigtaschen mit Gemüsefüllung, Parmesan und Kräuterbutter 158
Schlutzer mit Spinatfüllung an Tomaten-Paprika-Creme 160
Topfenknödel mit Nougatfüllung und Vanilleeis 163

Edelweisshütte in Alta Badia in Südtirol
Kastaniencremesuppe mit Jakobsmuscheln und schwarzer Trüffel 166
Kürbisgnocchi mit Spinatcreme und Parmesanfondue 168
Latschenkieferrisotto mit Wachtelbrust in eigenem Jus 170

Almhütte Messnerjoch im Rosengarten in Südtirol
Buchweizentorte 181
Gerstsuppe 177
Jochgröstel mit Krautsalat 179

Taubensteinhaus in den Bayerischen Hausbergen
Käsekuchen vom Blech 189
Original Sauerkraut 189
Spinatknödel mit zerlassener Butter und Parmesan 187

Dr.-Hugo-Beck-Haus am Königssee
Germknödel mit Vanillesauce 198
Gulaschsuppe nach Patricks Art 197
Mohn-Quark-Beeren-Torte 201

Berggasthof Gaisalpe in den Allgäuer Alpen
Käseknödel auf Speck-Sauerkraut 209
Krautschupfnudeln mit Speck 211
Tafelspitz auf Suppengemüse mit
 Schwenkkartoffeln 201

Register der Rezepte

A
Alb-Leisa-Linsensuppe 131
Allgäuer Krautkrapfen 128
Alm-Bacon-Cheeseburger aus Bio-Rind mit Zwiebeln,
 Tomaten, Gurken und Salat 148
Apfelstrudel, hausgemachter 82

B
Blunzngröstl mit Krautsalat 73
Boisei-Nusskuchen 53
Brezensuppe 121
Buchweizentorte 181

C
Cremeschnitte, Karins 153

E
Erbsensuppe 119

G
Germknödel mit Vanillesauce 198
Gerstsuppe 177
Gulaschsuppe nach Patricks Art 197

H
Hausgemachter Apfelstrudel 82
Herzhaftes Kalbsbeuschel mit Semmelknödel 40
Himmlische Torte 103
Hirschgulasch 139
Hirschragout mit Semmelknödeln und Rotkraut 122
Holzknechtkrapfen 63
Hüttennudeln 49

J
Jochgröstel mit Krautsalat 179
Johannisbeer-Heidelbeer-Schmandkuchen 19

K
Kaiserschmarrn mit Apfelmus 92
Kalbsbeuschel, herzhaftes, mit Semmelknödel 40
Karins Cremeschnitte 153

Kartoffelteigtaschen mit Gemüsefüllung,
 Parmesan und Kräuterbutter 158
Käse-Blaubeer-Kuchen 113
Käseknödel auf Speck-Sauerkraut 209
Käsekuchen vom Blech 189
Kaspressknödel an Salat mit Sauerrahmsauce 60
Kasspatzn 58
Kassupple 91
Kastaniencremesuppe mit Jakobsmuscheln
 und schwarzer Trüffel 166
Katrins Glücksschmaus 15
Knödel, Tiroler, auf Bayerisch Kraut 100
Knöpfle 98
Krautschupfnudeln mit Speck 211
Kürbisgnocchi mit Spinatcreme und
 Parmesanfondue 168

L
Latschenkieferrisotto mit Wachtelbrust in
 eigenem Jus 170
Leberknödelsuppe 29
Linseneintopf 141
Linsensuppe, rote 51

M
Mohn-Quark-Beeren-Torte 201
Müsliecken 108

N
Nockerl, Somlauer 42

O
Original Sauerkraut 189

P
Penne an Pilzrahmsauce 81

Q
Quark-Sahne-Torte mit Himbeeren 110

R
Rehragout mit Tannenhonig glasiert auf gebratenen
 Serviettenknödeln 38
Rohrnudeln mit Vanillesauce 142
Rote Linsensuppe 51
Rote-Bete-Knödel auf Gorgonzolasauce 79

S
Sauerkraut, original 189
Schafgarbensirup 17

Schlutzer mit Spinatfüllung an Tomaten-Paprika-
   Creme 160
Sillis Sonntagszopf 132
Somlauer Nockerl 42
Spinatknödel mit zerlassener Butter und Parmesan 187
Suppentopf mit Rindfleisch, Nudeln und Gemüse 151

T
T-Bone-Steak vom Schwein an Kartoffelecken 71
Tafelspitz auf Suppengemüse mit
   Schwenkkartoffeln 201
Tiroler Knödel auf Bayrisch Kraut 100
Topfenknödel mit Nougatfüllung und Vanilleeis 163
Torte, himmlische 103
Trilogie aus Frischkäse 89

W
Wiesalpe-Apfelkuchen 27
Wiesalpe-Teller 31

Z
Zanderfilet auf Dillrahmsauce mit Gemüsereis 69

Register nach Geschichten

Latschenkieferrisotto mit Wachtelbrust in
   eigenem Jus 170
Original Sauerkraut 189
Rehragout mit Tannenhonig glasiert auf gebratenen
   Serviettenknödeln 38
T-Bone-Steak vom Schwein an Kartoffelecken 71
Tafelspitz auf Suppengemüse mit
   Schwenkkartoffeln 201
Tiroler Knödel auf Bayrisch Kraut 100
Wiesalpe-Teller 31
Zanderfilet auf Dillrahmsauce mit Gemüsereis 69

Hauptgerichte vegetarisch
Allgäuer Krautkrapfen 128
Holzknechtkrapfen 63
Kartoffelteigtaschen mit Gemüsefüllung, Parmesan
   und Kräuterbutter 158
Kaspressknödel an Salat mit Sauerrahmsauce 60
Kasspatzn 58
Katrins Glücksschmaus 15
Knöpfle 98
Kürbisgnocchi mit Spinatcreme und
   Parmesanfondue 168
Penne an Pilzrahmsauce 81
Rote-Bete-Knödel auf Gorgonzolasauce 79
Schlutzer mit Spinatfüllung an Tomaten-Paprika-
   Creme 160
Spinatknödel mit zerlassener Butter und Parmesan 187
Trilogie aus Frischkäse 89

Suppen und Eintöpfe
Alb-Leisa-Linsensuppe 131
Brezensuppe 121
Erbsensuppe 119
Gerstsuppe 177
Gulaschsuppe nach Patricks Art 197
Kassupple 91
Kastaniencremesuppe mit Jakobsmuscheln
   und schwarzer Trüffel 166
Leberknödelsuppe 29
Linseneintopf 141
Rote Linsensuppe 51

Hauptgerichte mit Fleisch oder Fisch
Alm-Bacon-Cheeseburger aus Bio-Rind mit Zwiebeln,
   Tomaten, Gurken und Salat 148
Blunzngröstl mit Krautsalat 73
Herzhaftes Kalbsbeuschel mit Semmelknödel 40
Hirschgulasch 139
Hirschragout mit Semmelknödeln und Rotkraut 122
Hüttennudeln 49
Jochgröstel mit Krautsalat 179
Käseknödel auf Speck-Sauerkraut 209
Krautschupfnudeln mit Speck 211

Nachspeisen und Süßes
Boisei-Nusskuchen 53
Buchweizentorte 181
Germknödel mit Vanillesauce 198
Hausgemachter Apfelstrudel 82
Himmlische Torte 103
Johannisbeer-Heidelbeer-Schmandkuchen 19
Kaiserschmarrn mit Apfelmus 92
Karins Cremeschnitte 153
Käse-Blaubeer-Kuchen 113
Käsekuchen vom Blech 189
Mohn-Quark-Beeren-Torte 201
Müsliecken 108
Quark-Sahne-Torte mit Himbeeren 110
Rohrnudeln mit Vanillesauce 142
Schafgarbensirup 17
Sillis Sonntagszopf 132
Somlauer Nockerl 42
Topfenknödel mit Nougatfüllung und Vanilleeis 163
Wiesalpe-Apfelkuchen 27

Danke an alle

Zuguterletzt möchte ich mich bei den Menschen auf den insgesamt 20 Hütten, Almen und Alpen bedanken, für ihre Zeit, ihre Geschichten und Rezepte. Inspiriert von meinem Aufenthalt im Kleinwalsertal, in das es mich seitdem ständig und immer öfter zieht, bin ich mir durchaus bewusst, dass es für den einen oder anderen nicht leicht war, mich mit meinem Ansinnen in seinem streng geregelten Alltag unterzubringen.

Bei der Entstehung dieses Buches haben mich darüber hinaus viele Menschen begleitet. Neben meinen Freunden, die mich immer unterstützt und bestärkt haben, danke ich meinen Eltern für ihre fachlich-emotionalen Ratschläge, meiner besten und längsten Freundin Claudia für ihr vorab leidenschaftliches Rezepte-Testen und meinem Lebensgefährten Bernhard für sein bedingungsloses Anfeuern in diesem Projekt.

Impressum

Verantwortlich: Sonya Mayer
Layout & Satz: Helen Garner
Redaktion: Franziska Sorgenfrei
Korrektur: Martin Thorn
Repro: LUDWIG:media
Herstellung: Bettina Schippel, Stephanie Schlemmer
Texte und Rezepte: Simone Calcagnotto
Fotografie: Simone Calcagnotto
(siehe Bildnachweis rechte Spalte)

Printed in Slovakia by Neografia

★★★★★
Sind Sie mit diesem Titel zufrieden? Dann würden wir uns über Ihre Weiterempfehlung freuen.
Erzählen Sie es im Freundeskreis, berichten Sie Ihrem Buchhändler oder bewerten Sie bei Onlinekauf. Und wenn Sie Kritik, Korrekturen, Aktualisierungen haben, freuen wir uns über Ihre Nachricht an: Christian Verlag, Postfach 40 02 09, D-80702 München oder per E-Mail an: lektorat@verlagshaus.de

Unser komplettes Programm finden Sie unter:

www.christian-verlag.de

Alle Angaben in diesem Werk wurden von der Autorin sorgfältig recherchiert und auf den aktuellen Stand gebracht sowie vom Verlag geprüft. Für die Richtigkeit der Angaben kann jedoch keinerlei Haftung übernommen werden. Sollte dieses Werk Links auf Webseiten Dritter enthalten, so machen wir uns die Inhalte nicht zu eigen und übernehmen für die Inhalte keine Haftung.

Die Deutsche Nationalbibliothek verzeichnet diese Publikation in der Deutschen Nationalbibliografie; detaillierte bibliografische Daten sind im Internet über http://dnb.d-nb.de abrufbar.

© 2019 Christian Verlag GmbH, München

Alle Rechte vorbehalten.

ISBN 978-3-95961-272-2

Bildnachweis
Alle Bilder des Umschlags und des Innenteils stammen von Simone Calcagnotto, mit Ausnahme von: Buchcover, Seite 64, 66, 67: Oberlandhütte / Julian Bückers; Seite 44, 46, 47 (unten): Brünnsteinhaus / Yvonne Tremmel; Seite 74: Shutterstock / 360b; Seite 76: Shutterstock / Daan Kloeg; Seite 77: Shutterstock / bikemp; Seite 84, 85, 86, 87, 93, 94–95: Bernhards Gemstelalp; Seite 107, 112: Albert-Link-Hütte; Seite 136: Shutterstock / Bernard Barroso; Seite 138, 140, 143: Pixabay; Seite 174–175 (oben): Almhütte Messnerjoch; Seite 182, 183, 184–185 (alle): Taubensteinhaus; Seite 186, 188: Pixabay; Seite 190–191: Shutterstock/ Jumos; Seite 193: Dr.-Hugo-Beck-Haus; Seite 216: Bernhards Gemstelalp.

Ebenfalls erhältlich ...

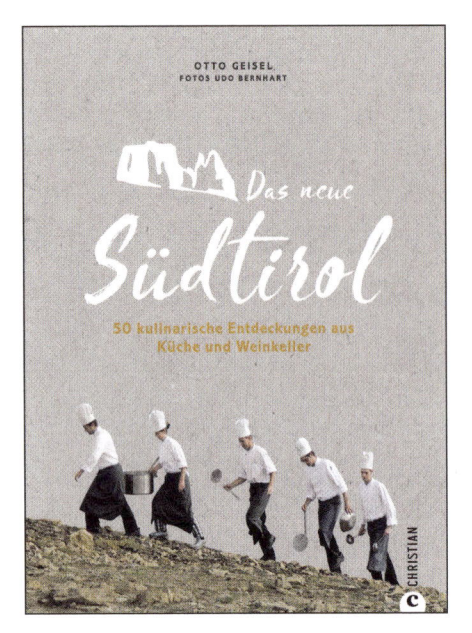

ISBN 978-3-95961-183-1

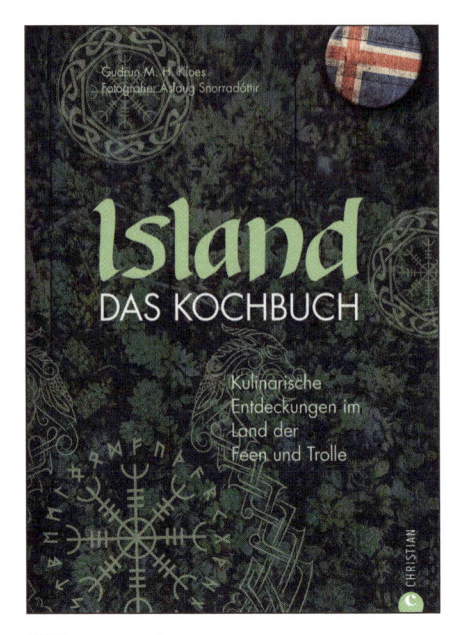

ISBN 978-3-95961-242-5

ISBN 978-3-95961-247-0

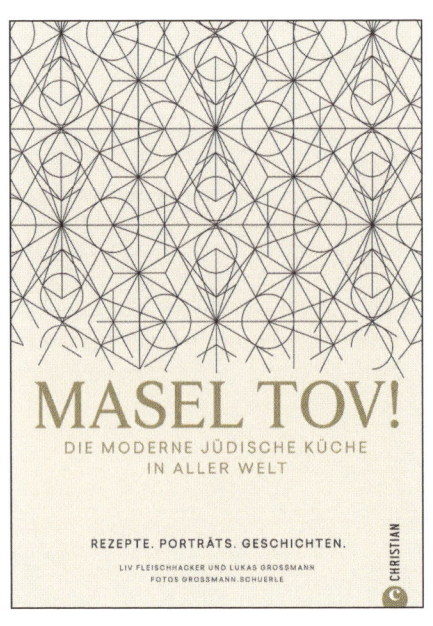

ISBN 978-3-95961-184-8

CHRISTIAN

www.christian-verlag.de